グローバル時代のアメリカ

冷戦時代から21世紀

古矢 旬
Jun Furuya

シリーズ アメリカ合衆国史④

Eurus

Notus

Boreas

Zephyrus

岩波新書
1773

目　次

はじめに

アメリカ現代史の始点

シリーズ最終巻の本書は、一九七〇年代を起点とし現代まで、ほぼ半世紀にわたるアメリカ現代史の展開を追うことになる。現代史の出発点としては、一九七〇年代以外にもむろんいくつかの選択肢が考えられる。たとえば、国内的にはアメリカ型の福祉国家体制へと舵を切るきっかけとなった大恐慌やニューディール、対外的にはアメリカの覇権の確立をみた第二次世界大戦、あるいは冷戦の開始やその終焉の時期などが候補として考えられよう。むしろこうした未曽有の大事件に現代アメリカの始点を求める方が分かりやすく普通かもしれない。

本シリーズがそうした常識的な時代区分によらなかった一つの理由は、「南北戦争(一八六一—六五年)の世紀」として一九世紀を把え直したことによる。第二次世界大戦後のアメリカの圧倒的な経済的覇権の起源は、「南北戦争の世紀」の末期にもたらされた技術革新と産業化にあった。アメリカ型の福祉国家の萌芽的形態もやはり、南北戦争後の退役軍人やその家族の救済策、ついで世紀転換期の革新主義的諸改革に認められる。また冷戦期のアメリカによる地球大に及ぶ介入主義は米西戦争(一八九八年)にその端を発していたし、冷戦のそもそもの起源は第一次世界大戦とロシア革命にまで遡ることができる。本シリーズ第三巻は、こうした視点に立つことによって、従来、アメリカと世界にまったく新しい時代を開いたという印象の強かった第二次世界大戦後のアメリカ国内体制と国際的覇権の成立過程を、より長期の歴史的文脈の中に位置づけ、あきらかにしている。

そして、このような歴史的視点に立つとき、アメリカ史における一九七〇年代の画期性があらためて浮き彫りにされてくる。それは、南北戦争終結の一八六五年を起点としてまさに一世紀の長期にわたる変化の末に絶頂期を迎えたアメリカの国家体制が、一転して大きく動揺しはじめた時期に当たっていた。国際経済学者マルク・レヴィンソンによれば、二〇世紀の後半、つまり戦後の世界史は、一九七三年をさかいとして、きれいに二つに分けられるという。すなわち、世界の先進資本主義諸国の多くが異常なまでの好景気に沸き、後に「黄金時代」として広く憧憬の的となる第一期と、その繁栄のぬくもりが冷たい不安感と衰退の予感にとって代わられた第二期とである。

一九七〇年前後のアメリカは、こうした世界史的転換の一大震源にほかならなかった。この時期、アメリカが当面した難題としては、「偉大な社会」計画によるアメリカ型福祉国家の急速な肥大化、スタグフレーションの悪化、市民権運動後の急進的な「権利革命」、離婚率の上昇、人種間対立の急迫と暴力化、頻発する暗殺や都市における犯罪の急増、ウォーターゲイト事件、ベトナム戦争の泥沼化と不名誉な撤退、デタント(緊張緩和)と新冷戦、ブレトンウッズ体制の終焉、石油危機等々が挙げられよう。これらの複合的な危機がつぎつぎと噴出した結果、一九七〇年代のアメリカは、対外的威信や軍事的勢威の低下、経済成長の鈍化、そして民主主義のモデル国家としての道義的指導性の衰微を余儀なくされた。アメリカにおいて、一九七〇年代が今もしばしば「最悪の時代」として回顧されるのは、理由のないことではない。そしてそれ以後、トランプ政権下の今日まで、アメリカが戦後史の第一期に示した勢いと輝きを完全に回復することはなかった。

グローバル時代のアメリカの全体像

七〇年代を始点とする本書のカバーする時期は約半世紀と、先行する三巻のいずれと比較してもかなり短い。とはいえ、この短時日にアメリカと世界で起こった変化は、他のどの時代と比べても急速かつ巨大であり、幅広く多面的であり、しかも変化する諸現象は相互に複雑に連関している。もっとも単純な数字で見ても、この半世紀間に、アメリカの人口は約二億人から三億二〇〇〇万人超へと急増し、GDPの規模も実質で約四倍(二〇一九年、二一兆ドル)へと成長を遂げてきた(ちなみに世界総人口は、この間四〇億人から七〇億人超へ、世界総生産は八〇兆ドルへと増加している)。本書は、この巨大社会アメリカの変化の過程を、政府(公的セクター)、産業界(私的セクター)、市民社会(国民生活と文化)、そして国際関係の四分野に注目して追ってゆく。

過去半世紀、国民国家としてのアメリカは、文字通り地球大の規模で複雑多岐にわたる関係を世界と取り結んできた。世界を圧するグローバル・パワーとしてのアメリカは現在もなお、経済的(GDPは世界総生産の約四分の一)にも軍事的(国防予算額は、アメリカに続く一〇カ国の総計を超える)にも突出した超大国の地位を保持している。しかし、アメリカの経済・社会もまた世界のグローバル化の波に巻き込まれ対外依存の度を高めている。九・一一テロ事件、世界金融危機、米中対立、現下の新型コロナウィルスのパンデミックに至るまで、アメリカのような超大国であっても、国境という「壁」の維持に奔走を迫られているのが実情である。この間、アメリカという国民国家とその世界との関わり方とがいかに変容してきたのかについて、一つの大まかな全体像を提示するのが本書の中心的な目的である。

以下ではまず、二〇二〇年のアメリカの国民生活から一九七〇年代前半のそれを振り返るときに見えてくる、長期にわたる漸次的な変化のいくつかを概観することにする。それらこそは、劇的な大事件以上に、アメリカ人とアメリカ社会の過去半世紀の時代イメージを根本から規定していると考えるからである。

第一章　曲がり角のアメリカ

――一九七〇年代

1974年8月9日，ホワイトハウスを去るリチャード・ニクソン

本書の出発点は、一九七〇年代（もう少し厳密に区分すると一九七三年）のアメリカである。ある歴史家はこの時代を、あたかも「何も起こらなかったかのような」時代と呼ぶ。たしかに革命的な変化の連続であった六〇年代とレーガンによる「保守革命」の八〇年代とに挟まれた七〇年代には、やや平板な時代という印象が強い。それは、時代を画するようなめざましい大事件や、時代の象徴として衆目を集めるカリスマ的な指導者や、広範な人びとの想像力を刺激し、新しい社会の建設に駆り立てるような創造的社会運動などがあまり見当たらない時代であったかもしれない。六〇年代が、人類の進歩への楽観に促されたさまざまな技術革新や大胆な社会計画の実験場の様相を呈した時代であったとすると、七〇年代は、そうした改革や計画の多くが、伝統や既成の制度、あるいはアメリカにとって統制不能な国際的諸事件に阻まれて限界を露呈し、それまでの楽観的な進歩信仰に対する疑いが兆した時代であった。

いうなれば、それは「ポスト」の時代であった。「ポスト市民権運動」「ポスト偉大な社会」「ポスト・ニューディール・リベラリズム」「ポスト・ベトナム」「ポスト・ウォーターゲイト」等々、どれも七〇年代のペシミスティックな停滞的雰囲気を思い起こさせる言葉である。しかし、人類の歴史上、表面的には停滞期や反動期と見えたある時代が、後に振り返って、じつは次の新しい転回や飛躍に向けた準備段階であったのだと分かることは、けっしてまれではない。二一世紀の最初の五分の一が過ぎようとする今から見返すならば、一九七〇年代のアメリカもまた、「何も起こらなかったかのように」見えて、そこにこそ、その後半世紀間のアメリカ現代史の展開を方向づけてきたさまざまな社会的潮流の起源があることに気づかされる。経済、社会・文化、政治について順次検討してゆくことによって、七〇年代アメリカの過渡的性格に再考をくわえてみよう。

1 成長からスタグフレーションへ

「黄金時代」

後に広く憧憬の的となる「黄金時代」とは、経済史家ロバート・J・ゴードンが近著でいう、一八七〇年代のアメリカで開始され一世紀に及んだ第二次産業革命の最終段階に当たる。石油を基盤エネルギーとし電気と内燃エンジンを中核的な技術的イノベーションとした、この長期の産業革命は、巨大かつ不可逆的な変革をアメリカ社会のみならず、人類社会全体にまで及ぼしたと、ゴードンはいう。それは、人間の生活や生命にとってもっとも基本的なあらゆる欲求やニーズ——多様な食料の冷蔵・冷凍保存、寒暖に適応した安価な既成衣服の供給、快適な住居環境、自動車という個人化された高速移動手段の獲得、大量かつ効率的な輸送手段の確保、電話・電信など遠距離通信の簡易化、健康・医療の質的向上、労働条件の改善や職場の安全等々――に対応するイノベーションをもたらし、人びとの生活様式を根本から変えたという意味で真の革命であった。この革命は、第二次世界大戦の戦禍が国内経済に及ぶ事態を免れた唯一の戦勝国アメリカを舞台に、さらに多様な技術革新を生みながら継続されていった。州際高速道路の建設、商用航空機の実用化、そして空調《エアコン》設備とカラー・テレビの普及がその成果であった。このように今日、われわれが「アメリカ的生活様式」という言葉からただちに連想する生活技術のほとんどすべては、この技術革新のたまものである。すべての家族が、世代が代わるたびにこうした生活上の便益を一つ一つ備えていく過程こそが、この時代の「アメリカの夢」の内実をなした。

国際的にもアメリカは、戦時中の構想に基づき、自由貿易、自由な資本移動、そしてドルを基軸とする安定した通貨体制の構築を急ぎ、さらに冷戦下、膨大な対外援助を通して、西ヨーロッパ、日本などを含む自由資本主義諸国の国民経済を成長軌道に導くことに成功した。その結果、内外の巨大な需要を背景とし、戦後アメリカ経済の労働生産性は戦前に比べさらに飛躍的に上昇を遂げた。「黄金時代」は、第二次産業革命の成果が、これらの条件に促されて成功裏に戦後経済に引き継がれ、拡張されたことによってもたらされたのである。

一九六九年七月二〇日、四日前にフロリダのケープ・ケネディを飛び立った宇宙船アポロ11号が人類史上初めての月面着陸に成功する。ベトナム戦争と人種紛争に翻弄されていた当時のアメリカ国民をつかの間熱狂させたこの偉業は、フロンティア精神の宇宙への展開として讃えられた。しかし、それが今後の人類の営為にもつ意味を、『ワシントン・ポスト』紙はある種の戸惑いとともに、「ぼんやりとしか予見できない」と報じた。たしかに予見できたのは、かつての西部とは異なるこの人間の居住不能なフロンティアが、おそらくは伝統的な開拓精神の終点だということであったろう。この最後のフロンティアへの旅は、疑いなく第二次産業革命の科学技術開発と「黄金時代」との究極の到達点であった。

国防と福祉——アメリカ型混合経済

アポロ宇宙計画は、米ソ間の第二次産業革命技術をめぐる軍事的な開発競争のはてに実現された巨大な国家的プロジェクトでもあった。「黄金時代」を招来した冷戦初期のアメリカ国家体制は、おうおうにして「福祉―軍備国家(Welfare-Warfare State)」と呼ばれ、そこにおける体制イデオロギーは、「ニューディール・リベラリズム」「冷戦リベラリズム」と呼びならわされてきた。それらの呼称はいずれも、活発な自由市場経済によって豊かな社会を生み出したこの国の戦後が、同時に国家の積極的な内外施策に支えられてきたという事実を示唆している。福

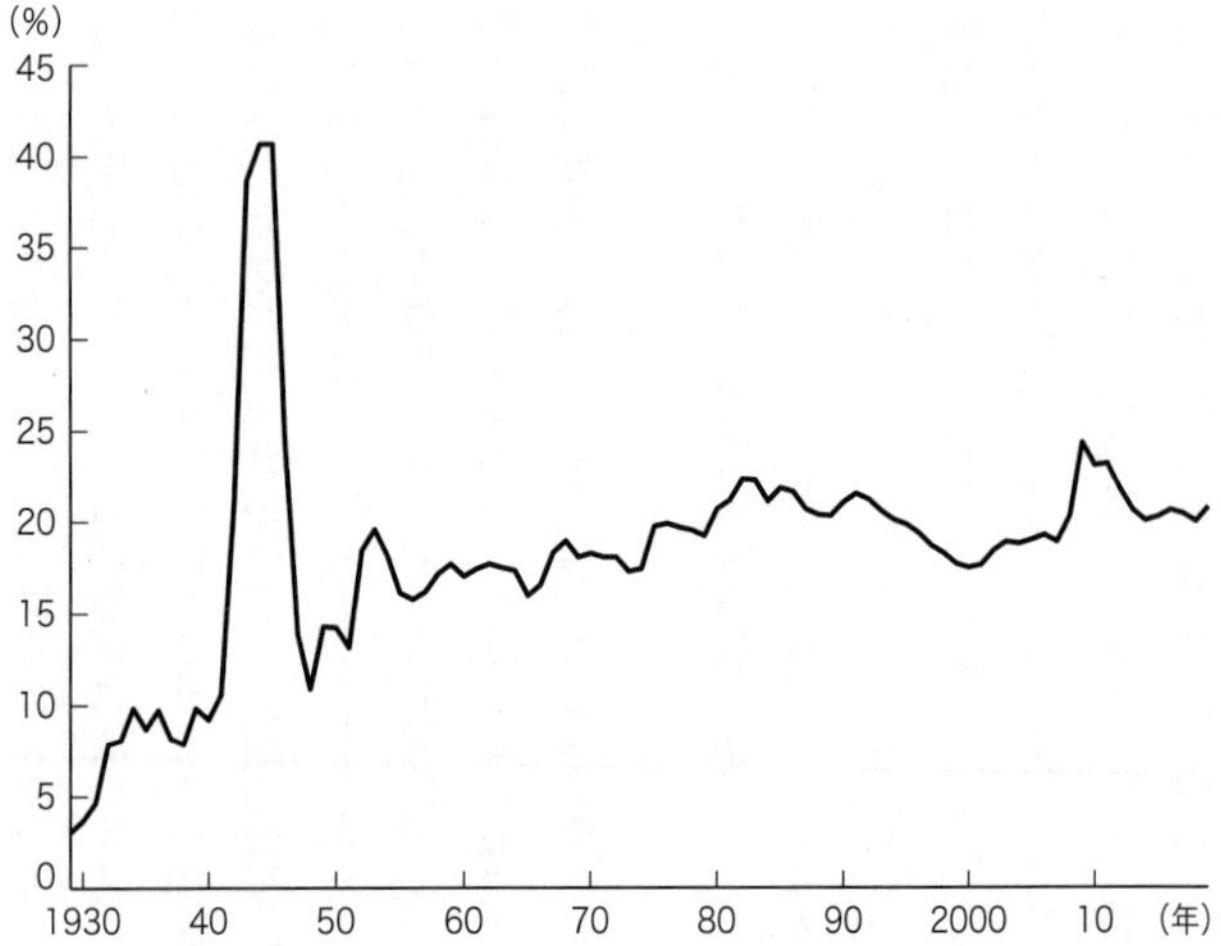

図 **1-1**　対 GDP 比で見た連邦政府財政支出の変化(1929-2019 年)

祉国家の拡充策を正当化したケインズ主義と、第二次世界大戦から冷戦の時期を通して国防体制や軍備の拡充を促した軍事ケインズ主義とがあいまって戦後の経済成長体制の原理的な主柱をなしてきたのである。

国民経済に占める政府支出の割合が、ニューディール、第二次世界大戦を経て、戦後いかに急速に増大したかは、図1-1に一目瞭然であろう。一九三〇年には、GDPのわずか四%を占めるに過ぎなかった連邦支出は、戦後、福祉、国防およびインフラの整備を中心目的として急速な肥大を遂げていった。

政府による国民生活の諸分野への介入や補助は、かつては考えられなかったほど多岐に及んだ。復員兵援護法(GIビル)、農業補助金制度や最低賃金保障、社会保障制度の拡充、失業補償の増額、各種の労働訓練計画の実施、各レベルの教育補助金、メディケア、メディケイドといった医療保障等々、さまざまな施策をとおして、連邦政府は経済社会の基盤を強化し、その安定化と活性化をはかってきた。アメリカに限らず、戦後の先進資本主義諸国では、中央政府が政府支出を増やし、政策的に貨幣供給量や信用を増加することによって、企業や家計の購買力を支え、不断に需要を喚起し雇用を創出する役割を担ってきたのである。こうした政府活動の拡大は当然に企業活動に対する規制の強化をもたらした。とりわけ偉大な社会計画の時代、つぎつぎと設立される政府機関によって、環境や消費者保護を目的とするきめ細かな規制が張り巡らされていった。

政府支出項目のうちでも、戦後もっとも顕著に増大したのは、社会保障関連支出であった。一九四五年には、連邦社会保障費は約一〇〇万の家計に向けて三億ドルが支給されているが、それは国防費を除いた連邦支出総額のわずか三％を占めるに過ぎなかった。ところが、一九七〇年には、二五〇〇万の家計に対し三〇〇億ドル超の社会保障費――その年の国防費を除く連邦支出総額の約二七％にのぼる――が支出されるにいたった（その後も社会保障費は増加し続け、一九八〇年には、三五〇〇万家計を対象に総額一一八五億ドル＝同二六％）。連邦に加え州・地方政府による多面的な「経済活動」は、長期的な経済的成長を促してきた。これらの政府施策の効果もあり、一九六〇年代を通して、貧困率（連邦政府の定める貧困ライン以下の所得レベルの人口比）

は着実に低下していった。とりわけリンドン・ジョンソン政権による「貧困との戦争」の主要なターゲットであった黒人の貧困率は、一九五九年の五五・一％から一九七〇年には、三三・五％へと大幅に改善した。

このように、「黄金時代」や「豊かな社会」は、自由市場のみによって現実化したわけではない。それは、アメリカ型の混合経済――政治の側から見た場合は「大きな政府」――の成果でもあった。しかし、やがて「黄金時代」の終息とともに、この「大きな政府」をいったい誰が、いかに、支えてゆくのかという問題がもちあがってくる。一九六〇年代までは、ほとんど注目されることのなかったこの問題こそは、その後半世紀のアメリカ国家の歩みを大きく左右してゆくことになる。

冷たい衰退の予感

一九七〇年代、アメリカ経済の生産性（時間当たり労働で測定した労働生産性と、労働と資本の合計で見た全要素生産性のいずれも）の上昇率の突然の急降下は、冷たい衰退の予感に満ちた戦後経済の第二期の開始を告げることになった。その頃までに第二次産業革命のもたらした全面的な生活条件の改善は国民社会にゆきわたり、技術革新による生産性の押し上げ効果が大きく減退し始めていた。一九四七年から七三年まで年平均二・八％であった生産性の伸びは、七三年から八〇年までの間にはわずか一・〇％に落ち込んだ。その結果、実質賃金の伸びも、「黄金時代」とは一変して停滞した。名目賃金の伸びを相殺するインフレーション昂進の時代が到来した。一九五〇年代は年平均二％にとどまっていたインフレは、六〇年代後半の五年間には四％へ、さらに七〇年代前半の五年間には六％へ、次の五年間には九％へと急速に上昇した。その一因は疑いなくベトナム戦争と偉大な社会計画にあった。「大砲とバター」の両方を同時に、しかも増税なしに遂行しようとしたことによって、ジョンソン大統領はアメリカ経済にインフレ傾向を植え付けたといってよい。くわえて混合経済の下、アメリカでは一九七〇年代までに、福祉の受給額や実質賃金については物価スライド制が労使の間で広く合意されるようになっていた。そのため物価の上昇は、必ずしも消費者の購買力の減殺を引き起こすことなく、消費の冷え込みをもたらさなくなっていた。

七〇年代、事態をさらに悪化させたのが、石油危機であった。一九七三年一〇月に勃発した第四次中東戦争（ヨム・キプール戦争）では、アメリカのイスラエル支援に反発したアラブ陣営の産油国が、アメリカへの石油輸出を禁止し、石油を減産するという挙に出た。石油の供給は逼《ひっ》迫《ぱく》し、その影響はたちまち世界に及んだ。この時の石油危機は、翌年の春頃までに終息したものの、すでに国際石油資本から価格決定権を奪っていた石油輸出国機構（ＯＰＥＣ）は、石油の公定価格を大幅に引き上げた。一九七八年から翌年にかけて起こったイラン革命もまた世界的な石油危機の原因となり、アメリカをはじめとする先進資本主義諸国のインフレをさらに悪化させる結果を招いた。

六〇年代後半以降、慢性化しつつあったインフレに対処すべく、歴代の大統領は、財政支出削減、通貨切り上げ、金融引き締めなどの手立てを講じてきた。しかし、それらはインフレ対策として有効ではなかったばかりか、景気を減速させ雇用の悪化を招く結果をもたらした。こうして一九七〇年代、アメリカ経済はインフレと失業の同時並行的昂進――スタグフレーション――というかつてない現象を呈するにいたった。何よりも多くの経済学者を困惑させたのは、この危機にあたって失業とインフレとはトレード・オフの関係にあるという常識に立脚したケインズ的な政策手段が、事態の改善に有効ではなさそうであるという発見であった。

経済的覇権の動揺

一九七〇年代はまた、国際資本主義体制に君臨してきたアメリカの経済的覇権が大きく揺らいだ時期でもあった。当時、戦後復興を成し遂げ、高度成長を達成したヨーロッパと日本の企業の追い上げにより、アメリカ製造業の国際競争力は大きく低下しつつあった。皮肉なことに、それは戦後アメリカによる資本主義世界の再構築が成功したことを物語る結果でもあったが、一九七一年、アメリカの貿易収支は戦後はじめて赤字を計上する。一九七六年以降、赤字は慢性化し、その幅は着実に増大して今日にいたっている。長らく国際自由貿易の盟主を自任してきたアメリカの国内に、日本など新興資本主義国との「貿易摩擦」に対する懸念が生まれ、産業界、労働組合の圧力を受けて、保護主義的手段の強化を図る通商政策が立法された。

アメリカの覇権の揺らぎは、ドルの弱体化にも現れた。戦後自由貿易体制の確立と安定は、国際通貨基金（ＩＭＦ）の下で、ドルが金との交換比率を固定され、基軸通貨として国際経済に十分な流動性を提供することによってもたらされてきた。しかし、六〇年代の野放図な財政支出による福祉体制の拡充やベトナム戦争の長期化により、ドルは海外に溢れだし、その基軸通貨としての信認は大きく損なわれていった。ドルの実質価格が、マルクや円との固定相場を大きく下回る状況下、一九七一年一二月、スミソニアン博物館で開かれた各国の蔵相・中央銀行総裁会議は、為替の固定相場の水準よりはるかに弱体化したドルの切り下げに合意した。しかしこの弥縫策《びほうさく》は長くは持たず、一九七三年三月、アメリカもついに変動為替相場制へと移行した。戦後の国際資本主義の主柱の一つであったブレトンウッズ体制は、こうして終結をみた。

国際的通商制度と為替制度の両面におけるアメリカの方針転換は、四半世紀にわたりアメリカが世界経済の繁栄と安定のために演じてきた利他的な守護神としての役割を自ら降りることを意味していた。その時アメリカは、国益を第一として利己的に他国と競争することをいとわない、いわば「普通の国家」の行動様式へと舵を切ったといえよう。

2　七〇年代の文化変容

脱工業化社会

以上に見たような七〇年代アメリカの国民経済の停滞は、第二次産業革命以後の製造業中心経済からサービス・情報産業重視の脱工業化経済への構造転換にともなう苦悶の現れでもあった。

ダニエル・ベルが『脱工業化社会の到来』(一九七三年)で説いたところに従うならば、この新しい社会の特徴は、経済の中心をなす産業が第一次、第二次産業から第三次産業へと転換してゆくにとどまらない。それにともない当然に、労働の構造も、ブルーカラー中心から情報や管理に従事するホワイトカラーの優位へと変わる。高等教育の普及に連動した理論的知識の普及や研究開発の組織化によって技術革新が促進される。何よりも、第二次産業革命の成果を受けて消費が拡大し、人びとの生活水準が向上する。福祉が充実し、余暇が増大する。こうした特徴を示す脱工業化現象は、先進資本主義諸国が遅かれ早かれ経過することになるが、戦後アメリカがその先駆的な事例を示していたことに疑いはない。「黄金時代」は経済だけではなく、人びとの社会観や価値観や道徳倫理をも大きく変容させたといえよう。

「静かなる革命」

六〇年代が生み出したカウンターカルチャーや市民権運動は、第三巻で詳述されたように、経済の停滞を主因とするニューディール・リベラリズムの分解過程をさらに加速した。それらの文化や運動の直接的な契機は、ベトナム戦争や人種隔離など既成秩序の不正や機能不全にあった。政治学者ロナルド・イングルハートは、一九七七年の『静かなる革命』において、当時の社会の底流に生じていた長期的かつ根本的な価値観の変化を「物質主義」から「脱物質主義」への転換と特徴づけている。六〇年代の対抗文化や擬似革命的な種々の社会運動の荒々しさや騒々しさとの対比を意識したタイトルが示すように、この価値観の転換こそは、その後長く根本的に社会や文化の方向性を規定してゆくであろう「革命」にほかならないとイングルハートはいう。長期の世論調査の裏付けにより、同書は、「豊かな社会」が生み出した未曽有の繁栄の結果、人びとの価値優先順位が経済的な安全や利得を重視する物質主義から、無形の精神的価値を重視する脱物質主義へと変化したことを実証している。

この「静かなる革命」は三つの要因の複合作用の結果と説明された。一つは世代交代である。大恐慌や戦争という物的な生存の危機を経験してきた戦中世代から「豊かな社会」に育ったベビーブーマーへの世代交代を重視する説明である。また一つは、不況時には経済的価値が重要度を増し、好況時には人びとは精神的充足を求めがちであるという、いわば景気のサイクルによる説明である。そして最後に、第二次産業革命の成果による、物理的身体的な安全がほぼ完全に保障された社会の登場が、不可逆的に人びとの関心を脱物質主義的価値へと向けさせたという歴史的変化説である。

この時代のアメリカには、こうした複合的な変化が確実に起こっていることを示すさまざまな市民運動や政治行動が頻発した。また当初は、物質主義的な欲求の充足を求めることに主眼のあった運動や行動でも、それらがある程度充足された後は、しだいに脱物質主義的な価値の追求へと活動の中心を移してゆく傾向がみられた。二〇世紀後半に向けて、経済や階級よりは、権利やライフスタイルやアイデンティティや環境や信仰などの文化的、精神的な価値に焦点を当てた社会運動や集団行動が目立つ時代が到来した。

環境問題の勃興

人類の生活を一変させた第二次産業革命は、同時に地球レベルのエネルギー危機と環境危機という新しい問題をもたらした。むろんこの革命の先頭を走ってきたアメリカにおいて、危機はもっとも先鋭に現れた。

アメリカ社会をして、成長経済にともなう環境コストや公害に注目させた最初のきっかけとなったのは、レイチェル・カーソンの『沈黙の春』（一九六二年）であった。農薬汚染により野鳥の鳴き声が聞かれなくなってしまったという衝撃的な発見を手がかりに、化学的農法が自然環境に及ぼす連鎖的な環境コストを報告した同書は、「黄金時代」の素朴な成長信仰を揺り動かし、七〇年代までにはきわめて広範な環境問題への関心を呼び起こした。化学薬品、石油化学、自動車、電機などの基軸的産業やダムなどの電源開発が各地の海洋、河川、地下水、土壌、森林、空気に及ぼす汚染問題から、絶滅危惧種の野生動物保護や魚などの海洋資源の枯渇、ついには地球レベルでの「人口爆発」のもたらす自然環境破壊にまで関心は広がっていった。

市民社会にこうした憂慮が広がっていく中で、連邦政府や議会も環境問題の重要性にしだいに気づき始めていた。一九七〇年には、リチャード・ニクソン大統領は一〇〇億ドルを投じて、既存の廃棄物処理プラントの浄化を図る計画を提起し、同じ年、大統領令によって環境保護庁を設置した。連邦議会も大気浄化法改正法を七〇年に、七二年一〇月には水質汚染防止法改正法（水質浄化法）を通過成立させている。その年の消費者製造物安全委員会の設立も、海洋汚染防止条約への参加も、この時期のアメリカ政治社会における環境意識の高まりを反映していた。

一九七九年三月二八日にペンシルヴェニア州ハリスバーグ近くのスリーマイル島で起こった原子力発電所の事故は、アメリカにもう一つの深刻な環境問題を突きつけた。漏出した放射能を避けるために、州知事が近隣一帯からの妊産婦の退避を呼びかけ、実際近隣の一〇万人が避難するという事態は、アメリカ国民の間に原発に対するパニックに近い反応を呼び起こした。翌年一月には、原子力規制委員会が、稼働中の全六八基の原発のうち三八基が新たに設定された安全基準を満たしていないとの報告を提出した。スリーマイル島事件は、事件以前からニューハンプシャー州シーブルック原発などで活発化しつつあった反対運動に拍車をかけ、アメリカの原発推進政策の大幅な遅滞を招く結果となった。

こうして七〇年代、環境問題はアメリカの国民生活につねにつきまとう社会問題となった。以後それは、企業が立地する近隣への有害物質漏出などの地方的な公害問題から、石油タンカーやパイプラインの大規模な石油漏出事件、近年の水圧破砕法《フラッキング》によるシェールガス開発が地下水脈に及ぼす汚染、さらには地球大の気候変動問題に至るまで、極めて広範多岐な領域に及んでいった。それらのいずれについても、今日まで抜本的な解決のいとぐちは見えていない。アメリカ社会が、経済成長に向けた資本主義的効率と国民生活の安全とを、二つながらに追求しようとする限り、永遠に回避しえない問題なのかもしれない。

ポスト市民権運動時代の女性運動

戦後六〇年代までの比較的安定していたアメリカ社会は、労働や職業にかかわる公的生活の面でも、地域や家族にかかわる私的生活の面でも、圧倒的に白人キリスト教徒の男性が優位を占めていたことにその特色があった。六〇年代の新しいフェミニズムの勃興は、このアメリカ国民社会の人的編成の偏りを暴き出し、その是正を求める強力な社会運動の登場を意味した。それ以前、女性の差別と排除は、「家族」や「母性」など伝統的制度や価値のうちに隠蔽されてきた。ベティ・フリーダンの『女らしさの神話』(一九六三年)は、女性に家庭の外の仕事や政治という公的領域に生きがいを見出すよう説くことによって、こうした伝統的な家族観を大きく揺り動かした。これをきっかけに、まさに一つの、典型的に精神的、脱物質的な価値に立脚した社会運動が緒についたのである。彼女たちの実践的活動は、「アメリカ社会の本流に女性が完全に参加できる」ことを目的に掲げた全米女性機構(NOW)の結成(一九六六年)に結実してゆく。黒人の市民権運動に触発され、それと連動しつつ展開されたNOWの活動は、七〇年代初頭、二つの争点に関し歴史的な成果を挙げた。一つは、男女平等権修正条項(ERA)の連邦議会通過(一九七二年)であり、いま一つは人工妊娠中絶を禁止した州法を違憲とした連邦最高裁判所のロー対ウェイド判決(一九七三年)である。

人工妊娠中絶は、一九世紀アメリカでは、イギリスのコモン・ローの伝統を引き継ぎ、宗教的、医学的、社会倫理などさまざまな理由から、すべての州の禁止するところであった。二〇世紀初めのマーガレット・サンガーの産児制限運動以来、中絶は避妊とともに家族計画のための妊娠の人為的コントロール手段とみられるようになった。それらの手段による産児制限は、家族計画を欠いた妊娠が、貧困な家族やシングルマザーを生みがちである危険を回避するための必要悪とみなされたのである。その意味で中絶争点は、むしろ「物質主義的価値観」から派生した問題という様相を帯びていた。六〇年代には、産児計画に同調する医師や宗教家や法律家の間に、貧困層や女性の福祉を目的とする中絶の合法化運動が展開される。当時、中絶問題がまだ党派間対立の先鋭な争点ではなかったことは、六五年、トルーマンとアイゼンハワーの二人の元大統領が、家族計画推進委員会の共同議長をつとめていたことからもうかがえよう。

他方、ＥＲＡは、女性参政権を認めた憲法修正第一九条（一九二〇年）に次ぐ、女性解放史上の画期となるはずの修正案であった。連邦下院（賛成三五四票対反対二四票）も上院（賛成八四票対反対八票）も圧倒的な大差で通過したことを考えるならば、この時までＥＲＡもまた、ほぼ政治的なコンセンサスを得ていたと考えることができる。実際、各州の批准も当初は順調に進み、翌年までに三〇州が批准を終え、一九七四年から七七年までにさらに五州がそれに加わった。しかし、この段階から批准の進みは停滞し、結局、規定の四分の三（三八州）以上の州の批准を満たすことなく、一九八二年、ＥＲＡは不成立に終わった。それは一九七三年以降、ＥＲＡが突然、党派的な対立争点として注目を浴びるようになった結果であった。

ＥＲＡの成立に大きな障害として立ちはだかったのは、名門ラドクリフ・カレッジ出身でイリノイ州を拠点とする保守的な女性活動家、フィリス・シュラフリーであった。かつてはジョセフ・マッカーシーを、さらにバリー・ゴールドウォーターを支持して活動した経験を持つ筋金入りの反ニューディール論者シュラフリーは、皮肉なことにＮＯＷの結成にはるかに先立って家庭から政治という公的領域に「解放」されていた。ＥＲＡの議会通過を受け、百戦錬磨の政治的オーガナイザーとして彼女は、ＮＯＷの対抗組織「ＥＲＡ阻止（Stop-ERA）」を名称とする団体（一九七五年に「イーグル・フォーラム」に改組）を結成している。その戦略は、まさに成立寸前のＥＲＡを、より直感的に好悪の分かれる中絶問題と結び付けることによって、ＮＯＷの家族観に違和感を抱く広範な保守層をＥＲＡ批准阻止へと政治的に動員するというものであった。彼女のＥＲＡ反対論は、「中絶は人口縮減を意味する」「（ＥＲＡの支持者は）反家庭の過激派でありレズビアンである」「それは男女共用トイレ、合法的同性婚、そして扶養配偶者や子供への財政支援の終了をもたらすだろう」といった、きわめて直情的な悪罵に等しかった。とはいえ、ニューディール体制を支えた社会的なコンセンサスが、カウンターカルチャーの挑戦を受けて四分五裂の危機を迎えていた七〇年代、彼女のこうした言説が、伝統的な秩序観や道徳観をもつ保守的な不満層に強く訴えかけたことも否定できない（その後も一貫して、有能なオーガナイザー、人気のあるアジテーターとして保守の一翼を担い続けたシュラフリーは二〇一六年に死去する前、共和党の予備選候補者ドナルド・トランプ支持を表明している）。

中絶反対論は、自らの立場を胎児の生命を重視するという意味で「プロ・ライフ」と称し、中絶容認論は、産むか産まないかについての女性自身の選択権を重視する意味で「プロ・チョイス」と称する。両者の対立は宗教界を巻き込み、一九七三年中に早くも、カトリックを中心とする中絶反対派は「生命の権利を守る全国委員会」を結成し、福音派プロテスタントの中にもロー判決の撤回を求める運動が広がっていった。反ＥＲＡ争点の周辺には一九七三年以後、徐々に新右翼勢力が結集してゆくことになる。ニクソン、レーガン両政権に加わった経験のある保守派のテレビ・コメンテーターのパット・ブキャナンは早くも一九七一年に、ニクソンに対し中絶反対論の表明が再選に有利に働くであろうと助言したという。

ポスト市民権運動時代の人種とエスニシティ

市民権法(一九六四年)と投票権法(一九六五年)、そして改正移民法(一九六五年)に結実した戦後市民権運動は、アメリカの国民社会と憲法体制に決定的な変革をもたらした。市民権とは社会のメンバーである個人に保障される諸権利であり、そこには法の前での平等、投票権、雇用・居住・教育やその他の公的な便益の利用に際して他の市民と平等の扱いを受ける権利などが含まれる。六〇年代の市民権立法の新しさは、「肌の色、人種、性、宗教、出身国」などの属性を理由として差別されてきた社会集団を丸ごと憲法体制の中に包摂し、統合したところにあった。いいかえれば、一連の立法措置は、憲法的な個人間の平等原理には手を加えずに、属性集団間の平等という新しい原理を付加的に導入したことになる。マーティン・ルーサー・キング師が「夢」として語った人種統合は、ここに少なくとも確実な法的基盤をもつことになったのである。

一連の市民権立法にくわえ、七〇年代に隔離状況の改善を加速するために追加された連邦の立法措置によって、黒人をはじめとする人種・エスニック・マイノリティーズの社会的地位がいちじるしく向上を見たことは疑いない。「バス通学」やアファーマティブ・アクションの普及につれ、学校や職場や公共の場における人種統合はかつてなく急速に進展した。黒人人口中に占める貧困層の割合は、一九五九年の五五・一%から、七〇年の三三・五%へと劇的に減少した。医師、弁護士などの専門職に就く黒人人口も増え、黒人中間階級も徐々に厚みを増していった。投票権法の効果によって黒人の選出公職者も増加した。黒人連邦下院議員数は一九六五年の六名から、七三年には一五名に増え、その後も着実に増加し、九〇年代にはその数約四〇に達した(現在、黒人下院議員は史上最高の五二議席を占めている)。一九六七年にはクリーブランドとゲーリーで北部都市最初の黒人市長が、七三年にはアトランタ市から、南部で最初の黒人市長が誕生した。その間、市民の意識調査の多くが示すところでは、白人中産階級の黒人に対する人種的偏見は大幅に減少したかに見えた。

しかしながら、このような多面的な成果にもかかわらず、長く積み上げられてきた人種隔離・移民排斥の伝統や法制度・習俗の厚い壁を、数片の連邦法と行政府の約束とをもって一挙に打破することの難しさは、七〇年代をとおして、しだいにあきらかになっていった。十全の人種統合の実現に立ちはだかった何よりも大きな障害は、黒人社会に執拗に存続する貧困であった。アメリカ経済の全体が危機に陥った七〇年代、黒人の経済的地位の改善も遅々として進まなくなった。彼らの間の失業率は、この時期悪化の一途をたどった白人のそれに比べて、さらに高かった。偉大な社会計画以後、徐々に改善に向かっていた黒人の貧困率はこの間、一九八〇年までついに三〇%を割ることはなかった。この時期の執拗な失業が、黒人家庭の生活と家計に壊滅的な打撃を与えたことは想像に難くない。両親のそろった家庭に暮らす黒人の子供は、全体のわずか三分の一に減った。その結果、黒人の子供の四割以上は貧困状態にあり、八〇年代に入ると、その割合はさらに五割弱にまで悪化した。

それら貧困層の黒人の多くは、「黄金時代」の製造業ブームに乗って、南部から北部都市へ移り住んだ人びとであった。七〇年代不況の中でまっさきに職を失った彼らは、これらの都市の中心部のゲットーに集住し、連邦福祉に依存して暮らしを立てる以外になかった。一九九〇年までに、黒人総人口の五分の一はこうしたゲットーに居住するようになった。こうして偉大な社会計画は、黒人の中に二つの層を生み出す結果となった。アファーマティブ・アクションを生かし、教育機会をとらえて社会的上昇を果たしてゆく中産階級層と、貧困から抜け出すことができずに、福祉に依存して生きる層とである。

3 ポスト・ウォーターゲイト

大統領の犯罪

一九七四年八月九日は、現在まで二三〇年におよぶアメリカ合衆国憲政史上、特異な記憶すべき一日となった。正午前、辞任に追い込まれた現職の大統領リチャード・ニクソンが家族とともにホワイトハウスの南庭からヘリコプターで退去し、その後を襲う副大統領ジェラルド・フォードの大統領宣誓就任式が、ただちに同じホワイトハウスで執り行われたのであった。

それよりわずか二年前の一九七二年六月一七日未明、ワシントンDCのウォーターゲイト・ビルで起こった、一見矮小な不法侵入事件が報じられたときに、それが空前の大統領交代劇にまで発展すると予測した者はいなかったであろう。しかし、この事件によって逮捕された五人の侵入犯たちの目標が、同ビル内に置かれた民主党全国委員会本部であったこと、そしてほどなく、彼らがその年の大統領選挙にむけた「〔ニクソン〕大統領再選委員会」の命を受けていたことが判明するや、にわかに事件は、反対政党に対する違法な諜報活動や選挙工作といった政治犯罪の色合いを帯びることとなった。

ニクソンはこの選挙戦を、デタント政策や米中和解、さらにはベトナム戦争の早期終結の可能性といった外交的成果を前面に掲げて戦い、一九六八年以来続く民主党の混乱に乗じて、史上まれに見る地滑り的勝利によって再選を勝ち取った。しかしその間も、ウォーターゲイト事件は着々と政権の中枢に及んでいった。侵入事件の被告人たちの裁判に始まり、連邦議会の特別委員会や特別検察官による調査、主要メディアによる調査報道などが、つぎつぎとこの政治犯罪へのニクソン政権の関与の実態を衆目に明らかにしていった。皮肉なことに、ニクソンが自らとウォーターゲイト事件との関わりを否定すべく画策したもみ消し工作や証拠隠滅や権力の濫用の実態が露呈するたびに、事件はますます「大統領の犯罪」という色合いを濃くしていった。さらに、そうした画策が行政府による司法の捜査権や議会の調査権に対する侵害とみなされてゆくにつれ、問題はまさに、権力分立や抑制均衡や制限政府といった憲法的原則の危機という様相を呈するにいたった。

偉大な大統領を自任し、自身の治績の克明な記録を残すことを企図していたニクソンは、ホワイトハウスでの自らの言辞や会話を逐一、秘密裏に録音していた。そこには、それまでのニクソンの言明と異なり、彼自身がウォーターゲイト事件の発覚直後から、そのもみ消しを画策していたことを物語る会話が含まれていた。この事実の暴露は、すでに連邦下院による大統領弾劾決議の可決が確実視されていた状況下、大統領に辞任を決意させる最終的な一撃となった。

こうして、盤石に見えたニクソン政権は、一九七二年選挙における地滑り的勝利の後わずか一年半の間に大きく揺らぎ、ついに崩壊したのであった。

「帝王的大統領制」の限界

一人の大統領の非違行為に始まり、その辞任に帰結したウォーターゲイト事件ではあったが、事件の背景と文脈は、個人的というよりは制度的かつ歴史的であったと見るべきであろう。本来、アメリカ合衆国憲法は、統治をになう個々人がときに過ちを犯しうる(=個人の可謬性の)危険や、与えられた権限を逸脱してときに私益に走りうる(=権力の濫用と腐敗の)危険を前提とし、それらを未然に防止するために権力の分立と統治三権相互の抑制均衡という原則を制度化したはずであった。憲法の制定当時、権力濫用の危険性が最も高いと目されていたのは、むしろ民衆に最も近い議会による専制であった。しかし、二〇世紀になると連邦の統治権限は大統領へと集中し、大統領の独断専行が警戒されるようになっていった。その原因は、一つに産業化、都市化、そして大恐慌をへて社会経済政策の重要性が高まり、連邦行政機構が肥大化していったこと、いま一つには二度の世界大戦と冷戦期をへて連邦政府のうちで国防や外交の比重がいちじるしく増大していったことにある。

議会が関与する機会もなく開始され、ホワイトハウス主導で限りなく続けられたベトナム戦争は、まさにそのような独断専行の好例にほかならなかった。この時の、憲法の許す範囲を上回る大統領への権力集中を、歴史家アーサー・シュレジンガー・ジュニアは、一九七三年末に出版された著書において「帝王的大統領制」と呼び批判した。おりからウォーターゲイト事件をめぐる議会の調査、司法の介入、そしてメディアによる報道が過熱してゆく中で、同書はリベラル派のニクソン政権批判を学問的に正当化する論議とみなされた。しかし、「帝王的大統領制」論が提起した問題は、短期的党派対立以上に、現代の複雑な政治経済、対外関係を前提として、行政府の政策的自由裁量はどこまで許され、どこに限界を画すべきかという現代大統領制の正当性に関わっていた。そして「大統領の戦争」が惨憺たる状況に陥り、「大統領の犯罪」が暴露されていく中で、この論議は、大統領権限の縮小論、立法府・司法府による大統領権限の統制強化論へと展開されていった。

戦争権限法

当時大統領から議会への政治的重心の移行を如実に示した事例の一つは、一九七三年一一月、連邦議会が、大統領の拒否権発動を乗り越えて成立させた戦争権限法であった。大統領による軍事行動の開始は、議会の宣戦布告や承認をまって許されるとした同法は、ベトナム戦争の止めどないエスカレーションが、小さな発砲事件(一九六四年夏のトンキン湾事件)を口実として議会が大統領に許した大幅な軍事的裁量権に起因したという反省に基づく立法であった。しかし、合衆国軍の最高司令官としての大統領が独断で開始した戦争や軍事行動は、ベトナム戦争に限らず、むしろアメリカ史上、枚挙にいとまがないというべきであろう。そうした歴史をふまえて、この戦争権限法は、大統領権力の独断に歯止めをかけ、本来憲法が議会に与えていた戦争の統制権を回復し強化することを目的としていた。ただし、その後も現在にいたるまで頻発してきたアメリカの対外的軍事紛争に際しても、自らが軍事的なフリーハンドを握ることを安全保障上の要諦とみなす歴代の大統領によって、この法律は軽視され続けてきた。

予算編成権をめぐって

ウォーターゲイト事件後の、大統領に対する議会権力の回復を示すもう一つの事例は、憲法が議会に与えた連邦政府の予算編成権に関わっていた。二〇世紀初頭以後、大統領権力は、戦争権限とともに議会の有する連邦の「財布の掌握権」をも蚕食していった。とりわけ、ジョンソン政権下における偉大な社会計画の導入にあたり、大統領は行政主導によって種々の大規模な社会福祉計画を立案実行し、議会の掣肘《せいちゅう》を回避して財政支出を拡大していった。実質的な予算編成権は、この時期ホワイトハウスの掌握するところとなっていたのである。福祉政策の拡充により飛躍的に増大したエンタイトルメント（一定の資格を満たした市民に対し一律に支出しなければならない政府の給付)は、同じ頃にやはり急増したベトナム戦費とあいまって、連邦財政を逼迫させていった。その結果、一九六九年会計年度にはかろうじて財政黒字が計上されたものの、その翌年からは一九九七年度まで続く長い赤字財政の時代が始まることになる。

この状況下、民主党多数の連邦議会が通過させ、辞任の瀬戸際に追いつめられていたニクソン大統領の署名を得て成立したのが、一九七四年の議会予算および執行留保制限法であった。その一つの目的は、ニクソン政権がそれまで濫用してきた、大統領の連邦予算の執行留保権限に制約を加えることにあった。この権限は、とくに均衡財政を重視する大統領が、議会によってすでに予算を充当された諸計画の実施を留保し、歳出削減を図るための有効な行政手段であった。議会の側がこの行政手段に対抗し、自らの決めた計画の実施を進めることによって大統領から予算編成権を取り戻すために、七四年法は、議会上下両院に予算委員会を、そして議員に専門的知見を供与するための議会予算局をも新設した。以後、議会は、大統領が予算教書で示す予算編成とは独立に、年次ごとに対案として、連邦の歳出、歳入の規模、必要な税収や赤字の限度の見積もりを含む予算決議を行うことになった。

七四年法が大統領の歳出削減手段に大幅な制約を課したことは、裏からいえば、議会による政府計画の実施が容易になったことを意味していた。以後八〇年代にかけて、連邦財政の主導権をめぐる大統領と議会との争いは激化していった。その結果、連邦支出はかえって肥大していった。一九八〇年代、アメリカ連邦政府はかつてない規模の財政赤字に直面することになる。

政党組織の衰退

一九六〇年代後半から七〇年代中葉にかけて、アメリカの二大政党政治も大きな変化の時期を迎えていた。議会による大統領権力の抑制が、いわば上からの連邦政治再編を意味したとすれば、政党制の変化は、広範な社会経済的原因による、より根本的な下からの政治再編の動向を示すものであった。

この時期の政党をめぐり、まず注目すべき点は、政党本来の権能――すなわち、国民のさまざまな集団的利益要求と政府による政策との間を、候補者の擁立と選挙戦を通して媒介するという役割――が衰退を見たことであろう。その原因の一つは、ニューディール型福祉施策が、この時期までにいちじるしく専門分化し、複雑化したことにあった。とりわけ貧困や人種差別をはじめとするあらゆる社会経済問題の解決を目指した偉大な社会計画は（月を目指した宇宙開発計画や同時期にエスカレートしていったベトナム戦争に似て）、政党の政策形成機能や政府への媒介機能などは無視し、各政策分野の官僚や専門研究者が理論的に計画を練り上げ、「上から」の資金投入によって、いわば社会工学的に実行されていった。そこでは一つの計画の失敗は次の実験を促すという、いわば「インプットなき政策循環」が常態となった。結果として、福祉の拡大により政府は肥大し、政党組織は弱体化していった。

政党衰退の第二の原因は、選挙戦における候補者の選定や政見策定やキャンペーンの統括と推進という、これも従来、政党組織のボスやマシーンが果たしてきた役割がテレビ・コマーシャルや候補者から有権者に送られるダイレクトメールなどの手法に置き換えられていったことによる。政党組織への忠誠以上に、メディアが媒介する民衆との接触の機会、わけてもテレビ・コマーシャルの頻度や候補者個人の容貌や語り口などが、選挙の帰趨を決する要因として重要になった。それは、インターネットが普及した現代まで続くメディア選挙の時代の嚆矢《こうし》であった。その結果、選挙戦は、政党よりは候補者個人の活動と目されるようになっていった。候補者はこの個人化された選挙戦にあっては、政党組織に依拠することなしに、自前で巨額にのぼるメディア選挙の資金を集めることが求められる。この時期、政党に代わって、個人化した候補者の巨額な選挙資金の供給主体となったのは、さまざまな企業、労働組合、利益集団が連邦選挙運動法の枠内で合法的に政治献金を行う目的で設立した政治活動委員会(PAC)であった。ウォーターゲイト事件を契機として同法が改正された一九七四年には六〇〇あまりに過ぎなかったPACの数は、八〇年には二五〇〇以上へと急増した。そのことは、一面で、連邦政府にインプットされることを期待する社会的、経済的、文化的利益がいちじるしく多元化し、個別化したことを物語っている。連邦議会では、それらの多様な単一争点をめぐる圧力団体のロビー活動が活発化していった。そこでは、かつてのニューディール連合のような、多面的諸利益の調停を司り、政策決定過程を統括する主体としての政党の影は薄い。

政党制の変容

七〇年代、ニューディール連合の一翼をなしていた南部の白人層は、市民権運動を契機として、南北戦争以来の長い伝統であった民主党支持から離れつつあった。すでに一九六四年大統領選において、ゴールドウォーターは、全国的には地滑り的敗北を喫しながらも、自身の出身州アリゾナの他に、サウスカロライナからルイジアナにいたる深南部五州で勝利をおさめ、難攻不落であった南部民主党の一角を切り崩していた。その四年後、ニクソンは「南部戦略」に基づき、南部白人層の共和党支持層への取り込みを図る共和党多数派形成に着手した。以後、南部は、大統領選挙のみならず州・地方選挙においても、共和党支持の傾向を強めてきている。

他方、民主党もまたこの時期に、その支持基盤の転換に直面していた。南部ばかりか、長くニューディール連合の主柱と目されてきたその他の地域の労働者や中産階級(別の見方をすれば一九世紀末以降の新移民に連なるホワイトエスニックであり、その多くはカトリックでもある)のうちにも、民主党から共和党への移動の動きが見られたのである。第二次世界大戦の復員兵として、戦後の福祉国家形成過程においてもっとも優遇されてきた彼らは、偉大な社会計画以後、黒人、先住民、アジア系、ヒスパニック系の移民たちによって、福祉受給者の資格を奪われてゆくことになった。アファーマティブ・アクションによるマイノリティーズ優遇策によって、さらなる社会経済的上昇を阻まれた彼らは、のみならず一転して福祉国家を支える納税者たることを求められた。また、アメリカの伝統的な家庭道徳や、宗教的・社会的倫理や、愛国的な信条に固執する彼らにとって、ベトナム戦争期の民主党内に急速な勃興を見た若者や女性の反権威主義的な対抗文化、性行動、反国家的反戦運動は許すべからざる社会的逸脱にほかならなかった。当時彼らの多くが、ニクソンやジョージ・ウォーレスの「法と秩序」の保守主義に惹きつけられていったことも不思議ではない。

こうしてニューディール連合の紐帯が弱体化してゆく反面で、民主党は、一九六八年シカゴでの党大会における若者の暴力的反乱を契機として「党内デモクラシー」の徹底をはかり、党組織の改革に乗りだしていった。一九七二年の大統領選挙を前に、民主党は、党組織や全国党大会の代議員選抜のあり方を検討し、専門委員会の報告に基づいて改革を断行した。その結果、大統領候補の選任方式はその重点が、ボスによって牛耳られた党大会での論争や根回しから、より民主的な予備選挙へと移り、党大会の代議員枠は大幅にマイノリティーズや女性に振り向けられ、党組織も、市民権、女性の権利、平和や反核兵器、環境といった個別争点をめぐるリベラルな市民活動家に大きく門戸を開くことになった。この時、民主党は、経済的リベラリズムの政党から文化的リベラリズムの政党へと衣替えをはじめ、ニューディール連合から、六〇年代の改革によって実現を見た「権利革命」推進勢力の連合へと変貌を開始したといってよい。

一九七二年の大統領選挙は、この組織改編を断行した民主党のいわばデビュー戦であったが、すでに述べたように結果は歴史的な惨敗に終わった。ニクソン政権がその第一期で達成した多大の外交的成果と、民主党傘下の労働者、中産階級の保守志向を重視した「法と秩序」論とが奏功した選挙結果であった。

どこまでも不運なフォード

ウォーターゲイト事件によるニクソン辞任を受けて、四年に一度の大統領・副大統領選挙の洗礼を一度も経ることなしに就任した史上唯一の大統領フォードはその就任からわずか一月後、一つの決定的な失敗を犯すことになる。九月八日、フォードは、ニクソン前大統領がその就任期間内に犯したか、関与したかの可能性があるすべての違法行為に関し、「完全かつ無条件で絶対の恩赦」を与える決定をおおやけにした。しかし、なおニクソン辞任の衝撃の残る中で下されたこの決定は、フォードの動機のいかんにかかわらず、政治的にはいかにも拙速に過ぎたといわなければならない。決定はただちに、ニクソンの生涯の仇敵というべきリベラルなメディアを先頭とする世論から激しい批判を浴びた。しかしその一週間後、フォードはニクソンへの恩赦とバランスをとるかのように、ベトナム戦争のすべての戦役忌避者たちに対しても、条件付きで限定的ではあったものの、やはり恩赦を与えた。戦争がアメリカ社会にもたらした亀裂を修復するためになされたとはいえ、こちらの決定もまた、ベトナム戦争の退役軍人や在郷軍人会や政治的右派の厳しい糾弾にさらされた。こうして二つの恩赦は、大統領の意図を裏切り、かえってベトナムとウォーターゲイトとをめぐる世論の亀裂を浮き彫りにし、党派感情をかき立てる結果となり、フォードの支持率も急激に下落していった。

もとより、フォードがよって立つ政治基盤はきわめて脆弱かつ不安定であった。そもそもこの時期、連邦議会の両院は長く(一九五四年の中間選挙以来)一貫して、民主党の多数支配下にあった。連邦上院で共和党が多数を占めたのは、ようやくレーガン大統領の第一期、一九八一年のことであり、下院にいたっては、共和党多数の実現は、なんと一九九四年の中間選挙をまたなければならなかった。ニクソン辞任の衝撃は、連邦議会をよりいっそう民主党優位に傾けることとなった。恩赦問題の余燼さめやらぬ時に行われた一九七四年中間選挙で、共和党は下院四八議席、上院五議席を減らす歴史的な惨敗を喫する。結果としてフォード大統領は、下院で七割弱、上院で六割の議席が反対党によって占められた議会と対峙しつつ、ベトナム、ウォーターゲイトの敗戦処理にあたることを余儀なくされたのであった。フォード政権の残余期間は、内政外交ともにこれといった業績を残すことなく過ぎ去っていった。

このどこまでも不運なフォードは、一九七五年四月三〇日、北ベトナム軍の攻撃による南ベトナム政権の失陥とベトナム統一の報を大統領として受けることになった。それは、ニクソンが目論んだ、戦争の「ベトナム化」によるアメリカの「名誉ある撤退」とはまったく相容れない「終戦」であった。一枚の写真（図1-2）がある。北ベトナム軍から逃れるためであろうか、サイゴンのアメリカ大使館を飛び立とうとする米軍ヘリコプターに便乗を求めてしがみつくベトナム人をたたき落とそうと拳を振るうアメリカ人の写真である。この醜悪きわまりない写真が象徴するように、まったくの不名誉のうちにアメリカのベトナム戦争は終わりを告げたのである。

図 **1-2**　1975 年 4 月 30 日，サイゴン陥落時にヘリで脱出するアメリカ人

まさにこの時期、ベトナム戦争とウォーターゲイト事件の結果、アメリカ民主政それ自体が、いわば信頼性の危機に直面していた。内外での失政を考えれば当然のことであろうが、連邦政府に対する人びとの支持が大きく失われた。図1-3の

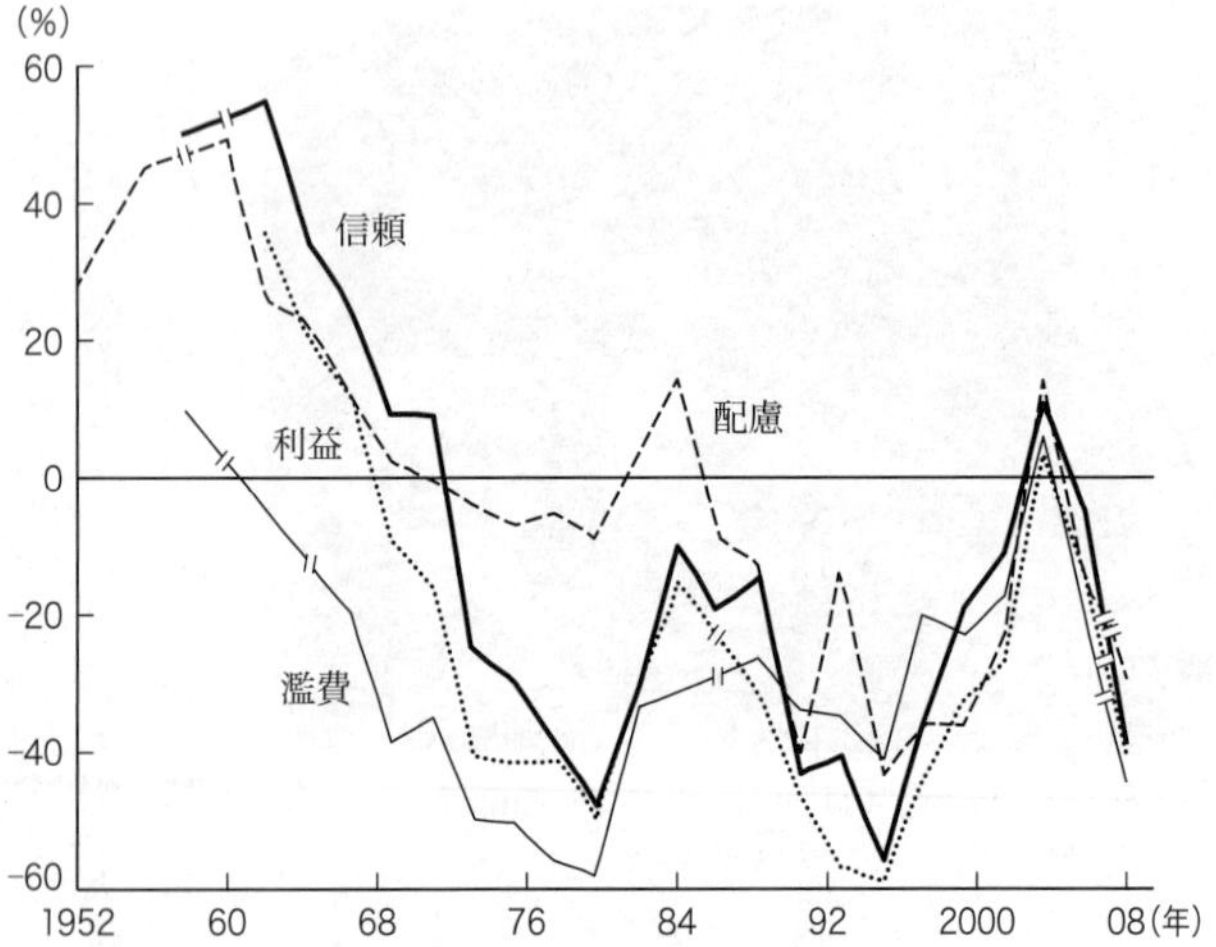

図 **1–3**　連邦政府に対する人びとの支持(1952–2008 年)

世論調査結果が示すように、「政府は信頼に値するか」「公務員は人びとに十分配慮しているか」「政府は少数の巨大利権にではなく国民全体の利益に役立っているか」「政府は税金を濫費していないか」といった質問への回答によって測られた政府に対する一般の信頼感は、一九六〇年代初めまではおおむね高かった。が、その信頼感は、六〇年代後半になると劇的に低下し、七〇年代末までには、逆に政府に対する不信感を表明する回答者が圧倒的多数を占めるにいたった。ワシントンの政府から、国民感情が離反しつつあったのである。一九七五年のある世論調査では、連邦行政府に「大きな信頼を置く」と答えた人びとは、わずか一三%にとどまっていた。このように深い政治不信が瀰漫《びまん》する中で、翌年、アメリカ合衆国は独立二〇〇年祭と大統領選挙を迎えたのであった。

4　民主党リベラルから共和党保守へ

建国二〇〇年祭

一九七六年七月四日、アメリカ独立二〇〇年祭。フォード大統領はフィラデルフィアにある独立記念館（インディペンデンス・ホール）前で、建国の父祖からリンカン、フランクリン・D・ローズヴェルトへと受け継がれてきた「自治をめぐるアメリカの冒険」を振り返り、この国がいまなお独立宣言の精神にしたがって、すべての男女の自由を尊重し、人類世界の範例たりうることを謳いあげた。それは、ベトナム敗戦やウォーターゲイト事件により傷つき、悪化する経済状況に苛まれる、希望のないシニカルな国民感情とは裏腹の体制賛美であった。フィラデルフィアからニューヨーク、そして革命の発端の地、ボストンにいたる各都市をはじめとし、全米は一時、花火と祝祭的雰囲気に包まれた。その晩、エアフォース・ワンで首都に帰着し、ワシントン・モニュメントを輝かす派手な花火を見終わったフォードは、かりそめの絶頂期を味わったようである。

おもえば、この年に始まり、一九九〇年前後までは、アメリカにとってさまざまな二〇〇年祭の続く歴史懐古の十余年であった。独立宣言から、独立が成就したパリ条約、合衆国憲法の制定、権利章典の制定へといたる偉業《サーガ》が繰り返し想起されたことによって、人びとの意識はいやおうなしにアメリカ国家の原点へと向けられていった。

それは、おそらくこの時期のアメリカ政治社会が、かつてなく保守色を強めたことと無縁ではなかったろう。個々のアメリカ人が自らのイデオロギー的立場をリベラル—中道—保守のいずれと認識しているかを調べた世論調査の結果を見ても、七〇年代前半まではほぼ拮抗していたリベラルと保守の比率は、一九九〇年までには徐々に、保守派が三〇％台半ばと、二〇％台半ばのリベラル派を凌駕する変化が起こっている。その間、アメリカ人の保守意識の中心に、あらためて独立宣言や憲法という不磨の聖典が据えられたことによって、保守という政治的立場は、（それらの聖典を現代的課題にそくして自由に読み替えてはばからないリベラルの立場を超える）正当性を帯びるようになったと思われる。聖典を聖典たらしめた当初のキリスト教信仰が思い起こされ、福音派の信仰が保守政治と連携しつつ復興したのもこの時期のことである。憲法解釈は、元々の憲法条文に厳密にそくしてなされなければならないとする「原意主義《オリジナリズム》」なる保守的な憲法論を示すことばが生まれ、その立場に立つ連邦最高裁判事がつぎつぎと指名されたのもこの時期である。憲法に何ら規定のない女性の権利や人工妊娠中絶が「憲法的に」容認されることの不当性が執拗に指摘され、ついには男女平等権修正条項（ＥＲＡ）が批准されずに潰えたのも、銃器規制への反対論が合衆国憲法修正第二条に結びつけて正当化されるようになったのもまたこのころのことであった。

保守化に向かう、「二〇〇年祭」の一〇年間に高まったアメリカ人の歴史意識は、はたして自らを、そして自国を相対的に客観視する柔軟な現状認識を涵養《かんよう》したのであろうか、それとも自らの絶対化を助長し、他に対する攻撃性や党派性を鼓舞したのであろうか。

一九七六年大統領選挙

一九七六年は、ベトナムとウォーターゲイトという内外二つの挫折を経たアメリカがどのように立ち直り、新たにどの方向を目指すのかを占う、過渡期の大統領選挙戦の年でもあった。一部の政治学者は、もしこの二つの挫折がなければ、この選挙では、偉大な社会計画によって極大化した福祉国家の当否が主要争点となったかもしれず、そうなったとすれば「小さな政府」論に立脚する共和党主導の保守再編が実際より早く実現する機会になったかもしれないと推定する。しかし、大小を問わずワシントンの政府そのものに対する不信感が国民世論に横溢する状況下、この選挙戦は、長期的な国家指針よりはむしろ、フォード政権下の外交不振、経済不振をいかに乗り切るかという当面の政策課題を主要争点として展開された。

ニクソン辞任以後の困難な政局をかろうじて舵取りしてきたフォード大統領は、共和党の候補としてはじめて民意の審判を受ける立場にあった。しかし、この現職に対し共和党内から強力な対立候補として立ちはだかったのが、カリフォルニア州前知事ロナルド・レーガンであった。レーガンの名が一躍全国に知られるようになったきっかけは、一九六四年大統領選挙戦におけるゴールドウォーター支持演説であったといわれる。この演説は、政府の市場介入への反対と市場メカニズムの重視、さらには連邦から州・地方への権限の移譲、そしてより強硬な対ソ政策などを訴えたものであり、後に、ケインズ主義に対し最初にサプライサイド政策を大々的に提示した演説として評価されるようになる。この演説をきっかけとして、レーガンはホワイトハウスに向けての第一歩を踏み出したといわれている。映画やテレビで活躍した元俳優の華々しい登場は、ニューディール体制下、つねに少数党中の少数派という周辺的地位に甘んじてきた共和党保守派にとって、堅苦しい謹厳さで知られたゴールドウォーターに代わる、よりテレジェニックで大衆的魅力に溢れたニュー・ヒーローの誕生を告げるものであった。

一九七六年の共和党予備選挙へのレーガンの参入は、共和党の基本政策と選挙基盤が大きく変わるきっかけになった。彼の学校礼拝容認論や中絶反対論、そして強固な反共主義に立脚したデタント政策批判は、いずれもその後、共和党の内外施策の主要な柱として採用されていくのである。この接戦続きの予備選挙後に開かれた八月の全国党大会において、フォードはかろうじてレーガンの追撃をかわして共和党候補への指名を獲得した。しかし、副大統領候補について、フォードは台頭する右派の攻勢を受け、リベラル派のロックフェラーの再指名を断念し、中西部保守派のロバート・ドールを選ぶという妥協を余儀なくされた。くわえてフォードは、この年の共和党の政綱にレーガン派の主張が濃く反映することも認めざるをえなかった。

他方、民主党の候補者選任も当初は混迷が予想されていた。予備選の開始を前に、かつてない一〇名を超える候補者が乱立したことに現れたように、六八年以後の党分裂の余波は、七二年の党組織改革を経てなお、この党の将来に暗雲を投げかけていたからである。しかし、この年の民主党予備選は意外にも、全国的にはほとんど無名であったジョージア州前知事ジミー・カーターのほぼ独走に終始した。一九六八年以来の民主党大統領候補選任過程の検討から、勝利の鍵は緒戦のアイオワ州党員集会、ニューハンプシャー州の予備選にあることを見抜いたカーターの作戦勝ちであった。当初の目論見通り、この両州で勝利して知名度を上げたカーターは、その後も並み居る他候補を着実に引き離して、党大会以前に指名獲得を確実にした。のちの本選挙において、現職大統領に対する挑戦者としてカーターは二点を強調した。一つは、不振から脱却しえないアメリカ経済の現状である。スタグフレーションを失業率とインフレ率を足した「悲惨指数」で示し、この現状を長引かせているフォード政権の責任を問うたのである。いま一つは、ウォーターゲイト事件に帰結した、国民生活を顧みないワシントン政界に瀰漫する政治腐敗である。フォード共和党政権はこの現状にどこまで責任があるのかを、カーターは執拗に追及した。彼は、自らが「新生のキリスト教徒《ボーン・アゲイン・クリスチャン》」であることを表明した最初の大統領候補であった。これまで不正のはびこるワシントンという世界とはまったく無縁であったことを強調し、嘘をつかぬことを国民に約束するカーターの選挙キャンペーンは、その際だった道義性の強調という点で異例であった。

カーターは接戦を制し、フォードを破って当選を果たした。カーターの強みがとくに現れたのは、ヴァージニアを除く南部全州での勝利であり、南部や北部都市部の黒人の支持であり、不況に苦しむオハイオ、ペンシルヴェニア、ニューヨークなどの都市を中心とする労働組合員の間での得票であった。それは一見、ニューディール・リベラリズムや伝統的な民主党連合の復活を思わせる結果であった。しかし、実際は、すでに傾きかけていたニューディール連合よりもむしろ、ベトナム敗戦とウォーターゲイト事件に幻滅した世論の深く広範な現状批判、政治不信の影響のほうがカーターの勝因として重要であったかもしれない。当初「ジミー・フー」と揶揄されたほど連邦政治の完全なアウトサイダーであったカーターの無名性はむしろ、政治腐敗から遠い無垢なイメージに結びついたと考えられる。同じく共和党予備選において、首都から遠いカリフォルニア州の知事だったレーガンが、連邦下院議員歴の長いフォードに対して発揮した予想外の強さにも、やはり当時の広範な反ワシントン感情の影響をうかがうことができる。この点に、一九七六年という時代の特異性があったといえよう。

カーターの「小さな政府」論

こうして南部の地方政治家から一躍ホワイトハウスの主となったカーターは、大統領として連邦政府を効果的に導く際に必要な全国的、国際的な経験も、リーダーシップも、人脈も欠いたままに出発することを余儀なくされた。連邦議会は上下両院とも圧倒的な民主党優位が続いていたとはいえ、カーター子飼いの「ジョージア・マフィア」が要職を占めた大統領府は、ケネディ、ジョンソン政権以来連邦議会を牛耳ってきたエドワード・ケネディやティップ・オニールら議会指導者との間に良好な連携関係を築くことはできなかった。しかし、この民主党大統領府と民主党議会との齟齬を、たんに南部派と北部派の政治文化の違いに帰することはできない。そこには、むしろニューディール体制下の混合経済が直面した構造的な亀裂がのぞいていたとみるべきであろう。

この危機に臨んで、南部福音派を精神的立脚基盤とするカーター大統領の政治指導は、あまりに地方主義的、道義主義的な性格が濃厚であった。就任時にカーターは、偉大な社会計画以来、肥大してきた連邦行政機構を批判し、それに寄生する利益集団や議会議員らの既得権益を否定し、同時に広く国民にも「節約と禁欲」による公共精神と規律の回復を求めた。そうしたカーター政権の特色が最も顕著に示されたのは、一九七三年以来、アメリカ政治の中心的課題となったエネルギー問題であった。エネルギー危機は、アメリカ国家にとって「戦争にも匹敵する精神的忍耐」を要する困難であると、就任間もない時期にカーターは訴えている。将来世代のために、再生不能なエネルギーの節約に努め、代替エネルギー開発を促すというのがカーターの方針であった。カーターがこれと類似した姿勢で臨んだもう一つの争点は、環境、自然保護問題であった。カーター政権は、おそらくエネルギー問題と環境問題とを、このような角度から一連の政治課題として取り組もうとした最初の政権であったといってよい。しかし、ポスト・ウォーターゲイトの、あるいは脱工業化社会の政治状況に即応しているかに思われたこれらの訴えは、スタグフレーションの現実を前にした当時のアメリカ社会に渦巻く「物質主義的な」諸利益の要請とは、いかにもそぐわない印象が否定できなかった。

カーター政権は、前政権から七・五％の失業率と五％のインフレ率を引き継いだ。その時、フォード政権下の連邦準備理事会（FRB）が景気対策として金利を引き下げたこともあって、失業率は改善の傾向を示していた。しかし、その結果、カーター政権はインフレ率上昇という有毒な置き土産を託されることとなった。カーターがFRBの議長として任命したポール・ボルカーは通貨供給を抑制し、信用引き締めを図る。カーターの就任時、六・八三％であったプライム・レートは、その政権最後の年には未曽有の一五・二七％にまで引き上げられた。にもかかわらず、イラン革命とサウジアラビアの石油減産措置とによりふたたび石油危機が到来したこともあり、インフレ率は上昇を続け、七八年には九％、八〇年には一二・五％を記録した。

カーター政権下のインフレの昂進は、多くの納税者にとっては表面的な所得の増加を、したがって機械的な税率等級《タックスブラケット》の引き上げを意味した。中下層の個々の労働者にとっては、インフレによって実質所得の向上は無に帰するにもかかわらず、税率等級と課税額だけは急速に上昇してゆく、「黄金時代」には経験したことのない増税の時代となったのである。他方、種々の業界や圧力団体は、税の抜け道や特別減免措置などを求めて議会に働きかけ、財政支出（いわゆる租税支出《タックス・エクスペンディチャー》）という形での実質的な補助金を引き出すことに成功した場合もある。その結果、むろん財政赤字は悪化していった。

こうした事態に対して、カーター大統領は選挙中から、より公平な税制度の実現のために抜本的な租税支出の抑制を公約していたが、それは利益団体の意向を受けた議会の有力議員の抵抗によって十分な成果を挙げることはなかった。そしてインフレ抑制政策が失敗を重ねるなかで、やがて全米の草の根に澎湃《ほうはい》と反税運動の気運が広がっていった。先鞭をつけたのは、一九七八年、カリフォルニア州で住民発案として州民投票に付せられ可決された「提案一三号《プロポジション》[13]」であった。州財産税の税率の大幅引き下げなどを含むこの州憲法改正の提案は、当時の民主党知事の反対表明にもかかわらず、実に六五％の賛成投票によって成立する。これによって州の税収から七〇億ドルが失われたが、「提案一三号」は、共和党の主導下、全国的な反税運動のシンボルとされ、続いてアイダホやネバダでも同様の運動が成功をみた。ここに、カーターの道義主義的な緊縮論に基づく「小さな政府」論とは別に、政府の財政規模や福祉国家の肥大を具体的に税制の面から攻撃する、広範な保守的運動が緒についたのであった。

新自由主義の台頭

こうした保守主義の中心的勢力の一つは、経済的な自由放任主義者たちであった。一九七〇年代後半、アメリカ経済がスタグフレーションに直面してゆくのと並行して、長くアメリカの混合経済の主流派と目されてきたケインズ経済学に対する信頼も大きく揺らいでいった。代わってしだいに大きな注目を浴びるようになったのが、シカゴ大学を拠点とする経済学者ミルトン・フリードマンの経済理論であった。フリードマンによれば、インフレの主因は、過大な政府財政支出と財政赤字にあり、「大きな政府」が自由市場の正常な機能を阻害する元凶にほかならない。したがって政府支出の削減と減税、そして規制緩和により、自由市場から政府の重荷を取り除くことが、経済成長を正常な軌道に戻すための正しい政策であるという。それは、とりわけ企業と富裕層の税負担を(しばしば租税支出を講じて)軽減することによって、資本コストが削減され、投資が刺激され、生産性の向上が期待されると主張することから、サプライサイド経済学と呼ばれた。そして、それが、企業や富裕者に対する優遇措置に過ぎないのではないかという批判に対しては、結果として経済成長が達成されれば、その恩恵は社会全体に「滴り落ちてゆく《トリクルダウン》」であろうという正当化理由が用意されていた。

偉大な社会計画によって生み出された巨大福祉国家がしだいに機能不全に陥ってゆくなか、この経済理論は、反税運動の広がりと呼応しながら、財界、経済学界、共和党保守派、ヘリテージ財団やケイトー研究所のような保守的なシンクタンクのうちに、急速に同調者を増やしていった。フリードマンやその同調者たちの運動は、近年、しばしば「新自由主義《ネオリベラリズム》」と呼ばれる。しかし、一九三〇年代、ネオリベラリズムを最初に主唱したウォルター・リップマンらが、ウッドロー・ウィルソンの累進課税によるより公平な経済の実現を鼓吹《こすい》していたことを考えるならば、フリードマンらの立場は革新主義時代以前の一九世紀型自由主義に近く、むしろW・エリオット・ブラウンリーにならって「退行的自由主義《リトロリベラリズム》」と呼ぶほうがふさわしい。いずれにしろそれこそは、以後四〇年間にわたって、アメリカの経済政策を領導してきた理論であり運動であったといえよう。

しかし、七〇年代末から八〇年代初めにかけてのアメリカがしばしば保守化の時代と呼ばれるようになった理由は、こうした経済思潮の変化にはつきない。保守化には、ニューレフトのカウンターカルチャーから発し、七〇年代にとりわけ大都市の若者や学生の間で広がり定着しつつあった新しい文化リベラリズムに対する反動——いわば、右からのカウンターカルチャーという側面が含まれていた。とりわけ郊外や農村地帯の中産階層の伝統的な道徳観や家族観を揺り動かした争点が、ロー対ウェイド判決以後の人工妊娠中絶問題であり、ＥＲＡであり、学校礼拝の禁止であり、銃器規制問題であった。

こうした文化的な、あるいは非物質的な問題に関して、大都市やマスメディアや大学などに巣くうリベラル派に挑み、草の根の保守勢力を励まし、彼らをまとめて共和党のうちに取り込むために、先頭にたったのがフィリス・シュラフリーであり、彼女がその動員に尽力した宗教右派であった。プロテスタントの主流派教会のエリート主義や文化的な寛容や世俗的リベラリズムとの妥協姿勢などにあきたらない原理主義的な福音派を中心とする宗教右派は、ダイレクトメールやテレビ説教を活用して、草の根の保守化を推進していった。一九七九年には、著名なテレビ伝道師の一人ジェリー・ファレルが「プロ・ゴッド、プロ・ファミリー」の大義の推進を謳い文句とするモラル・マジョリティを、一九八九年には、やはり著名なパット・ロバートソンが、アメリカ・キリスト教徒連合を結成している。彼らの活動と組織の主たる目的の一つは、「新生のキリスト教徒」カーター大統領の登場によっていったん民主党に傾きかけた宗教的な道義性を、共和党保守派に取り戻すことにあった。以後、福音派キリスト教徒は、政治的には今日まで一貫して共和党と強い親和性を示してきた。アメリカ人の宗教性は、今や顕著な党派性を帯びることになったのである。宗教右派のシンプルな道徳的メッセージは、かつての民主党支持に「団結せる南部《ソリッド・サウス》」一帯を「バイブル・ベルト」として再編し、この地域全体を民主党の支持基盤から共和党の支持基盤へと移行させる重要な動因ともなった。

台頭する保守勢力の一翼を構成したもう一つの集団としては、いわゆる「新保守主義者《ネオコンサーバティブ》」たちが挙げられる。元々は民主党支持者であったユダヤ系の知識人を中核とし、専門職従事者、起業家、労働組合指導者らからなるこの集団もまた、六〇年代から七〇年代にかけての民主党リベラリズムの内外政策への反発から、保守陣営へと移行していった勢力であった。彼らを右へと動かした主たる原因としては、一つに偉大な社会計画が生み出し、とめどなく膨張してゆく福祉政策への批判を、いま一つには、伝統的な道徳観や生活様式の破壊に邁進する左翼的なカウンターカルチャーへの嫌悪感を、さらには全体主義や権威主義への最後の防波堤たる自由、民主主義、資本主義、法の支配といったアメリカの中心的価値をないがしろにする大義なき弱腰の冷戦政策への失望などを指摘できよう。彼らは、一九七二年のジョージ・マクガヴァンを候補とした大統領選挙を契機に、いわば党内野党として民主党多数派連合を結成し、八〇年代以降の共和党保守連合に向けた民主党内予備軍の色合いを濃くしつつあった。

ニューライト

このように、一九七〇年代のアメリカにおいては、ニューディール・リベラリズムの失速に起因する政治社会の混乱の中から、多様な保守勢力が芽吹きつつあった。一九八〇年大統領選挙におけるレーガンの勝利は、こうした多面的な保守勢力の結集があってはじめて可能となった。そしてこの結集の核となったのが、ニューライトと呼ばれる若い保守的活動家の一団であった。強固な保守的イデオロギーに基づく組織やネットワークの形成活動を重視することから、自ら「運動保守」と称する彼らが登場するきっかけとなったのが、レーガンの全国的デビューと同じく、一九六四年大統領選挙であった。その共和党候補バリー・ゴールドウォーターは、ニューディール・リベラリズムの支配に正面から対決を挑んだ最初の大統領候補であったといってよい。この時ゴールドウォーターは、福祉国家支持の厚いリベラル・コンセンサスに跳ね返され、地滑り的な惨敗を喫する。ニューライトは、この敗北の中から生まれた。それは、伝統的な共和党組織の外側に拠点を置き、リベラル・コンセンサスの現状下では異端的とみられてきた非妥協的な原理的保守主義を掲げたところに特色をもっていた。彼らは、六〇年代初めから「自由を求めるアメリカ青年同盟」(YAF)や「アメリカ保守連合」(ACU)のような反リベラルの社会組織を結成し、アメリカ社会を下から保守化する運動を展開していった。そうした運動の圧力を利用して、彼らは、時には共和党からの離脱や第三党路線の可能性をちらつかせることで共和党内リベラル派を牽制し、党を右へ動かそうと努めてきたのであった。

その間、「運動保守」的なニューライトのとった政治戦術のうち、とくに注目すべきは、リチャード・ビゲリーが開始したダイレクトメールによる支持者集めと資金集めである。一九六一年以来、YAFの事務局長を務めてきたビゲリーは、この手法が保守的な大義の宣伝のためにきわめて有効であることに早くから気づいていたようである。彼の主導により、六四年のゴールドウォーターは、アメリカ大統領選挙の歴史上はじめてこの手法を駆使した候補として、かつてない多数の小口献金を集めたといわれる。この活動をとおしてビゲリーは、数千万に及ぶ有権者名のデータベースを作成し、やがて政治宣伝と資金集めに特化したコンサルタント会社を興している。その主たる顧客には、「キリスト教指導者のための保守的書籍」「徴兵忌避者の恩赦反対」「全米ライフル協会」「アメリカ銃器保有者連合」「保守コーカス」「全米保守政治活動委員会」など、一九七〇年代、草の根の保守化を推進した市民団体、利益団体の多くが含まれる。ビゲリーのデータベースは、七〇年代末以降のパーソナル・コンピューターの時代の到来とともに電子化され、共和党右派や広く保守主義陣営の組織化を促してゆくことになる。のみならず、その点で七〇年代末の「運動保守」は、来るべき通信革命以後のアメリカ政治全体の変容を先取りしていたということができよう。

一九七〇年代後半、こうしたニューライト中心の保守的政治運動は、シュラフリーらの保守的フェミニストやファレル、ロバートソンらの宗教右派との連携を生かし、徐々に勢力を伸ばしつつあった。八〇年大統領選挙を前にして、ニューライトは、連邦議会の下院共和党議員のうち四〇名、上院議員のうち一〇名の系列議員を擁するまでに至っていた。ビゲリーはこう豪語している。「われわれは、すでに保守主義運動を手中に収めている。そして保守派は、すでに共和党を手中に収めている。あとは、われわれが国を手中に収められるか否かだけが残された課題である」

カーターの人権外交

カーター大統領が引き継いだアメリカ外交は、内政と同じく一つの転換点にさしかかっていた。ベトナム戦争とウォーターゲイト事件の余波はここでも大きく、「帝国からの撤退」が広く論議され、ニクソンの失脚とともにその権力政治的外交とデタント政策も一時の輝きを失っていた。この過渡期に舵取りを託されたカーター政権は、大統領自身も、大統領を補佐する「ジョージア・マフィア」も、まったくの外交素人にほかならないという困難を抱えていた。であるからこそ彼らは、従来の冷戦政策に照らすならば、きわめてナイーブで開放的な民主外交を志向したといえるかもしれない。この政権において、専門家として実質的な外交を担ったのは、国務長官サイラス・ヴァンスと安全保障担当の大統領補佐官ズビグニュー・ブレジンスキーとであった。伝統的な民主党国際派の系譜を引き、軍備管理と交渉を通して米ソ関係の安定化をはかるヴァンスと、ポーランドからの亡命者で強固な反共反ソ政策を主唱するブレジンスキーとの対立により、カーター外交には当初より二元外交の様相がつきまとうこととなった。この問題はとりわけ、カーターがフォード政権から引き継ぎ、妥結に力を注いだソ連との核軍縮交渉の停滞を招いた一因となった。

こうした難点を抱えつつも、政権最初の二年間にカーター外交は、いくつかの目覚ましい成果を挙げている。その第一は、一九七七年九月のパナマ運河返還条約への署名である。翌年、上院の批准を得て成立したこの条約は、モンロー・ドクトリン以来の伝統的な帝国主義的中米政策の転換を画すことになった。第二に、イスラエルとアラブ諸国との間の六日間戦争（一九六七年）とヨム・キプール戦争（一九七三年）とによって混迷を極めてきた中東紛争に区切りをつけたことがあげられよう。イスラエルが存亡の危機に直面したこの時期、アメリカ世論は、大きくイスラエル支持に傾いていった。ヨム・キプール戦争は、エジプトとシリアにはソ連が、イスラエルにはアメリカが大量の武器を供与したことによって、一転して米ソの代理戦争の様相を呈した。政権の発足直後からイスラエルとエジプトの間の和平合意を模索し続けてきたカーターは、ついに一九七八年九月一七日、キャンプ・デイヴィッドにおいて両国を歴史的な和平合意に導くことに成功した。エジプトは、イスラエルを承認し、国交を正常化させた最初のアラブ国家となった。

　第三に、米中国交正常化を挙げることができる。カーターは就任時、ソ連との戦略的関係を優位に導くために対中カードを用いるというニクソン外交の基本を受け入れていた。政権に就いた直後からカーターが推進しようとした対ソ戦略核兵器削減交渉が停滞し、七七年末にはソ連がキューバと提携してソマリアやアンゴラに介入し始めるや、米ソ間の緊張は急速に高まった。それを契機として、カーターは米中関係の正常化に動いた。一九七八年一二月一五日、両国は外交関係を完全に正常化する共同声明を発表し、台湾の中華民国を中国とみなすというアメリカの非現実的な対中政策に、一九四九年から三〇年を経てようやく終止符が打たれた。この時アメリカは、台湾との外交関係の断絶を余儀なくされたが、対中交渉にあたってカーター政権が一つの眼目としたのは、米中国交正常化後も、アメリカの台湾への武器輸出について中国の黙認を取り付けることであった。おりから「改革開放」路線を謳いあげ、経済発展を最優先する鄧小平の現実主義がそれを可能にした。その結果、カーター政権は、対中関係を深化させながら、台湾との経済関係も維持発展させうるという、その後三〇年以上にわたり米中関係を規定することになる基本的な外交方針の樹立に成功した。

　これらの成果が示唆するように、カーター外交には、あきらかに七〇年代以前の冷戦政策、なかんずく第三世界政策とは異なる性格を認めることができる。民主党、共和党を問わず、従来の政権は反共主義を絶対の条件として、各国内の親ソ勢力や左翼的解放勢力を暴力的に押さえ込む独裁国家や権威主義体制の梃入れを図ってきた。軍事・経済援助とＣＩＡの秘密工作により進められてきたこの非道義的な対外介入方針に対し、カーターは、人権の擁護という大方針をアメリカ対外政策の中核に据えようと試みた。カーターは就任直後から、アンドレイ・サハロフら反体制派に対するソ連の弾圧策を人権擁護の観点から批判し、米ソ関係に新たな緊張要因を導き入れることにもなった。またカーターの人権外交は、アメリカにとって地政学的な要衝に当たる諸国（たとえば、エルサルバドル、韓国、フィリピンなど）には厳格に適用されなかった点で、さらにカンボジアのポル・ポト政権による自国民大量虐殺に何らの防止策も講じえなかった点で、しばしばその二重基準や偽善性やナイーブさが厳しく批判されてきた。

　こうした限界や批判にもかかわらず、ポスト・ベトナム時代の劈頭《へきとう》、大統領自らが人権という普遍的な価値をアメリカ外交の中心的基準とすると内外に闡明《せんめい》した意義は小さくない。そこには、第二次世界大戦後、世界人権宣言によって普遍的な価値として確立した人権概念が、植民地の民族解放の波を受けた新たなグローバル化の気運の中で、あらためて見直されはじめたという国際的な状況が反映していた。その意味でカーターの人権外交は、フォード政権期に米ソを含む三五カ国が加わって一九七五年に発せられたヘルシンキ合意——個人の人権の遵守を国際標準とする原則を含む——の延長線上にあったということができよう。

イラン革命と新冷戦

しかし、初期カーター政権の理想主義と人権外交の推進は、ベトナムの敗北とデタント以来の対ソ宥和政策を受け入れがたい、共和党右派や新保守主義知識人たちを硬化させたばかりか、議会民主党の対ソ強硬派とカーター政権との疎隔を招いた。あたかも彼ら反共右派の懸念を裏書きするかのように、この時期、ソ連はアフリカをはじめとする第三世界において親ソ勢力増強のために着々と攻勢に転じつつあった。

一九七八年九月のキャンプ・デイヴィッド合意の後、アメリカをさらに深く中東地域にコミットさせる契機となったのが、一九七九年一月に起こったイラン革命であった。これによって、アメリカは一九五三年以来、この地域で最も重要であった同盟国を失うこととなった。アメリカが支え続けてきたシャー・パフレヴィ政権の転覆運動の中心を担ったのは民族主義的な左翼ではなく、イスラム教シーア派の原理主義者たちであった。彼らが指導者と仰ぐアヤトラの一人ルーホッラー・ホメイニが、亡命先のパリから帰国した一九七九年二月、シャー政権は崩壊し、アメリカとイランの地域同盟関係は失われた。

しかしカーター政権にとって、イラン革命の余波はそれにとどまらなかった。一九七九年一〇月、カーターは、亡命中のシャーに対し病気治療を理由とするアメリカ入国を認めた。この決定は、テヘランにおけるイスラム過激派の学生たちによるアメリカ大使館占拠という事態に発展し、大使館員ら六六人が人質とされ、その大半は以後一年余りにわたり軟禁状態に置かれたのである。これに対する報復措置として、カーターはアメリカに滞在中の全イラン人留学生の国外退去処分、さらにアメリカの銀行が保有するイラン人資産の凍結を発表した。イスラム世界の反米感情はたかまり、パキスタンやリビアの大使館も、あいついで過激化したイスラム教徒大衆の攻撃にさらされた。この人質事件が起こった年の暮、ソ連がアフガニスタンに侵攻した。アフリカ諸国への介入の場合と同じく、ここでも友党アフガニスタン人民民主党（アフガニスタン共産党）政権の脆弱な支配体制の梃入れが直接の目的であった。しかし、カーター政権にとって、同盟関係が失われたばかりのイランの隣国に対するソ連の侵攻は、地域冷戦における大幅な地歩の後退にほかならなかった。

こうして、カーター外交の最後の一年は、大方のところイラン革命とソ連のアフガン侵攻への対処に忙殺されていった。一九八〇年一月、カーターは、ソ連に対する経済制裁を表明し、国連はソ連にアフガンからの撤退を要求する。一月二三日、カーターは「ペルシャ湾はアメリカにとって死活的に重要な地域であり、必要とあれば武力をもってしてもその地への接近路は防衛する」としたカーター・ドクトリンを発表した。イランの人質に関しては、カーターはブレジンスキーの進言を入れ、四月二五日、人質救出のために軍事作戦を敢行するが、作戦に当たったヘリコプターが砂嵐の中で墜落し八名の死者を出すという惨めな失敗に終わった。政権の発足時、アメリカ外交を軍事偏重の冷戦的な思考枠組みから解き放ち、軍縮と人権という理想主義的な目的にしたがってアメリカの道義的な指導性の回復をめざすところから始まったカーターの任期は、皮肉にも解決不能の人質事件と新冷戦の混迷のうちに幕を閉じつつあった。

第二章　レーガンの時代

ガバナーズ島での首脳会談を終えた次期大統領G. H. W. ブッシュ，レーガン大統領，そしてゴルバチョフ書記長(1988年12月7日)

1　レーガノミクス

一九八〇年大統領選挙

一九八〇年大統領選挙の前夜、アメリカは内政・外交のいずれにおいてもほとんどどん底の状態にあった。この年のアメリカ経済の状況は、スタグフレーションという解決困難な問題に直面し、大恐慌以来最悪の状況にあった。平均的な労働者の賃金は伸びず、住宅ローン金利の上昇によって住宅着工件数は大きく減少し、第二次石油危機によりエネルギー・コストは高騰していた。ドイツや日本の経済的な追い上げにより貿易赤字が深刻化し、政府の財政赤字も無視できない増加傾向を示していた。これらに加え、アメリカの国際的地歩もまた大きく後退しつつあった。第三世界でソ連が攻勢を強め、イラン人質事件は解決の兆しも見えなかった。

ようするに一九八〇年のアメリカは、再選を望む現職大統領にとって最悪というべき状況下にあった。民主党のニューディール派リベラルたちにとって、この不況下に「節約と禁欲」を訴えるカーターの財政保守主義は受け入れがたかった。労働組合員は、実質賃金のいちじるしい低下を慨嘆していた。黒人たちは、市民権法施行から一五年を経てなお、白人たちの二倍にあたる一四％の黒人失業率に不満を示していた。のみならず彼らは、アファーマティブ・アクションに対する白人層の執拗な反動的抵抗に怒りをあらわにしていた。「黄金時代」の民主党が享受してきたニューディール連合は、すでに大きく分解しつつあったといえよう。

当初これらリベラルの輿望《よぼう》は、ケネディ大統領の末弟エドワード・ケネディ上院議員に集まり、予備選の初期段階で彼はカーターにほぼ拮抗する勢いを示した。これに対してカーターは、予備選の最終局面では遊説をひかえ、ホワイトハウスにとどまりイラン人質事件の解決に没頭する現職大統領としての責任ある姿を国民にアピールするという戦術をとった。結局のところケネディは、一〇年前のスキャンダルも災いし、党大会においてカーターの前に敗退する。

一方、複数の有力候補者が乱立した共和党の候補者選びで先頭に立ったのは、七六年選挙で現職フォードを追い詰めた実績をもつロナルド・レーガンであった。レーガンは、四年前にはなお払拭しきれていなかった極右のイメージから脱皮し、予備選初期から優位に立った。彼に対抗する党内の穏健派が、元ＣＩＡ長官のジョージ・Ｈ・Ｗ・ブッシュとジョン・アンダーソン下院議員とに割れたことも幸いし、レーガンは、予備選の終了時に総投票数のほぼ六〇％を獲得していた。アンダーソンは独立候補として本選挙に臨むべく、共和党全国大会前に脱党する。レーガンは残った穏健派の取り込みを図り、ブッシュを副大統領候補に指名する。

この時の共和党大会で採択された政治綱領は七六年選挙のそれを受け継ぎながら、さらに一段と保守色を強めたものであった。ニューディールから偉大な社会計画にいたる民主党リベラリズムと真っ向から対立し、その後のアメリカ政治の主潮をなす保守主義のアジェンダがそこに初めて確立されたといってよい。そこでは、たとえば、経済財政政策の中心的な項目としては、連邦所得税減税が提起され、福祉基準の厳格化により「不法移民」や意図的失業者などへの補助を廃止することで、福祉受給者数と福祉予算を可能な限り切りつめることが約束された。全国的な医療保険制度への断固たる反対が主張され、すべての福祉計画を連邦から州へと移管することを内容とする「新連邦主義」が謳われた。七六年の綱領では表明されていたERA支持は、八〇年のそれからは取り下げられ、明確な反対が書かれていなかった人工妊娠中絶については、「出産前の子供の生存権」回復のための憲法修正支持が明記された。学校礼拝の復活と強制バス通学の停止、そして連邦政府による銃器登録制度への反対といった、七〇年代以降、保守陣営で一般化した諸要求がそこには掲げられていた(これに呼応するかのように、全米ライフル協会(NRA)は、この年レーガンを推薦している。一世紀に及ぶNRAの歴史の中で、組織として初めての大統領候補推薦であった。以後、NRAは、狩猟愛好者のネットワークから銃器産業の強力な利益団体へと変質してゆく)。対外政策についても、カーター政権による弱腰の外交が弾劾され、力と断固たる決意を回復し、アメリカが世界を導くことが公約されていた。この綱領は、六四年以降のさまざまな保守的社会運動の暫定的な到達点を示すと同時に、これ以後のアメリカ連邦政治における保守派結集のためのイデオロギー標準を用意したものでもあった。

「四年前に比べて、あなたの生活はよくなっていますか」。レーガンが選挙戦中に繰り返したこの寸鉄《サウンドバイト》は、四年前にカーター自身が現職フォードに挑戦した時のレトリックを模したものであっただけに、カーターの失政を印象付けるのに効果的であった。もう一つのスローガン「アメリカを再び偉大な国にしよう」も同じくきわめて有効であった。

この年の本選挙で、政策的に現状変革を目指して攻勢に立った共和党は、選挙運動の技術に関しても民主党に大きく先んじていた。コンピューター、ダイレクトメール、電話によるマーケティング、ケーブル・テレビ、テレビやラジオのコマーシャル、無料通話サービス、世論調査等々、第三次産業革命の先駆けをなすさまざまな情報通信技術の革新が、保守派の主導によって政治の世界にも導入されつつあった。保守派にとってそれらの手法は、個々の有権者へのきめ細かい直接のアウトリーチを可能にし、同時に、従来リベラル志向に傾きがちであった三大ネットワーク(テレビ)や大都市の高級紙の情報空間から独立した、独自の情報ネットワークの形成へと向かうための画期的な技術革新であった。保守派によるこのような選挙革新を促進した条件の一つとして、前章でみたビゲリーらが長年追求してきた有権者の個人情報の膨大な集積を見落とすわけにはいかない。一九六四年のゴールドウォーターを候補として戦った大統領選挙において、五〇ドル以上の献金者、一万二〇〇〇人の名前と住所を記録するところから出発したビゲリーのリストは、「今や、保守派は約四〇〇〇万人の支持者、献金者を押さえる」というまでに規模を拡大させていた。これに比して、リベラルが押さえていた数は、彼によれば約一五〇〇万と推計され、この点で保守派は圧倒的な優位に立っていたといえる。

レーガン革命

こうした保守化の潮流に乗ったレーガンは、この年の本選挙でまれにみる圧勝をおさめた。同時に行われた連邦議会議員選挙においても、共和党が二六年ぶりに上院多数派の地位を奪回し、下院でも三四の議席増を果たした。しかし民主党が下院での多数を維持した結果、レーガン施政は「分割政府」として出発することになった。

少なくともレーガンの圧勝は、共和党の政治綱領が提示した右派路線に対し、戦後はじめて国民の信任が与えられたことを意味した。ニューライトや宗教右派をはじめとする熱烈なレーガン支持者からみれば、レーガンの当選は、たんに前政権の失政からの反動ではなく、まさに彼らの長年の運動が結実をみた「革命」にほかならなかった。革命という言葉の当否はさておき、レーガン政権の登場により、アメリカでは長らく不毛なイデオロギーと侮られてきた政治的保守主義が、はじめて大統領府をその支配下におくことになったのである。

この保守主義体制の確立にあたり、ロナルド・レーガンという政治的人格が果たした役割は小さくない。アメリカ政治史もしくは政治思想史において、レーガンがもたらした最も重要かつ恒久的な貢献は、彼以前のアメリカ保守主義につきまとっていた悲観主義《ネガティビズム》の暗い影を払拭したことにあるといってよいかもしれない。かつて保守主義は、時にマッカーシズムやジョン・バーチ協会の陰謀論的反共主義勢力や偏奇な極右集団を主導するイデオロギーと目され、時にウィリアム・バックリー・ジュニアの陰気な知的反リベラリズムと同一視され、時に南部の反動的人種差別主義の土壌とみなされ、また時には、(ニクソンのような)策謀家による陰湿な政敵攻撃と結び付けられたりしてきた。六〇年代以降、市民権運動やカウンターカルチャーの勃興により、人種的少数派や性的少数派や障害者や女性の権利擁護のために、政治的妥当性《ポリティカル・コレクトネス》が新しい社会規範として広く承認されていく中で、中産階層の伝統的な家族観や倫理観は時代遅れと批判され、しだいに正当性を奪われ、社会の周辺へと追いやられていったといえよう。

政治的にも社会的にもこのような劣位に甘んじてきた保守主義に、レーガンの登場は、新しい息吹を吹き込んだ。彼は元ハリウッド俳優という前歴を最大限に生かし、巧みなレトリックとウィットに溢れた弁舌にのせて、てらうことなしにアメリカの伝統的な価値観や愛国心の正当性を表明した。実際には当時の連邦政治において最右派のイデオロギー的立場に立ちながら、レーガンは保守のイデオロギーをアメリカ民衆の素朴な信条に置き換え、非党派的、非政治的な柔らかな言葉で包んで訴えた。このような政治家がホワイトハウスの主になったことによってはじめて、保守主義は、未来志向のよりポジティブな政治思潮として生まれ変わることができたといってよい。

レーガンは歴代の大統領の中で最初の離婚経験者であり、自らも認めていたように決して敬虔で熱心なキリスト教信者《チャーチ・ゴウアー》であったわけではない。しかし彼は、自身の最も強固な支持基盤が、ファレルやロバートソンに率いられた宗教右派やシュラフリーが組織した保守的な女性活動家集団にあることを理解していた。人工妊娠中絶に反対し、学校礼拝を支持し、同性愛を非難し、銃器規制に反対したとしても、レーガンが政治的に失うものはほとんどなかった。

新大統領の現状変革への見取り図は、きわめて単純明快であった。レーガン政権は、経済的には「豊かなアメリカ」を、社会的文化的には「正しいアメリカ」を、そして対外的には「強いアメリカ」を取り戻すことに目標を定めた。いずれについても、過去のどこかでアメリカがそうであったに違いない理想像を想起させ、そこに立ち返ることで現状打破を図ろうとしたところに、その特徴があった。それは理想化された過去に向けての復古的「革命」であった。

サプライサイド経済学

一九八一年一月二〇日、レーガン新大統領は、その就任演説において述べている。「現下の危機にあって、政府はわれわれの当面する諸問題の解決策にはなっていないどころか、政府それこそが問題なのである」と。破綻した市場経済を政府権力によって再建しようと試みたニューディールとはまさに対照的に、レーガンは、眼下の経済危機の主因は福祉の拡充政策によって肥大した政府それ自体にあると断じたのであった。レーガンほど、これから自らが導くべき政府を敵視し、その役割と規模の劇的な縮減を公言しながらホワイトハウス入りした大統領は（おそらく後のトランプ以外には）いない。ビジネスの世界にのしかかっていたこの政府という重荷を力の及ぶ限り軽減し、労働と投資の意欲を刺激することで自由市場の活力を取り戻すことが、二期にわたるレーガン政権にとっての中心的な課題とされたのである。

この課題達成のためにレーガンが依拠したのがサプライサイド経済学であった。やがてレーガノミクスと総称されるようになる一連の経済政策は、具体的には、第一に減税、第二に政府支出（とくに福祉関連支出）の削減、第三に連邦の既存の諸計画を財源とともに州へと移転する「新連邦主義」、第四に規制緩和、そして第五に組織労働の弱体化などの柱から構成された。

中でも選挙戦中からレーガンが最も力点を置き、政権の一期目にも二期目にも画期的な立法に結実したのは、減税であった。最初の成果は、民主党の減税派の支持も得て通過した一九八一年の経済復興税法であり、三年にわたり所得税を全体で二五％削減することを企図するものであった。この法によって、個人所得に対する最高税率は七〇％から五〇％に引き下げられ、資本利得税《キャピタル・ゲイン》の最高税率も二八%から二〇%へと引き下げられた。しかしその減税効果はあきらかに富裕者優遇に偏っていた。勤労所得一万五〇〇〇ドル以下の層に属する一一七〇万の納税世帯に対する減税額が全体の八・五%にすぎなかったのに対し、五万ドル以上の一二六〇万世帯の減税額としては三五%が割り振られた。群を抜いて優遇されたのは上位一%の最富裕層であった。彼らの所得税率は、一九七七年には平均三五万ドルの所得に対し平均三六%であったが、一九八三年には平均四〇万ドルの所得に対する税率は二二%へと劇的に引き下げられた。

この大型減税の結果、レーガン政権はもう一つの大きな経済問題を抱えることとなった。財政赤字の急激な増大である。おりから新冷戦による対ソ緊張の高まりの中で、「強いアメリカ」を構築するために国防費もまた急速な膨張の一途を辿っていた。「国防は、予算問題ではない。必要なだけを支出する以外ない」というのがレーガンの基本的立場であった。その結果、レーガン政権の第一期、国防費は約四〇%も増大した。レーガン政権の出発時、対GDP比で二六%であった累積国債は、結局レーガン政権の八年間減ることとなく、政権末期には、平時では(ニューディール期以外に)例のない四一%に達した。政権内や連邦議会内の財政保守主義者たちは増税の検討を始め、増税を嫌うレーガンらのサプライサイド派も、目立たない増税策やさまざまな利益団体が享受していた特権的免税措置の見直しや社会保障税改革などといった増収の方途を模索する。一九八五年五月、レーガンは「公平、成長、簡素」を旨とする税法案をテレビ演説で発表し、超党派の議員たちの模索の結果、翌年一〇月に租税改革法が成立をみた。実際には増税であったものの、特権的な免税措置や控除制度を極力是正し、所得税基盤を拡大した同法は、戦後最大の税制改革であったといってよい。

レーガン政権期の税制改革は、全体としてはある程度の累進性を維持しながら、八一年法がそうであったように、サプライサイド重視型の富裕者優遇の性格が顕著であった。しかしこのような減税策は、必ずしも約束されたような成長を引き起こしたわけではない。一九八〇年代のアメリカ経済の年平均成長率は、「黄金時代」のそれにははるかに及ばないどころか、七〇年代に比べても低く、わずかに二・九％を記録したにすぎなかった。サプライサイド効果は、ほとんどなかったといわざるをえない。しかし他方トマ・ピケティらが指摘するように、八〇年代に、上位一％の富裕者の所得税率は三五から三〇％に引き下げられ、さらに上位〇・一％の超富裕層のそれは五〇から三〇％に下がっている。格差社会の始まりをここにみることができる。

レーガンの時代、彼の「小さな政府」論にもかかわらず、実際には社会保障費やメディケアなどの義務的な連邦政府支出は減ることがなかった。共和党右派の削減策の主要な標的は、偉大な社会計画によってもたらされた低所得労働家庭への補助金、都市への開発援助やインフラ整備、フード・スタンプ、学校給食といった一連のプログラム予算であった。中には、雇用訓

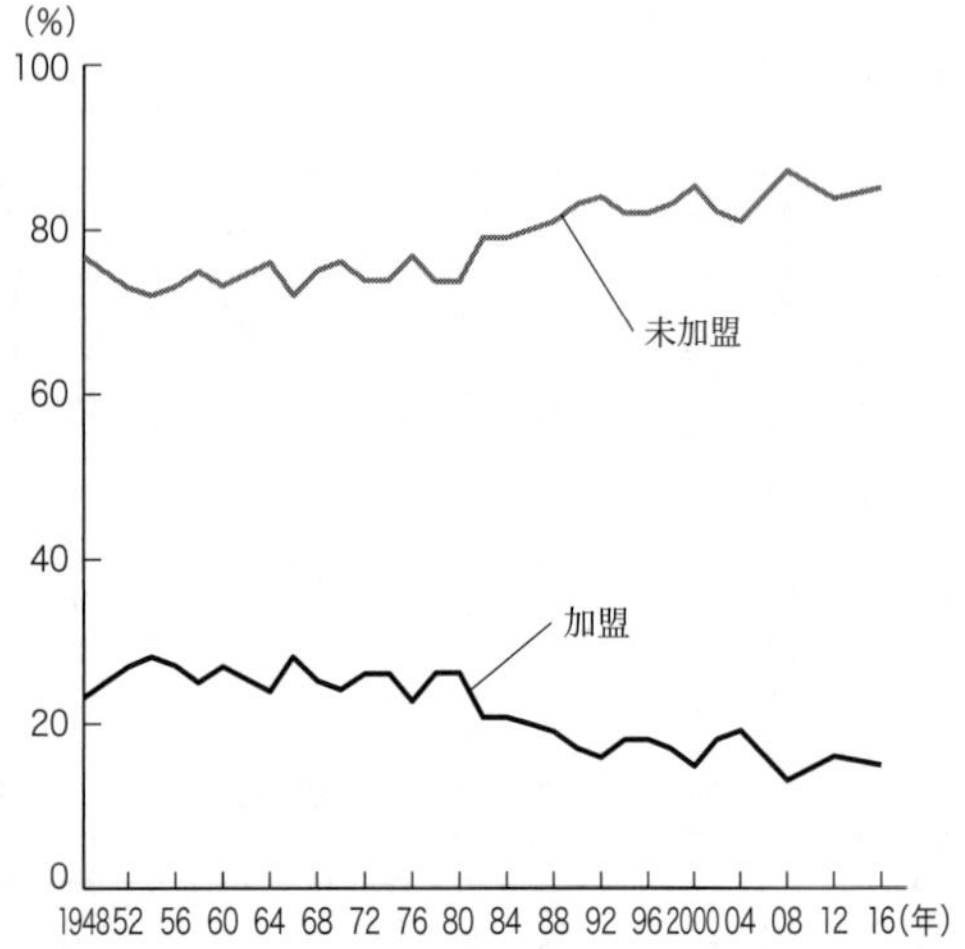

図 **2-1**　労働組合組織率(1948-2016 年)

練、失業保険給付、要扶養児童家族扶助（AFDC）など、連邦予算の削減策としての「新連邦主義」による州への移管が検討されたプログラムも少なくない。これと並行して、航空機、トラック輸送、銀行など主要産業部門でのさまざまな規制の緩和、撤廃を進めていった。企業活動の足かせと判断された環境、エネルギーに関わる規制も、また消費者保護に関わる規制も次々と政権による攻撃対象とされていった。

アメリカ型混合経済体制に対するレーガン政権の敵意が最も顕著に示されたのは、組織労働の分野であった。レーガン政権発足の直後、連邦職員である航空管制官の組合による賃金引き上げ交渉が暗礁に乗り上げ、管制官がストライキに入ったとき、レーガンは、七〇年代までの労使交渉のパターンを一顧だにせず、間髪をいれずにストライキ労働者の解雇を断行した。代替管制官が遅滞なく補充され、航空関連の他の労組にも連帯の動きはなく、紛争はレーガン政権の完全勝利に終わった。このストライキの顚末は、現代アメリカ労働運動史上きわめて大きな転機をなしたといえよう。これ以後、民間の労使紛争でも、ストライキを組合との交渉によって解決するかわりに即座にストライキ労働者を解雇し、代替労働者を雇用する強硬な労組対策に訴える企業行動が一般化した。多くの産業労働者にとり、ストライキ戦術の有効性は失われ、ニューディール以来の全国労働関係委員会も、委員の多くに使用者側に同情的な人々を充てるレーガンの人事政策により、労働者の権利擁護の役割を十分に果たせなくなっていった。組合の弱体化に伴い、組織率も、一九八三年の二〇・一％から一九九〇年には一六・〇％へと漸減していった(図2-1)。

司法の保守化

レーガン革命にとって、戦略的な重要性をもつ一つの争点は司法改革にあった。レーガン支持のニューライトから見ると、市民権運動や反戦運動やカウンターカルチャーの吹き荒れた六〇年代から七〇年代初頭にかけて、連邦最高裁は人種、エスニシティ、ジェンダーなどの領域における急進的な「権利革命」を積極的に擁護、推進する政治的な役割を担ってきた。そのような最高裁の背後には、当時の大学やロースクール、法曹界、マスメディア、知識人界を支配していたリベラル主流派のネットワークがあった。刑事被告人の権利、労働権、人種隔離の禁止、教育や雇用に関わるアファーマティブ・アクション、また人工妊娠中絶や政教分離などといった、七〇年代以降先鋭化した社会的争点に関し、最高裁はしばしばこのリベラル派の意向を体する判決を積み重ねてきた。

レーガン政権は発足直後から、このポスト市民権運動期の法曹リベラリズムに対する挑戦を開始した。八〇年の選挙戦中、司法改革に関してレーガン共和党は二点を公約していた。その一つは、連邦裁判所の判事には、「伝統的な家族重視の価値観と人の生命の尊厳を尊重する」人物を充てること、そしていま一つは最高裁判事に女性を任命することであった。下院の多数を民主党が握る分割政府の下での政権運営を余儀なくされたレーガン政権にとり、議会立法によらずに保守的な政策革新を進めるためには、当初共和党が多数を握っていた上院の人事承認権を生かして、政権と価値観の近い裁判官を可能な限り多数連邦裁判所に送り込むことが必要であった。先任が辞任し、最高裁判事に空席が生まれた一九八一年七月、レーガンはこの二つの公約を満たすべく、アリゾナのゴールドウォーター支持者サンドラ・デイ・オコナーを指名した。ただし、彼女の「保守性」については、右派の間から若干の疑義が呈せられた。フェニックスで成功した弁護士と結婚し、三人の子持ちであったオコナーの「家族重視」には疑問の余地はなかったが、このころまでに政治的保守の絶対的規準となっていた人工妊娠中絶反対に関しては、オコナーの態度はあいまいであった。しかし、二〇〇〇年になろうとする最高裁の歴史上、初めての女性判事の任命はそれ自体、候補者のイデオロギーに対する詮索などはおいて、きわめて大きな社会的反響を呼び起こした。テレビ中継された上院の指名承認公聴会には、全米のテレビの九割がチャンネルを合わせ、一億人以上がこれを視聴したといわれる。上院は、九九対〇でこの人事に承認を与えた。おそらく、それはレーガン革命の達成というよりは、六〇年代以降の女性解放運動の一つの到達点と見るべきであろう(こうして、最初の女性最高裁判事となったオコナーは、二〇〇六年まで在職し、イデオロギー的分極化が深刻化する最高裁にあって中道保守の立場を保ちつつ、司法権の政治的な自律性の維持につとめた)。

政権第一期にレーガンは、憲法の原意主義的解釈の立場をとる保守的法律家二人、ロバート・ボークとアントニン・スカリアをコロンビア特別区巡回区連邦控訴裁判所判事に指名している。その後、スカリアはレーガン政権二期目の一九八六年九月、最高裁判事に任命された。ボークも翌年七月、レーガンにより最高裁判事に指名されながら、前年の中間選挙で民主党が六年ぶりに多数党の地位を奪還した上院で承認を否決される結果に終わった。レーガン政権以後、分割政府が常態化し、政治的なリベラルと保守の対立がしばしば膠着状態に陥る中で、終身制の最高裁判事にいかなる思想傾向の法律家を充てるかはきわめて重要な政治的案件となった。上院の指名承認公聴会は、ときに議員たちによる候補者たちの思想審査の様相を呈することも少なくない。保守派の輿望をになったボークの任命の否決は、その最初の事例であった。

このような政権による上からの司法保守化の動向と対応して、レーガン政権期には法曹界の下からの保守化の動きも活発化していった。「連邦権力を抑制し、個人の自由を守り、憲法をその原意に基づいて解釈する」ことを旨とする若い保守的な法律家たちは、リベラルによる法曹界独占を打破すべく、一九八二年にフェデラリスト協会を結成している。共和党政権下の連邦政府の法務職や連邦裁判所判事職をめざす、ロースクールの学生や若い保守主義的法律家たちの、情報交換や共同研究や親睦を主目的とする同協会は、今日まで拡大を続け、現在では会員七万を数え、トランプ大統領による裁判所の保守化推進に向けて人材と情報のプールの役割を果たしている。トランプが保守派の二名を任命した結果、現在、最高裁判事九名のうち五名が同協会の出身となっている。したがって、最高裁による一九七三年のロー対ウェイド判決の破棄が近いことを保守派は期待し、リベラル派は恐れている。

ボルカーFRB議長の手腕

レーガン政権がサプライサイド重視の減税政策に取り組むかたわらで、ＦＲＢは、カーター政権下と同じボルカー議長の指揮のもと、インフレの抑制に注力していた。前政権末期、一二％超に達した消費者物価の上昇率を抑制するために、ボルカーは金融引き締めを繰り返し、一九八一年の夏には短期金利を一時二〇％強にまで引き上げた。こうした強硬な引き締め策は

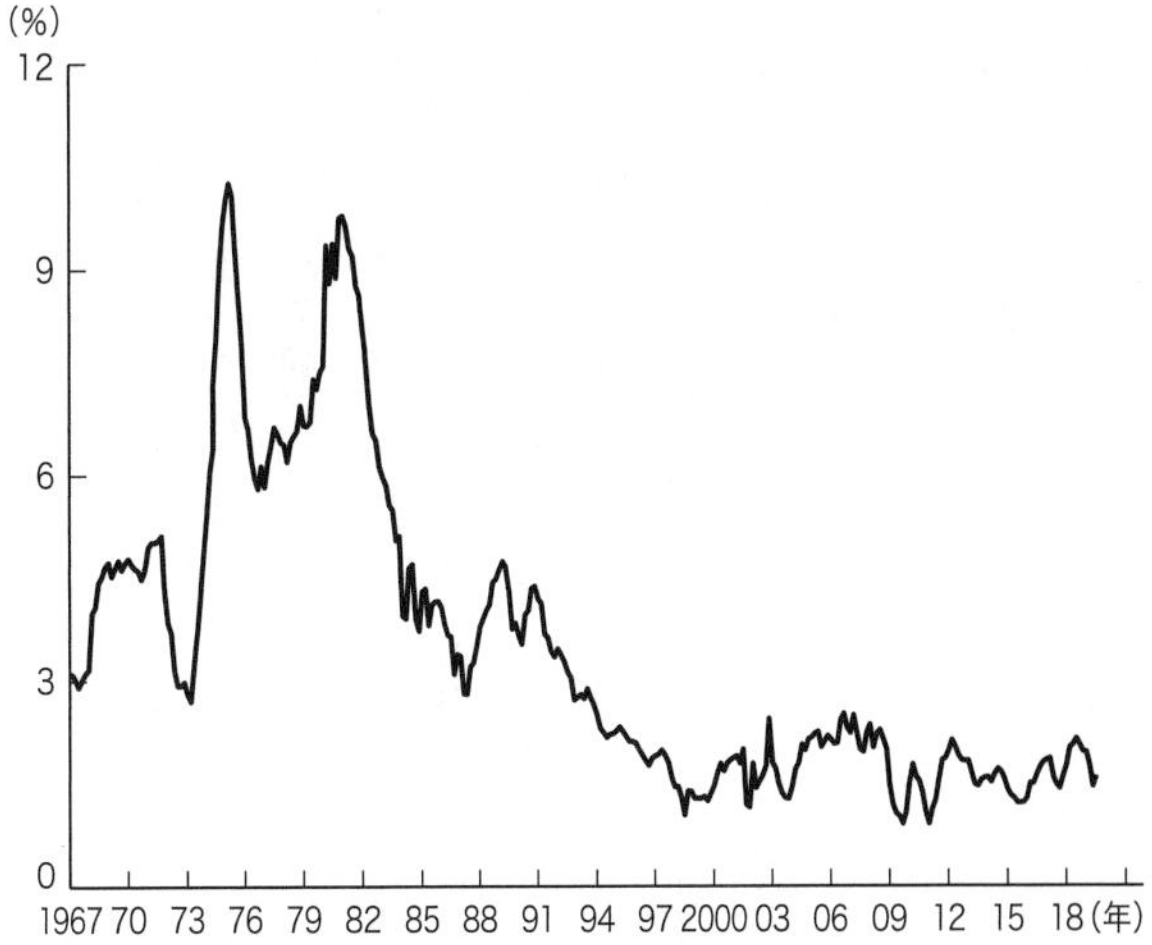

図 **2-2**　インフレ率(1967-2019年)

インフレの急速な沈静をもたらし(図2-2)、一九八二年末までには、消費者物価の上昇率は五・九％へと落ち着いていった。しかしインフレ抑制のコストは、急激な景気の落ち込みとなって現れた。金利の上昇により住宅着工や自動車販売台数は激減し、八一年末にはアメリカ経済は大恐慌以来の不況に見舞われる。失業率は八・五％に上り、さらに八二年末には一〇・八を記録した。この年行われた中間選挙は、この不況も影響し、共和党は上院議席を一、下院議席を二六減らした。ボルカーはこの時点で金融緩和へと方向転換をはかり、フェデラル・ファンド金利は、八二年に一二％強、翌年には一〇％以下にまで引き下げられた。その結果、失業率も、八四年大統領選の前には七・二％へと回復した。

八〇年代初め、インフレ対策としてのFRBによる高金利政策は、大量の外資をアメリカ国内に呼び込み、ドル高を招来する結果となった。八〇年代前半、ほとんどすべての外国通貨に対し、ドル価格は五〇％近く上昇した。この急激なドル高は、そうでなくとも七〇年代以降、国内製造業が空洞化し、ドイツ、日本などの新興工業国家からの洪水的な輸入によって貿易赤字国となったアメリカにとって、赤字幅をさらに拡大する要因となった。

しかしこの貿易赤字と財政赤字という二つの新しい問題（双子の赤字）を除けば、再選期を迎えたレーガンにとって、経済状況は好転しつつあった。八三年までにはインフレは沈静化し、不況も最悪期を抜けようとしていた。そもそも、インフレも失業もカーター政権の負の置き土産であった。このスタグフレーションに解決のめどをつけたことによって、いまやレーガノミクスは、破綻した民主党リベラリズムに代わり、アメリカ経済の将来を導く新しいオーソドキシーの地位を確立しつつあった。

一九八四年大統領選挙

八四年選挙を前に、民主党の側は明らかに守勢に立たされていた。予備選を争った顔ぶれが、この時期の民主党の路線選択の困難を示していた。カーター政権で副大統領を務めたウォルター・モンデールは、ニューディール体制の復権を目指す経済的リベラルからカウンターカルチャーの流れを引く文化的リベラルまで、可能な限り幅広いリベラルの連合形成に期待していた。ゲアリー・ハート上院議員は、ジョン・Ｆ・ケネディのイメージを呼び起こしつつ、グローバル化と自由化という状況に適合的な新しいリベラリズムを模索していた。キング時代からの黒人市民権運動家ジェシー・ジャクソン師は、多様な人種、エスニックなどの少数者集団を糾合したレインボー・コアリッションの結成を呼び掛け、最盛期の市民権運動の再活性化を目標として予備選に加わった。この時期の共和党が、レーガン保守の下に一本化されていたのと対照的に、民主党は、ニューディール連合の分解過程から生じた諸勢力間の競合によって浮動していた。予備選を勝ち抜いたモンデールは、党大会において副大統領候補にニューヨーク出身のイタリア系女性下院議員ジェラルディン・フェラーロを指名する。二大政党における史上初の女性副大統領候補選任であった。フェミニズムに対する単なる名目主義《トークニズム》と揶揄されはしたものの、それはやはり六〇年代以来の女性運動の展開から生まれた一成果として評価に値しよう。

本選挙においてモンデールは、肥大する財政赤字を中心的争点に据え、増税を、いずれの候補者が勝つにしても避けて通ることのできない課題と訴えた。しかし、減税を金科玉条とするレーガンが、曲がりなりにも減税立法を成立させ、しかもモンデールが副大統領として一翼を担ったカーター政権の残したスタグフレーションを沈静化させた状況の下で、モンデールの増税策にレーガンを上回る広範な支持が集まることはなかった。

この年の夏のロサンゼルスオリンピックは、マスメディア、産業界から軍までも動員した国民的一大ページェントとして開催された。その高揚したナショナリズムの波にも乗り、レーガンは、八〇年をも上回る歴史的な大差で勝利した。明瞭にモンデール支持を表明した社会集団は、わずかにアフリカ系アメリカ人、ヒスパニック系、ユダヤ系、そして失業者などといったかつてのニューディール連合の残存勢力に限られた。このレーガンの勝利は、少なくとも大統領選挙のレベルでは、ニューディール派が共和党右派の前に完膚なきまでに敗れ去り、連邦政治における主導権を決定的に奪われたことを印象づける結果であった。

とはいえ、このとき同時に行われた連邦議会選挙では、両党はむしろ接戦を演じたといってよい。大統領候補の圧勝に引きずられて議会選挙でも与党が勝利する、いわゆる「コートテール効果」はこの場合ほとんど生じなかった。上院選挙において共和党は二議席を減らし、民主党は下院の優位をかろうじて保った。それは、大統領選挙結果が、レーガン個人のカリスマ的人気を証し立てはしたものの、必ずしも共和党右派勢力の勝利を意味しないこと、レーガノミクス支持が国民社会のコンセンサスとなったわけでもないこと、そして連邦議会においては、以後しばらくは民主党リベラル派が、保守化に対する強固な抵抗拠点を保持していくであろうことを示唆していた。時代はなお、ニューディール体制から保守主義体制への転換期にあった。

双子の赤字

アメリカ現代史上、第二期レーガン政権は、冷戦を終結に導いた赫々《かっかく》たる外交的業績と好調な経済とによって広く記憶されている。しかし、それではレーガンが外交内政で所期の目的を達成し、安定的な保守主義レジームを樹立させえたかというと、疑問なしとはしない。なぜなら、失政とスキャンダルもまた顕著であったからである。

第二期にレーガンが直面した新しい政策課題の一つは、双子の赤字の解消であった。この政権が、何よりも「小さな政府」を目ざしてスタートしたことを思い起こすならば、第二期を迎えたとき、史上最大規模の――就任時の三倍を超える二〇〇〇億ドル以上もの――財政赤字を抱えていたことは大きな皮肉というほかない。しかしながら実のところ、この財政赤字は、レーガン財政が当時の世論の動向に忠実にそって展開された結果であったといえなくもない。第二期就任の直前に行われた『ワシントン・ポスト』紙の世論調査によれば、国民の多数は、増税にも、財政支出の削減にも、さらには国防費の縮減にも明瞭な反対の意向を示していたからである。中間選挙を控えた二大政党の議員たちに果断な財政支出削減の実行を促すことは難しかった。一九八五年一二月、五年計画で連邦財政赤字を解消することを定めた財政均衡・緊急赤字統制法(グラム＝ラドマン＝ホリングス法)が、超党派立法として成立するが、それはいかにも責任主体の不明確な及び腰で実効性を欠いた赤字削減案にとどまった。しかも同法は、成立の翌年、議会による行政権の簒奪を意味するとして、連邦最高裁が違憲判決を下す結果となった。一九八七年には、赤字削減の責任主体を行政府に属する行政管理予算局（OMB）とする同法の修正案が可決成立した。こうした一連の立法措置は、なお不徹底の印象は免れなかったものの、一九八四会計年度には、対GDP比四・八％に上った連邦政府の財政赤字が、八八会計年度には同二・八％にまで抑えられた実績に照らすならば、それなりの成果を挙げたといってよい。その後も均衡財政は、ようとして実現を見なかったが、冷戦の終結が国防費の大幅な削減を可能にし、後述するニューエコノミーによりアメリカ経済が再び成長軌道に乗ったクリントン政権後期、連邦財政はようやく均衡に向かうことになる。

他方貿易赤字も、レーガンの目ざした豊かで強いアメリカの実現を裏切り、第一期政権で肥大の一途を辿っていた。一九八一年にはわずかに黒字であった貿易収支は、四年後一〇〇〇億ドルを超える赤字となり、なお増加傾向を示していた。石油以外の輸入額がGDPに占める割合は、一九七九年には五・九％であったが、八六年には七・五％へと上昇した。逆に、輸出額の対GDP比は同じ時期の急激なドル高もあって、九・〇％から七・二％へと減少した。自動車を初めとする多くの工業製品が輸入品によって蚕食され、産業の空洞化が盛んに論議されるようになった。一九八五年には、レーガンが設立した「産業競争力委員会」が、アメリカ産業の国際競争力の衰えに警鐘を鳴らし、その強化と貿易振興を国家的課題とすべきことを強調した。

一九七〇年代以降、アメリカの産業界、労働界で強まりつつあった保護主義志向は、一つには反ダンピング措置や相殺関税による輸入抑制を目ざすさまざまな通商法の強化に、いま一つには二国間協定により貿易相手国の自主規制を促す管理貿易体制の構築に向かった。しかし、第二期レーガン政権は、こうした防御的な輸入規制から、外国市場の開放によるアメリカ産品の輸出拡大策へと重点を移行させていった。同時に、八〇年代前半、インフレ対策のための高い利子率を原因とする外資の流入により急激に進んだドル高の是正が図られた。一九八五年九月、ニューヨークのプラザホテルで開かれた先進五カ国の蔵相・中央銀行総裁会議によって合意されたドル安政策は、ドルの実効レートを三〇％以上引き下げる効果を生んだ。にもかかわらず、貿易赤字が縮小に向かったのは、政権末期のことであった。その間、貿易赤字の巨額な累積をファイナンスするための対外債務残高も急激に膨張した。「黄金時代」には世界最大の債権国を誇ったアメリカは、冷戦末期には一転して世界最大の債務国となったのである。

S&Lスキャンダル

レーガン政権の「反政府」志向、あるいは自由市場賛美がもっとも顕著に表れた政策分野の一つは、規制緩和であった。むろんその端緒は、アメリカ型混合経済が機能不全に直面した七〇年代、通信、運輸、金融など個々の産業分野にみられてはいた。しかし、それらが巨大なビジネスチャンスとして全面開花したのは、やはりレーガン期のことであった。

レーガンの就任時、すでに商業銀行や貯蓄銀行は預金や融資の金利を、政府に規制されることなしに自ら決めることが許され、また、銀行は合併統合が認められ、どこにでも支店を開設できるようになっていた。第一期レーガン政権下、金融の規制緩和はさらに、地方の貯蓄貸付組合(S&Lあるいはスリフトと呼ばれた)にまで及んでいった。S&Lは、一九世紀来、普通の銀行から融資を得ることの難しい農民や労働者階級向けに、低利の小口住宅ローン貸付を行うことを主目的として各地に設けられてきた相互扶助的な金融機関であった。第二次世界大戦後は、復員兵向けの住宅建設ブームにのり、大いに活況を呈した機関でもあった。しかし、低利、小口の趣旨は守られ、復員兵援護法(GIビル)は、住宅ローンの利率上限を、四・五%に定めていた。

最初の危機は一九七〇年代のインフレの昂進によって到来した。S&Lへの低利貯蓄を嫌う預金者たちが資金を引き揚げ、銀行や証券会社へと移し始めたのである。一九八〇年代初頭、連邦議会は、規制にがんじがらめにされたS&Lの救済に乗り出し、各機関が義務づけられていた引当金の上限を引き下げ、預金保証限度額を引き上げるといった規制緩和措置を実行していった。S&Lのロビイストたちの活動により、八二年、議会はさらにS&Lの利率上限を取り払い、商業貸付や不動産投資や株式投資の大幅な自由を認めた。レーガンは、このS&Lに関わる規制緩和を、「五〇年間でもっとも重要な金融立法」と歓迎した。

しかし、この規制緩和が招いた結果は、異常な金融投機熱であった。従来は不可能であったリスクの高い不動産やベンチャー企業への投資やジャンク債取り扱いの機会を与えられたS&Lの多くが、支払い能力を超える無謀な融資や詐欺的取引によって債務超過に陥っていくのに、それほどの時間はかからなかった。なぜなら、八〇年代初頭インフレが急激に沈静化(図2-2)してゆくのに伴い利子率も低下の一途をたどり、バブルがはじけたからである。すでに八三年までの三年間に、全米の約三%のS&Lが破綻していたにもかかわらず、レーガン政権は規制の再導入には消極的であった。連邦住宅貸付銀行理事会(FHLBB)の規制再強化案は、S&Lの利権に群がるロビイストや議員の反対の前に挫折を繰り返した。その間、八四年にはテキサス、翌年にはオハイオ、メリーランドなどで破綻するS&Lが増えていった。レーガン政権の末期までに、破綻したS&Lはおよそ五〇〇組合にのぼった。多くのS&Lの破産を防止すべく、緊急援助として連邦・州政府は、公費支出を余儀なくされていった。破綻したS&Lの預金保証を司っていた連邦貯蓄貸付保険公社(FSLIC)は、八六年末からたびたび支払い不能に陥り、そのつど国庫から一〇〇億ドル単位で増資がなされる事態となった。このS&L危機に歯止めがかかるのは、ようやく一九八九年の立法によりFHLBBが解体され、財務省内に新たな規制機関が設立されたときのことである。この金融危機のもたらした経済的損失の全容解明はさらに遅れた。会計検査院が、S&L破綻にまつわる全体的コストは(利払いも含め)約三七〇〇億ドルにのぼり、うち三四一〇億ドルは納税者の負担に帰したと算定、報告したのは、一九九六年であった。

S&L危機に典型的な規制緩和・過剰投資・バブル経済とその崩壊のサイクルは、レーガン以後、その規模を拡大しながら、くり返されることとなる。二八年ぶりに二期八年の任期をまっとうした大統領としてレーガンは、その保守化路線をこうしたマイナス面も含めて後に残すことになったといってよい。

2 「力による平和」と冷戦の終わり

ベトナム戦争症候群

一九八〇年大統領選挙における共和党の政治綱領は、外交においても従来の路線の大胆な転換を訴えていた。レーガンと共和党右派にとり、イラン人質事件とソ連のアフガニスタン侵攻は、カーターによる人権外交のナイーブな理想主義や、ニクソン゠キッシンジャーによるデタント政策の宥和主義を指針とする弱腰外交によってもたらされた失態にほかならなかった。共和党右派は、それらの路線に代わって、強固な反ソ・反共に立ち「力による平和」を実現することによって、国際的にも「アメリカを再び偉大な国へ」と再生させると公約していた。

しかし、このような強硬路線の策定と実行に先立ち、レーガン政権は、七〇年代アメリカ外交を暗黙のうちに制約してきた一つの障害を克服する必要に迫られていた。すなわち「ベトナム戦争症候群」である。それは、もともとはベトナム帰還兵の多くが、戦場経験のトラウマによって罹患した外傷後ストレス障害(PTSD)を指すことばであったが、やがてアメリカの対外的軍事介入に対する反射的な警戒や躊躇を生む社会心理的なベトナム戦争観をも意味するようになっていった。長期にわたりずるずると泥沼化し、ついには五万八〇〇〇にのぼるアメリカ兵の死や、直接の物的コストだけでも一六七〇億ドルを費やしてなお勝利しえなかったベトナム戦争の経験と記憶が、その後のアメリカ外交政策を拘束している。この敗北主義的な症候群にとらわれているかぎり、アメリカ外交は、自由な戦略的思考をめぐらすことも、果断にして有効な軍事的手段に訴えることも制約されざるをえないと考えられたのである。この対外関係をめぐる心理的な袋小路から脱却するためのベトナム戦争理解の修正が、レーガン支持者の周辺でさかんに試みられるようになっていった。とりわけ、カーター外交を拒絶して、民主党から共和党右派へと接近した新保守主義者たちが、このいわば歴史修正主義的な論議をリードした。それまでベトナム戦争は、おおかたのところ屈辱的な敗北と撤退に終わったアメリカの帝国主義的冒険と理解されてきた。新保守主義者たちは、この一般的理解からベトナム戦争を救い出すために、この戦争のそもそもの目的の正しさを再確認するとともに、にもかかわらずそれが惨めな結果に終わった原因を論じてゆく。彼らによれば、ベトナム戦争は、第三世界の一小国が全体主義的な共産主義に支配されることを防止するという、道義的にも政治的にもきわめて正当な目的から戦われた、正しい戦争であった。それがあのような結末に終わった理由を彼らは、本国の政治指導者たちがこの戦争の道義性を確信できず、勝利のための一貫した戦略や後方支援システムの構築を怠ったためであったという。ようするに連邦政府には、強固な戦う意志も勝利への意欲もはなからなかったのであり、したがってベトナム戦争は負けるべくして負けた戦争であったと、新保守主義者たちは主張したのである。

人権外交の再定義

このようなベトナム戦争の歴史的意義の読み替えによって、ソ連の攻勢に対応するレーガン外交の基本的な枠組みと方向性が定まったといって過言ではない。ヘルシンキ合意で頂点に達したデタントの気運が急速に萎みつつあった七〇年代末、人権外交もまた保守派によって再定義された。この点で先陣を切ったのもまた新保守主義者たちであった。

なかでも、七〇年代後半、民主党内から最も一貫したカーター外交批判を展開した一人、ジヨージタウン大学教授ジーン・カークパトリックは、カーターのナイーブな人権論を論駁していう。いかなる国家も、多少なりとも人権問題を免れることはないとすれば、アメリカ外交の指針として重要な点は、一方でアメリカの主敵であるソ連と連携する共産主義的全体主義国家による人権侵害と、他方で権威主義的体制ではあるとしても反ソ・反共の立場に立つ国による人権侵害とを区別することである。前者すなわち「革命的独裁国家」の場合は、社会は完全に閉じられており、内部的変革の余地はなく、市民生活、私的生活は隅々まで国家的統制下に置かれている。これに対して後者、すなわち反共を旨とする「伝統的独裁国家」の場合は、いかに腐敗し、階統的であり、抑圧的であったとしても、民主的改革の余地が残されている。両者の人権問題を一律に論じることは、非現実主義的で、敵を利することにつながるとカークパトリックは論じた。このように、相対的な悪に過ぎない権威主義体制と絶対的な悪たる全体主義体制とを弁別するカークパトリックの外交指針は、原理的な反共主義を奉じる共和党右派の高く評価するところとなった。民主党員でありながら彼女は、レーガン政権の国連大使に任命され、ともすれば国際政治におけるアメリカ・ヘゲモニー批判に傾きがちな国連で、レーガン外交擁護の強固な論陣を張ることとなった。

カークパトリックの定式に従い、レーガン外交は、全体主義国家ソ連との連携を重視する「革命的独裁国家」との対決姿勢を明確に打ち出していった。エチオピア、アンゴラ、南イエメン、カンボジア、グレナダ、キューバ、ニカラグア、アフガニスタンなどといった親ソの国々に対し、レーガンのアメリカはそれらの政府が抱える人権問題を口実として、しばしば介入をはかっていった。反米左派政権打倒の目的に向けて、各国の右派反政府勢力のゲリラ活動への物的、軍事的な支援やＣＩＡの秘密作戦を再強化していったのである。第三世界の反米政権を親米政権によって置き換えてゆくことを究極の目的とするこの「レーガン・ドクトリン」は、伝統的な封じ込め政策の受動的な待機主義に飽き足らなかった共和党右派らにとり、待望の攻撃的・積極的な冷戦外交の到来を意味していた。

中東外交での躓き

しかしながら、このレーガン・ドクトリンの限界と矛盾が最初に露呈したのは、中東地域においてであった。この地域へのソ連の影響力拡大を警戒したレーガン政権は、当初よりイスラエルとアラブ諸国との協調促進をとおして地域秩序の安定をはかろうと試みた。その結果、一九八〇年代、この地域におけるアメリカのプレゼンスは急速に高まり、イスラエルやサウジアラビア、エジプトへのアメリカの武器輸出もいちじるしい増大をみた。これに対して、リビア、イエメン人民民主共和国、エチオピアはソ連寄りの立場に立った。このようにアラブ世界は、レーガン政権の誕生以後、米ソ両陣営への分極化を強めていった。レーガンは大統領就任直後から、とくにリビアを「ソ連の中東の代理人」と断じ、両国の間には互いの政府要人暗殺計画のうわさが絶えず一触即発の敵対関係が生じていた。

しかし、一九七〇年代、アメリカ外交にとって急速に重要性をました中東は、そもそもトルーマン・ドクトリンやレーガン・ドクトリンのような自由主義対全体主義、資本主義対共産主義などの善悪二元論的な世界観によって割り切ることの難しい、歴史的・宗教的・民族的な多元性を内包する地域であった。その意味で、イスラム原理主義に立脚した革命イランと、ソ連の援助をうけたイラクとの間で一九八〇年九月に始まった戦争は、アメリカの冷戦外交にとって一つの謎であったといえるかもしれない。それはいかなる意味でも冷戦期にしばしば見られた米ソ代理戦争とは様相を異にする地域紛争であった。イラクの独裁者サダム・フセインの開戦動機の半分は領土的野心であり、もう半分はスンニ派イラクのシーア派イランに対する宗教的猜疑心——すなわちイラク内部のシーア派やクルド人の反乱に対する恐れ——であったとされる。オッド・アルネ・ウェスタッドは、その脱イデオロギー的性格から、この戦争を「最初のポスト冷戦戦争」と呼ぶのがふさわしいという。

レーガン政権がイラン—イラク戦争でなおイラク支持に傾いた理由を、歴史家ショーン・ウィレンツは、「二つの悪のうちよりましな方」を選択する新保守主義的指針によったと分析する。一九八二年初め、アメリカ国務省は局外中立を公的立場としながら、イラクを無法テロリスト国家のリストから除外し、対米貿易を開いた。イラクとの国交正常化をはかるためにレーガンが派遣した特使は、のちに二〇〇三年の対イラク戦争を国防長官として主導するドナルド・ラムズフェルドであった。イラン―イラク戦争が終わった一九八八年以後、ほどなくして起こった湾岸戦争からイラク戦争まで、一貫してアメリカに敵対することになる「ならず者国家」イラクに対し、レーガン政権は軍事的、経済的な支援を送り続けたのであった。

レーガン政権の中東政策にとってもう一つの躓きの石は、パレスチナ問題であった。キャンプ・デイヴィッド合意後も、パレスチナ国家を認めようとしないイスラエルとパレスチナ解放機構(PLO)との対立紛争は止むことがなかった。一九八二年六月、PLOのロケット砲攻撃に業を煮やしたイスラエルは、隣国レバノンに軍事侵攻し、PLOの司令部が置かれていた首都ベイルートを包囲するという挙に出た。八月、レーガンは、調停のために特使と海兵隊八〇〇名をレバノンに派遣し、PLO司令部のチュニジア移転と引きかえに、イスラエル軍が包囲を解くという合意を取り付けた。ところが九月、PLOの退去からほどなくして、イスラエルと連携したレバノンのキリスト教民兵がパレスチナ難民キャンプを襲い、女性子供を含む一〇〇〇人以上を虐殺するという悲惨な事件が起こった。レーガンは、増派した一八〇〇名の海兵隊に多国籍平和維持軍の一翼を担わせ、事態収拾と秩序回復に当たらせた。

一九八三年四月一八日、ベイルートのアメリカ大使館がイスラム過激派の自爆テロに襲われ、アメリカ人一七人を含む六三人が死亡する。アメリカは、ただちにイスラム民兵の拠点に向けて報復爆撃を行った。その半年後の一〇月二三日、同じベイルートの海兵隊兵舎が、一人のシーア派レバノン人の自爆テロによって破砕され、二四一名の軍人が死亡する。イスラム過激派はソ連の手先であるという冷戦的思考に固執し、撤兵を促す軍専門家の忠告にも耳を貸さず、レバノンへの駐留を継続させてきた海兵隊は、戦争権限法に基づき連邦議会が許した駐留期限を一年以上も残して、一九八四年二月、レーガンの指令に基づき撤収を完了した。新冷戦の渦中にありながら、レーガン政権期の中東外交は、冷戦の終焉以後より顕著に現れてくることになるこの地域特有の国際政治の構図とダイナミズムとを予示する結果となった。アメリカの軍事介入とイスラム過激派のテロとの悪循環のパターンは、あきらかにレーガンの中東外交によって先鞭がつけられたといえよう。

レーガン・ドクトリンによる中米外交

中東とは異なり、中南米はレーガン・ドクトリンの定式にきわめて適合的でかつ重要な地域であった。モンロー・ドクトリンからセオドア・ローズヴェルトによるその系論《コロラリー》にいたるアメリカの対外認識の伝統では、自国の裏庭、内海と目されてきたはずの中米、カリブ海域は、冷戦期、とりわけキューバにおける共産主義革命の成功以後は、最も厳しい米ソ対立の舞台とな

図2-3　中米諸国

った。さらに七〇年代の世界的な経済危機は、この地域の社会主義運動の活性化を招来した。

一九八三年一〇月二五日、レバノンにおける大規模な自爆テロの二日後、レーガン政権は、人口数万のカリブ海の小国グレナダに七〇〇〇名あまりの兵を送り、侵攻をはかった(図2-3)。その一週間前、この島では流血のクーデタにより、親キューバのマルクス主義政権が成立しており、侵攻は、この小革命からの秩序回復、ならびにその地に滞在中のアメリカ市民の保護を名目とするものであった。作戦は、早くも一一月二日には完了し、アメリカ軍は一二月一五日には撤退した。アメリカ軍の犠牲者は一八名、負傷者は一〇〇名余り、グレナダとキューバ連合軍の犠牲者は、民間人も入れて九四名、負傷者四〇〇名余りであった。「革命的全体主義国家」との断固たる戦いと喧伝されたわりには、あまりにも一方的、侵略的な小戦争であった。とはいえ、この小戦争は、レバノンの惨事で動揺する国民心理を立て直し、反ソ・反共の原則を再確認するには、十分な戦果を挙げたといえるのかもしれない。

グレナダと比べた場合、レーガン・ドクトリンの、地峡地帯の中米諸国への適用ははるかに深刻な様相を呈していた。この地域には、かねて多国籍企業ユナイテッド・フルーツ社を初めとするアメリカの大資本が進出し、一部の大土地所有者、各国の軍およびＣＩＡとの連携に依拠しつつ、貧困な農民大衆を支配下におくという社会経済構造が形成されていた。これに対し、七〇年代以降、キューバ、ソ連の援助を受けて、各地の左翼ゲリラの武装闘争が活発化していった。その最初の成功例は、ニカラグアのマルクス主義勢力サンディニスタ民族解放戦線によるソモサ独裁政権の打倒であった。当初サンディニスタ政権は、複数政党制、混合経済、非同盟外交を柱として掲げ、比較的穏健な民族主義的改良を志向しながら、ほどなく急進化し、中間層の離反を招く。ソモサ政権を担ってきた富裕層や旧独裁政府の国家警備隊将兵は、反革命組織コントラを結成し、右からの強固な抵抗を開始した。

このニカラグアの内戦状況に直面した初期のレーガン政権は、キューバとニカラグアの連携による革命の地峡地帯全体へのドミノ的な波及を恐れ、従来のニカラグアに対する経済援助を停止するとともに、それをコントラ支援に振り向け、さらにＣＩＡによる準軍事的介入の強化をはかっていった。介入は、左右の軍事対立が激化しつつあった隣国ホンジュラス、グアテマラ、エルサルバドルにも及び、各地の右派勢力に対する経済的、軍事的援助が強化されていった。革命前のニカラグアを含めそれらの諸国は、きわめて深刻な人権抑圧や政治腐敗が横行する権威主義的な抑圧国家であり、内戦状況の中で、そのような国家体制から派生した右派ゲリラ組織も、幹部の腐敗や麻薬取引や不法な暴力などの組織的体質を免れてはいなかった。

イラン・コントラ事件

これら地峡地帯の親米右派勢力が、カークパトリックの主張する冷戦下での「よりましな」独裁国家といえるか否かについても、そしてそれらの腐敗勢力へのアメリカの援助が、「革命的独裁国家」の成立を妨げるという大目的によって正当化されるか否かについても、当初から疑問がなくはなかった。一九八二年一一月初め、雑誌『ニューズウィーク』が「アメリカの秘密戦争——標的はニカラグア」と題する特集によりCIAの秘密作戦を暴露した後、コントラに対する支援は、民主党主導の連邦議会で激しい論争を呼び起こした。この報道をきっかけとして、下院諜報委員会のエドワード・P・ボーランド委員長は、CIAにも国防総省にも、サンディニスタ政権の転覆や親米右派のエルサルバドル政府との連携促進のためのコントラ支援策に、いかなる連邦予算や資金を用いることも禁じる諜報許可法修正案を上程する。下院を賛成四四一対反対〇で通過したこの修正案は、一九八三年度国防予算法に付帯決議として付加され、レーガンの署名を得て成立をみた。しかし、一九八四年、ニカラグアの海港にコントラが機雷を仕掛け、それにアメリカの艦船と機雷と人員の支援があったことが報道されたことによって、ボーランドは、より厳しいコントラ援助禁止の修正案を立案し、これも予算への付帯決議として成立する。この二度にわたるボーランド修正により、レーガン政権は、コントラへの軍事援助の手段を完全に封じられることとなった。

レーガンは、議会の大多数の賛成を得て成立したボーランド修正には署名を拒否しえなかったものの、彼にとっての「自由の戦士」たるコントラ支援を断念することはなかった。二度目のボーランド修正成立の翌年春、レーガンは、ニカラグアにとってのコントラは、われわれにとっての建国の父祖たちと等価であるとまで断言した。コントラ支援活動資金の予算化を禁じられたレーガン政権下の国家安全保障会議（NSC）は、外国からのコントラ援助、民間資金の導入などの迂回的手段を模索したあげく、ついにはイラクと交戦中のイランとの間の秘密裏の武器売却によって得た利益をコントラ支援にあてる措置を実行に移した。この武器売却は、当時ベイルートで誘拐された数名のアメリカ要人の解放のために、イランに仲介を依頼した対価として実施されたものであったが、このコントラ支援策は、疑いなくボーランド修正に抵触する違法な手段であった。

一九八六年一一月、レバノンの雑誌に、イランの支払った武器売却代金がスイスの秘密口座を通してコントラに供与されるまでの経過が暴露され、イラン・コントラ事件が勃発した。それは、一九七九年の革命以来、アメリカ外交の仇敵であったはずのイランと、ほかならぬ最強硬派のレーガンならびにその安全保障スタッフとが秘密取引を行っていたという外交的な意味でも、また行政権が議会立法によって禁じられた対外活動をあえて秘密裏に遂行したことで立法権を踏みにじったという憲法的な意味でも、重大なスキャンダルであった。

レーガン自身は否定したにもかかわらず、状況証拠や議会聴聞会での多くの証言によるかぎり、レーガンがこの違法な資金の流れを知っていた可能性は低くない。しかし、大統領の関与が明らかとなれば弾劾にも値するこのスキャンダルも、レーガンの人気と名声を大きく損なうことはなかった。しばしば「テフロン」とたとえられたこの大統領は、失政や醜聞によって大きな傷の残ることのない前向きな楽天性を身上としていたといえるのかもしれない。しかしそれ以上に、イラン・コントラ事件が弾劾裁判にまで深刻化しなかった理由は、この時期のアメリカが、冷戦の「勝利」に向けて着々と戦果を挙げつつあったことにあろう。八五年以降のアメリカのソ連に対する優位は、対ニカラグア外交にも大きな影を落としていた。ニカラグアでは一九八四年、革命後初の大統領選挙においてサンディニスタのダニエル・オルテガが勝利する。これに対し、レーガンはあらためて中米における共産主義反乱をくい止め、ニカラグアのマルクス主義的政権を「取り除く」決意を表明している。やがて連邦議会もこのレーガンの反ソ・反共に同調を強めていく。一九八六年六月、民主党多数の連邦下院は、コントラに対する三〇〇〇万ドルの人道的援助、七〇〇〇万ドルの軍事援助を決議する。サンディニスタ政権が、ゲリラ戦とテロによってエルサルバドルの親米政権の転覆を謀っているというのが、その決議の理由であった。しかしそれは、わずか一年半ほど前のボーランド修正に照らすとき、議会民主党の完全な路線転換を告げる決議であった。ベトナム戦争以後はじめてアメリカ外交が、冷戦初期を彷彿させる超党派的なコンセンサスを回復するかにみえた時期であった。

軍拡と反核運動

反ソ・反共の強硬路線を走り始めたレーガンは、この路線を実体化するため、核ミサイルの増強を中心とする軍備拡張に着手した。一九八五年には、アメリカの国防費は、平時としては過去最大の六％も拡大された。ベトナム戦争からの撤退後七〇年代末まで、アメリカの軍事費は対連邦総予算比でも対GDP比でも減少を続けてきたが、レーガンは、それをいちじるしい増勢へと転換した。その結果、レーガン政権期をとおして、巨額の連邦財政赤字が常態化した。そして、軍拡と並行して米ソの指導者による思慮を欠いた非難の応酬が、新冷戦の緊張をいやがうえにも高めていく。

一九八三年三月八日、全米福音派協会の全国大会で、レーガンは米ソ対立を「正と邪の、善と悪の闘争」という黙示録的比喩で語り、現代世界の「悪の中枢」「悪の帝国」という言葉でソ連の本質をほのめかし、これを断罪した。あきらかに映画『スター・ウォーズ』(一九七七年)から借りたこれらの語彙は、米ソ対立についてのレーガンの単純率直なイメージを反映していた。この演説の後にレーガンが発表した、戦略防衛構想(SDI)は、敵の発射した核ミサイルを宇宙空間でレーザー兵器等によって破壊するという軍事技術の開発宣言であった。それは、従来、米ソの核戦略における核抑止論の前提とされてきた相互確証破壊(MAD)論を根本から覆す、いわば超攻撃的な防衛構想であった。SDI構想は、そうでなくとも長い軍拡競争の負担により経済的に疲弊しきったソ連に対し、新たな核開発競争を仕掛けることになった。「悪の帝国」との核軍拡競争は、これによって宇宙にまでその場を広げることになり、SDIはマスメディアによって直ちに「スター・ウォーズ」の異名を与えられた。トランプ大統領の主導のもとにアメリカ「宇宙軍」の創設が二〇一九年一二月二〇日、二〇二〇年度国防権限法によりなされたが、その嚆矢はレーガンのSDIにあった。

しかし、この時期、新冷戦の現実の主戦場は宇宙にではなく、伝統的な冷戦の最前線ヨーロッパにあった。デタントが終わりを迎えつつあった七〇年代末、ソ連およびワルシャワ条約機構軍が、圧倒的な通常兵力に加え、従来、米ソ軍縮条約の適用外に置かれてきた、高性能の中距離核ミサイルSS20を西ヨーロッパとの境界沿いに配備したことによって、西ヨーロッパの

ＮＡＴＯ諸国の安全保障は大きく脅かされるにいたった。この背景のもとＮＡＴＯ諸国は、ワルシャワ条約機構に対し、すべての中距離ミサイルの制限を含めた戦略兵器制限交渉(Strategic Arms Limitation Talks, SALT II)を呼びかけるとともに、対抗措置としてアメリカ製の中距離ミサイルを配備するための準備を開始した。ところが、ＮＡＴＯによるこの「交渉と配備」(言い換えるとデタントの継続か対決か)の二重決定後の一九七九年一二月に開始されたソ連のアフガン侵攻が、「交渉」のオプションを雲散霧消させた。ＮＡＴＯは、もう一つのオプションである「配備」に向かい、イギリス、西ドイツ、オランダ、ベルギー、イタリア各国へ、アメリカ製の新型地上発射巡航ミサイルおよびパーシングIIの配備が進められることになった。就任一年目の秋、レーガンは、ヨーロッパに限定した核戦争の可能性に言及し、ヘイグ国務長官もレーガンの発言を弁護しつつ、ソ連の通常兵器攻撃に対して、ＮＡＴＯ側には威嚇、警告の意味での核兵器使用計画が存在することを公言したのである。

この状況に最も敏感に反応したのは、自らの大陸が核戦争の戦場になることを恐れた、ヨーロッパの知識人と市民であった。七〇年代の地球環境問題を契機として勃興した各国の「緑の党」や環境保護団体やフェミニストや人権擁護団体は、ＮＡＴＯによる核ミサイルの配備が地域的核戦争を誘発する危険性を訴えはじめた。一九八三年一〇月には、ロンドンやボンでそれぞれ二五万人以上が、西ヨーロッパ全域では三〇〇万に上る市民が反核集会を開き、行進に参加した。この時の反核運動は、鉄のカーテンの両側での核ミサイル配備のいずれにも反対し、人類社会の安全の観点から米ソの指導者に自制を求めるものであった。

冷戦の終結へ

ヨーロッパ大陸における、東西両陣営間の中距離核ミサイル配備によって頂点に達した新冷戦は、一九八〇年代中葉、ようやく緊張緩和の時期を迎えた。

ミハイル・ゴルバチョフ体制の成立を契機とするアメリカ外交の変化、なかんずく核軍縮問題をめぐるレーガンのリーダーシップは、冷戦の終結を導いた要因として注目に値する。二〇年近くにわたりソ連の冷戦体制の強化に邁進してきたブレジネフが死去して二年あまり後、彼よりもちょうど四半世紀若いゴルバチョフの書記長就任の日、レーガンはゴルバチョフ宛の個人的書簡を送っている(一九八五年三月一一日)。

> あなたが新しい責任ある地位に就任されるこの機会に、今後われわれは、より安定的かつ建設的な両国関係を築きうるのだという私の希望を強調しておきたい。……とりわけ意義深いのは、最近われわれがジュネーブにおける開始を合意した交渉です。それはわれわれが、核兵器廃絶という共通の究極的目標にむけて、前進する真の機会となるでしょう。

……できるだけ早く、あなたのご都合のよろしい機会に、ワシントンにお出で下さるようご招待申し上げたく存じます。

「悪の帝国」演説からわずか二年、なおソ連に対する警戒を怠るべきではないとする周辺の補佐官や右翼知識人の忠告にもかかわらず、レーガンは、ゴルバチョフの改革志向を額面通りに受け取り、積極的な応答を試みようとしていた。米ソ首脳は、不倶戴天の敵というよりは、冷戦の終結と平和の実現を目ざすパートナーとして交渉に踏み出していった。文化交流、科学協力の推進をとおして緊張緩和をはかった一九八五年一一月のジュネーブに始まり、八六年一〇月レイキャビック、八七年一二月ワシントンと、両首脳はやつぎばやに会談を重ねていった。レイキャビックでは、SDIに関しては、その開発の停止を求めるゴルバチョフにレーガンが譲らず物別れに終わったものの、中距離弾道ミサイルと巡航ミサイルの削減交渉が進捗をみた。その結果、ワシントン会談では、射程三〇〇マイルから三四〇〇マイルの中距離ミサイル全廃条約という、長い米ソ軍縮の歴史の中で初めて、実際にミサイルを相互的に削減するという画期的な条約の調印がなされた(この条約は、翌年五月、連邦上院を賛成九三、反対五の圧倒的多数で通過し、二〇一九年二月、トランプ大統領がロシアに破棄を通告するまで有効であった)。さらに、すでにレイキャビックで潜在的な合意に達していた戦略核削減問題に関し、会談後に発表された共同声明によって七項目からなる戦略核削減指針が示された。

首脳会談は、レーガン政権最後の一九八八年にもモスクワ(五月)、ニューヨーク(一二月)と続き、両国間の友好関係は、その年の大統領選挙で勝利し、次期大統領に決まったジョージ・H・W・ブッシュ副大統領へと受け継がれていった。

一九八八年大統領選挙

一九八八年、S&Lやイラン・コントラ事件をめぐるスキャンダルに見舞われ、くわえて加齢による衰えから十分リーダーシップを揮いえなくなりながらも、レーガンはきわめて人気の高い大統領として任期の終わりを迎えつつあった。ギャラップの世論調査によれば、レーガンの支持率は一九八八年一一月に五七%、翌月には六三%を記録している。八年の間に共和党は「レーガンの政党」へと変容した。

この年の大統領選挙を前にして、この「レーガン党」のきわめて高い支持率を引き継ぐべく名乗りを上げたトップランナーは、副大統領ジョージ・H・W・ブッシュであった。ブッシュは、連邦下院議員を二期務めた後、ニクソン、フォード両政権下で国連大使、中国特命全権公使、CIA長官といった要職を経て、頭角を現した政治家であった。一九八〇年に大統領選挙に出馬してレーガンの軍門に降ったのち、彼はレーガンの忠実な副大統領として二期を無難に務め終えた。ただブッシュは元来、東部の穏健な中道派共和党に連なり、八〇年までは人工妊娠中絶の権利を容認し、家族計画の推進をうたい、ＥＲＡ支持を表明していた。また彼は、一九八〇年選挙の際に、レーガンのサプライサイドの経済政策を「まじない経済学《ブードゥー・エコノミクス》」と揶揄したこともあった。そのため八年を経てなお、熱烈なレーガン支持者やニューライトの間では、ブッシュに対し不信感を抱くものが少なくなかった。そのため、共和党の指名を獲得後にブッシュは、ニューライトの離反を防ぐために副大統領候補として、福音派の強く支持する党内右派のＪ・ダンフォース・クェール連邦上院議員(インディアナ州選出)を選任せざるをえなかった。

一方、民主党は圧倒的なレーガン人気の前に、四年前と同様、守勢を強いられた。しかし、レーガン革命以後のアメリカ政治の保守化は、民主党にも大きな変化をもたらしていた。減税と福祉の抑制を主張し、労働組合と距離を置き、家族中心の社会的価値観を重視する南部出身の穏健保守派が、党の一翼を担う新しい勢力として台頭したのである。彼らは一九八五年に、リチャード・ゲッパート下院議員(ミズーリ州選出)を議長とする民主党指導者会議(ＤＬＣ)を結成し、党内のニューディール派に対抗して、しだいに勢力を増大させていった。九〇年から九一年には、ビル・クリントンがこのＤＬＣの議長を務めることになる。

こうして八八年大統領選挙における民主党予備選は、八四年に続き、長期的路線選択をめぐる党内対立の結果、多数の候補が乱立する混戦となった。当初本命視されていたエドワード・

ケネディやニューヨーク州知事マリオ・クォモが不出馬を表明したのち、最有力と目されたゲアリー・ハートも性的スキャンダルで脱落する。その時、きわめて斬新な、多文化主義的、エスニック混交的な選挙運動を展開したのは、ふたたびジェシー・ジャクソン師であった。ジャクソンは、第二期レーガン政権期、DLCの保守性を批判し、六〇年代市民権運動の衣鉢を継ぐリベラルの旗幟《きし》を掲げ続けた。彼は、DLCを「有閑階級のための民主党(Democrats for the Leisure Class)」と揶揄し、福祉と公平を旨とするポピュリスト的な経済政策を訴える。DLCが、南部白人、福音派キリスト教徒、郊外の白人中産階級へと民主党の翼を伸ばそうとするのに対し、ジャクソンは八四年に続き、アフリカ系アメリカ人、エスニック・マイノリティーズ、女性活動家、同性愛者を含む連合結成に力を注いだ。このような路線対立の中で民主党予備選を勝ち抜いたのは、中道派のマサチューセッツ州知事マイケル・デュカキスであった。ギリシア系移民のエリートを両親にもつ都市的リベラルのデュカキスが、民主党大会において、副大統領候補として選任したのは、テキサス州選出上院議員のロイド・ベンツェンであった。民主党の正副大統領候補の出身地は、一九六〇年選挙のケネディ(マサチューセッツ)とジョンソン(テキサス)の地域バランスを想起させる組み合わせとなった。

この年の共和党の政治綱領は、レーガン政権の達成した外交と内政の成果により、アメリカが安全と繁栄を享受していることを讃えている。同時に共和党政権下では、増税をしないことが公約として強調されていた。党大会におけるブッシュの演説中、「誤解のないように。新しい税は絶対にありません」という一節は流行のサウンドバイトとなった。実質的には法人税増税になった一九八六年税制改革法にもかかわらず、共和党保守派にとり減税は、経済成長と個人の経済的自由の確保のためになんとしても譲れない政策であり、まさにレーガノミクスの中核をなす政策であった。社会政策としては人工妊娠中絶反対のプロ・ライフ、連邦死刑制度の復活、服役囚の一時帰休制度の厳格化、拳銃保有者登録制度への反対が公約された。

これに対して民主党の政治綱領では、医療保険制度の樹立、「防弾チョッキを貫通する《コップ・キラー》」テフロン加工した弾丸の禁止、ＥＲＡの再批准、中絶容認のプロ・チョイス、環境規制法の強化、南アフリカのアパルトヘイトへの反対などが謳われていた。七〇年代の二つの党の政治綱領とこの年のそれとを比較するならば、レーガン政権下の保守化政策が、両党間の政策的距離をいかに広げたかがみてとれる。とりわけイングルハートのいう、非物質的、精神的争点に関し、両党の立場はしだいに非妥協的な両極に向かって離れつつあった。

この年の本選挙におけるデュカキスの運動は、前回のモンデールと同様の中道路線を志向した。「これは、イデオロギーではなく、政治的適格性をめぐる選挙である」というのがデュカキスの理解であった。彼によれば、レーガン政権の問題性、つまりはブッシュの非適格性は、なによりも減税と過大な国防費に起因する巨大な財政赤字に現れており、その是非を問うのがこの選挙における主要争点であった。

逆に、ブッシュの選挙運動は、両党の政治綱領のイデオロギー的な差異を極力印象付けることを狙って展開された。ブッシュは忠実に、共和党の政治綱領に自らの立脚基盤を据え、リベラルやリベラリズムをあえて〝L-ワード〟という蔑称で呼び、デュカキスと民主党綱領がいかにその唾棄すべきイデオロギーに基づいているかを強調し、指弾していった。決定的な一撃は、デュカキス知事施政下のマサチューセッツ州で起こった強姦殺人事件によってもたらされた。すでに殺人を犯し服役中であったウィリー・ホートンが、服役中に許された週末の一時帰休の間に起こしたこの事件を、ブッシュ陣営はテレビ・コマーシャルで大々的に取り上げ、殺人犯を野放しにする一時帰休制度を容認し推進した知事デュカキスの責任を追及した。白人市民が黒人の犯罪に抱く潜在的な恐怖を徹底的に利用したこのネガティブ・キャンペーンは、そうでなくとも優勢なブッシュの勝利を決定づけた。低い投票率が物語るように、それはカリスマ性に欠けた両候補による熱狂なき大統領選挙であった。レーガン保守やニューライトのブッシュ支持は熱意に欠け、他方デュカキスは、アフリカ系アメリカ人やヒスパニックの民主党支持票を十分に掘り起こすことに失敗した。連邦議会は両院とも民主党が多数を維持し、分割政府が継続することになった。

ソ連解体へ

一九八九年は、東ヨーロッパ諸国を四〇年以上にわたり縛り付けてきた共産主義体制が劇的な崩壊をみた年であった。一月、ハンガリーの議会は、公の場でのデモの権利を、また独立政党結成の自由を認めた。ポーランドでは、八一年一二月の戒厳令以来、逼塞を余儀なくされてきた独立労組の「連帯」が息を吹き返し、六月に第二次世界大戦後初めての競争的選挙が実施され、八月には「連帯」の推す非共産党員の首相が誕生した。一一月には東ドイツ政府が、反政府運動と大量の市民のハンガリーやチェコスロヴァキアを経由しての西側諸国への脱出により崩壊をみた。そして、一一月九日、冷戦体制の究極的な象徴であったベルリンの壁が東西の市民の手によって開かれ、東ベルリン市民が大挙して西ベルリンになだれ込んでいった。一一月、一二月には、ブルガリア、チェコスロヴァキア、ルーマニアであいついで共産党政権が倒れた。ルーマニアの独裁者ニコラエ・チャウシェスクは民衆によって処刑され、チェコでは反体制派の劇作家バツラフ・ハベルが大統領に就任する。まさに歴史的大変動であった。

ブッシュとゴルバチョフは、一二月、地中海のマルタ島沖に停泊する船の上で再び会談し、「冷戦終結」を宣言する。しかし、それは問題を東西両陣営の出来事に限ったとしても、東側ですでに起こっていた革命の現況に照らすならば、単に儀式的な現状追認的宣言に過ぎなかった。しかも、冷戦の終結宣言は、ソ連、東欧をめぐる国際政治の変動過程を終わらせることもなかった。東西両ドイツは、一九九〇年一〇月に国家再統一を宣言し、四〇年以上の分断国家の経験を克服する困難な歩みを開始する。逆にユーゴスラヴィアでは、民族間対立がジェノサイドや民族浄化への衝動にまで発展し、社会主義体制下ゆるやかに結合してきた連邦を、スロベニア、セルビア、ボスニア＝ヘルツェゴビナ、クロアチア、モンテネグロ、マケドニアさらにはコソボの民族国家へと分断していった。そしてこの激動は、ついにはソ連の連邦体制の崩壊をも引き起こすことになる。一九九一年六月にはロシア共和国大統領選挙で、強硬な共産党反対論者の民主改革派であるボリス・エリツィンが選出された。その八月、ソ連で共産党守旧派が起こしたクーデタに対して、エリツィンはゼネストを呼びかけて激しく抵抗し、それを頓挫させた。これによってソ連共産党書記長・大統領であるゴルバチョフの勢威は大きく傾き、彼は共産党の解散を勧告して書記長を辞任した。同じ時期、バルト三国、そしてウクライナもソ連からの独立を宣言し、それを受けて一二月八日、ロシア大統領のエリツィンらによって、ソ連の解体と独立国家共同体の創設が宣言されるにいたった。こうした激動の果てに、一九九二年九月、全欧安保協力会議はようやくにして欧州の冷戦の終結を宣言したのであった。

この間、ブッシュは激動する東欧に対し、直接の介入を極力避けつつ、ゴルバチョフ、エリツィンとの連携のもとに冷静にことの推移を見守る方針を貫いた。そこにはむろん、自身の長い国際的経験を生かしたブッシュの自制のきいたリーダーシップをうかがうことができよう。

しかし同時に、この共和党政権には、ニクソン、フォード、レーガンの各政権下で外交・安全保障政策に携わってきた経験豊かなすぐれた人材――ジェイムズ・ベーカー三世国務長官、ブレント・スコウクロフト安全保障担当大統領補佐官、リチャード・チェイニー国防長官、コリン・パウエル統合参謀本部議長など――が加わっていた利点も無視することはできない。その後、オバマ政権の登場まで二〇年にわたり、共和党外交の主柱を担うことになる彼らの慎重な手さばきにより、米ソはさらに核軍縮を進め、戦略的な核攻撃システムは大幅に縮減されていった。冷戦の終焉をさらに印象づけるかのように、一九九一年七月、連邦議会は経費削減のために四四の海外軍事基地を閉鎖し、八万にのぼる軍人の雇用と三万七〇〇〇の軍関係文民雇用とを削減した。ブッシュ政権末期、冷戦下の軍事体制は大きな破綻なく縮減されていった。

天安門事件

一九八〇年代、中国では鄧小平のリーダーシップの下、改革開放政策が生み出した学生ら若者の西欧化により、しだいに自由化、民主化を求める抵抗運動が全国の都市に広がっていった。一九八九年四月、共産党内の改革派指導者、胡耀邦が死去して以後、民主化運動は激しさを増し、五月、中国政府は北京に戒厳令を施行した。そして六月四日、胡耀邦の追悼と民主化要求を掲げ天安門広場に集まった大規模なデモに対し、政府は人民解放軍に鎮圧を命じた。学生市民の死者は少なくとも数千、負傷者はおそらく一万を超えたと推定される。この恐るべき弾圧の現場は、テレビ中継され、世界中の知るところとなった。

この時期、共産主義体制が各所で綻びを見せつつあった東ヨーロッパに目を奪われていたブッシュ政権にとって、この天安門事件は予想外の衝撃であった。ブッシュは突如、中国との関係維持か、人権や自由、民主主義といったアメリカの大義の尊重かのディレンマに直面することになった。民主党の人権重視派や共和党内の台湾派などの非難にもかかわらず、結局ブッシュ政権は中国との関係修復に舵を切っていった。人権侵害の疑いのある国家に対する最恵国待遇付与を禁ずる通商法の規定をもって、中国に人権重視を求めるべきではないかとの法案は、上院でブッシュの拒否権を乗り越えるに十分な票が見込めず挫折した。

天安門事件を境として、米中関係のダイナミクスは大きく変容を遂げることとなった。その後、民主化運動や宗教運動に対する弾圧のみならず、チベット、ウイグルなどの少数民族の抑圧が問題化するたびに、中国との通商関係や最恵国待遇が繰り返しアメリカ外交の争点として持ち上がるようになった。一九七〇年代の米中国交回復以来、冷戦の終結までは、中国はアメリカにとり共通の敵ソ連に対する戦略的提携国であった。しかし一九八〇年代、中国が共産党による政治権力の独占を維持しながら、国家主導型の市場経済を活発化させてゆくにつれ、米中関係の重心は、安全保障からしだいに経済へと移っていった。冷戦の終結後、中国は大量の低賃金労働力によって、世界の製造業の一大中心国へと飛躍し、高度成長を達成してゆく。その経済的奇跡に対し、アメリカが支持を惜しまなかった一つの理由は、中国においても、経済の自由化が政治の多元化を招来するであろうという展望にあった。中国の成長が続いてゆけば、いずれそこに厚い中産階級が生まれ、西欧型標準の自由民主主義への道が開けていくであろうこと、そしてそうなったときの中国がアメリカ中心の国際資本主義のよき協働者として現れることを、アメリカは期待し続けてきたといえよう。二〇〇一年、中国はアメリカの後押しを得て、世界貿易機関（WTO）への加盟を果たす。それは七〇年代以降の米中融和関係の頂点であった。

パナマへの軍事侵攻

一九八八年、ソ連がアフガニスタンからの撤兵を開始した時期までには、冷戦の最も熾烈な最前線であった第三世界にも変化の兆しが表れた。中南米では、各国の左翼勢力に対するソ連、キューバからの援助が手薄になるにつれ、地域全体の安定と平和を求める関係国の自立した連携がしだいに力を発揮しつつあった。一九七九年のサンディニスタ革命以来続いてきたニカラグアの内戦については、すでに八〇年代初頭からメキシコ、パナマ、コロンビア、ベネズエラなどにより和平が模索されていたものの、サンディニスタ政府の打倒に固執するレーガン政権の反対のため実現をみることはなかった。しかし八七年には、グアテマラで初の中米五カ国首脳会議が開かれ、コスタリカによる和平案が合意され、それに基づき翌年三月、ニカラグア政府とコントラが一時的停戦協定を結ぶにいたった。八九年二月、ブッシュ政権の発足直後には再び中米首脳会議が開かれ、コントラの解体とサンディニスタ政権による自由選挙の実施が合意された。翌年二月に実施された選挙では、サンディニスタは野党連合に惨敗し、ブッシュ政権は長年続けてきたニカラグアに対する輸出規制を解除する。一九九二年までには、ニカラグアと同じく熾烈な内戦の続いてきたエルサルバドル、グアテマラでも、アメリカの後ろ盾をえた国連の介入により、ようやく武力闘争に代わる選挙政治の導入へと事態が動きつつあった。

こうして米ソ代理戦争が終幕を迎えた時期、アメリカの対中南米政策の中心的問題として浮上してきたのが、麻薬の国際取引であった。当時、世界で違法に生産される麻薬の六割はアメリカ国内に流入しているといわれた。六〇年代、ベトナム戦争とカウンターカルチャーを契機として広まったマリファナやLSDの使用は、七〇年代後半までには刺激と中毒性のより強いコカインの流行へと受け継がれていった。麻薬禍の蔓延に対しては、早くも一九七一年にニクソン大統領が、「麻薬戦争」を宣し対策に乗り出してはいたが、レーガンもそれを継承し、八六年には「麻薬乱用禁止法」が成立していた。にもかかわらず、八〇年代末には、アメリカのコカイン中毒患者は予備軍も含めて二九〇〇万人と推定されるまでにいたっていた。そうした非合法薬物の中心的な供給源は、当時も現在もコロンビアやボリビアをはじめとする中南米諸国のマフィア組織が支配する麻薬カルテルであり、それはコカの栽培から、コカインの精製、密輸の一切を取り仕切る巨大な地下経済を形成している。

パナマ共和国のマヌエル・ノリエガ将軍は、七〇年代以降、麻薬の国際取引の一端を担うことによって巨大な財を築くとともに、アメリカの支援を得て独裁を保持してきた典型的な冷戦期の中米右派指導者であった。彼は、イラン・コントラ事件でも、武器売却と売却費をコントラへとつなぐ媒介役を果たしていた。しかし、レーガン政権末期、麻薬密輸への関わりを理由とするアメリカの経済制裁によって、ノリエガはかえって麻薬収入への依存を強めていった。八〇年代末、ノリエガの存在はアメリカにとって、むしろ大きな障害と化しつつあった。とりわけブッシュ大統領にとり、ノリエガは自身がCIA長官であったときにリクルートした反共「人材」であり、それだけにその独裁者によるパナマ政治の腐敗や人権抑圧は見過ごし難かった。また二〇世紀末のパナマ運河返還をまじかに控え、早期にパナマの政情を安定化することは、アメリカの中米政策にとっての懸案でもあった。

一九八九年一二月、「正義の作戦」と銘打ったパナマへの軍事侵攻は、パナマ軍との小戦闘により二三名のアメリカ兵が戦死したものの、翌年一月三日にはノリエガが投降して終わった。彼はアメリカの裁判管轄権下に置かれ、一九九二年にマイアミ連邦地裁で麻薬の不法取引の罪で禁固四〇年の判決を下される。その後、アメリカ、フランスで服役したのちパナマに送還され、なお服役中の二〇一七年に死去した。

冷戦期アメリカの第三世界、とりわけ中米地域への軍事関与の特徴は、その多くがCIAの秘密作戦という形をとって実行されてきたことにある。秘密作戦とは、冷戦初期の国家安全保障会議（NSC）の規定によれば、「〔敵による〕プロパガンダ、経済戦争、サボタージュなどに対する予防的直接行動、……地下抵抗運動、ゲリラ、亡命解放集団への援助をとおして行う敵対国家に対する破壊活動、そして自由世界にありながら危機に瀕している国々における土着の反共主義者たちへの支援活動」を含み、ただしそれらは合衆国政府の関与と責任とが明らかにならぬように実行されなければならなかった。パナマ侵攻作戦は、こうした冷戦期の秘密軍事行動とは異なり、一万二〇〇〇のパナマ駐留兵に、新たに空輸された兵力を加えた二万五〇〇〇の兵士が投入されたうえに、公の作戦名まで与えられた公然たる大々的軍事介入として遂行された。麻薬撲滅という大義はあるにしても、このような一方的軍事行動による他国の指導者の排除、連行に、国際法上の正当性があるかどうかは疑わしい。しかし、軍事力で圧倒的に劣る他国に大量の兵士と先端兵器とを投入して、自軍の兵士の犠牲を極力抑えながら短期間のうちに所期の目的を達成するこのパナマ侵攻方式は、ポスト冷戦期の「唯一の超大国」アメリカの対外介入のモデルとなったのである。

湾岸戦争

冷戦の終結に向けての米ソ関係の変容は、中東地域の国際政治にも大きな影響を及ぼしつつあった。イラン革命以後は、中東地域発のイスラム過激派による国際的テロがしだいに欧米社会を揺るがすにいたっていた。そして、イスラムの大海の中に孤立するイスラエルは、一九六七年の第三次中東戦争以後、この変動ただならぬ地域に対するアメリカ外交の現地拠点の役割を果たしてきた。国際政治におけるソ連の影響力の後退によって、この重要地域に対するアメリカの関与は、ますます深まっていった。

一九八〇年代末まで、レーガン、ブッシュ両政権はノリエガに対すると同様、イラクの独裁者フセインに対してもアメリカの冷戦政策に役立つ限り、彼を利用し、経済的軍事的援助を与えてきた。長期のイラン―イラク戦争中、アメリカはイラン革命の中東地域への波及を抑える防波堤としてイラクを支え、これに武器や借款を供与し、フセインのクルド人迫害に対する経済制裁の発動にも消極的な対応に終始してきた。しかし、一九八八年にイラン―イラク戦争が終結した時、イラクはきわめて深刻な経済危機に直面した。戦争により経済インフラが破壊されたばかりか、アメリカや西欧諸国、サウジアラビア、クウェートなど湾岸地域のアラブ諸王国に対する巨額の戦債の返却を迫られていたためである。イラクからペルシャ湾への出口に位置するクウェートは、かねてよりフセインの領土的野心の的であったが、加えてOPECによる割当量以上の石油を生産することで、石油の国際価格引き下げの元凶と目され、フセインの敵意を買っていた。一九九〇年八月二日、フセインは、イラク軍にクウェート占領を命令し、軍はたった一日で任務を遂行した。あきらかな国家主権の侵害であった。

侵攻に先立ってイラク軍がクウェート国境沿いに集結していたにもかかわらず、アメリカの情報機関は、侵攻はないと予測していたため、ブッシュ政権は全くの無警戒であった。ブッシュが恐れたのは、フセインがクウェート占領からさらにサウジアラビアの占領へと侵攻をエスカレートすることであった。もし、そのような事態になったとすれば、フセインは世界の石油埋蔵量の四〇%を手にすることになる。そこからのブッシュ政権の対応は迅速であった。イラクのクウェート侵攻の四日後、宗教的理由から外国軍隊の駐留を忌避するサウジアラビアを説得し、アメリカ軍の派遣を承認させ、「砂漠の盾」作戦を発動する。ただちにサウジ防衛を名目として、同国に二三万人のアメリカ兵を派遣し、NATO諸国にも多国籍軍の編制を促す。その間、ブッシュは国連に、他国の主権侵害を理由とするイラクへの経済制裁発動を提起し、一一月には安全保障理事会が、イラクに対するクウェート撤退勧告を決議した。勧告で示された一月一五日の撤退期限までに、クウェート解放軍は米軍五〇万、多国籍軍二〇万にまで膨れ上がった。ブッシュ政権は、なお「ベトナム戦争症候群」の癒えやらぬ連邦議会とアメリカ世論の説得を進め、イラクの暴挙の放置が、再び国際的な石油危機と深刻な世界不況を招きかねないと主張し、ようやくにして国連決議に対する議会の支持を取り付けた。

一月一六日、「砂漠の嵐」作戦と銘打った大規模な空爆が、バグダッドの政府中枢施設や通信施設などを標的に開始された。ステルス爆撃機とトマホーク巡航ミサイルによるこの夜間の空爆は、初のグローバル・ネットワークとして登場したケーブル・ニューズ・ネットワーク（CNN）の現地テレビ・カメラによって中継され、アメリカと世界の視聴者は史上初めて、大規模戦争の開戦の模様をリアルタイムで目の当たりにした。その後、CNNはこの戦争の空と陸の戦闘を二四時間態勢で終戦までフォローしていった。ブルース・カミングスが規定するように、「テレビ戦争」の「中継」は報道というよりは、「むしろ、距離感の確保と高度な技術によるコントロールの上に成り立ち、戦争遂行の道具の一部にすらなった、きわめて冷めたポストモダンの目」で作られたショーにほかならなかった。ブッシュ政権によって、限定された攻撃目標に対する精密な攻撃と喧伝されたこの爆撃は、終戦まで六週間続けられた。二月二四日には、大量の多国籍地上軍のイラクとクウェートへの投入である「砂漠の剣」作戦が開始され、二八日までにはクウェートは解放され、戦闘は終わった。二万五〇〇〇から一〇万と推定されるイラク側の死者数に対し、米軍の死者は一四八人にとどまった。徹底した空爆により、地上戦闘開始前にイラクの抵抗力が失われたため、恐れられた「ベトナム化」は起こらなかった。

この一方的な勝利によって、ブッシュの支持率は一時、史上例を見ない九〇％超に達した。

戦後のイラクは、いくつかの厳しい国際的制裁措置――経済制裁、核兵器や生物・化学兵器の保有禁止、北部のクルド人地域や南部のシーア派地域での飛行禁止区域指定――の下で、冬の時代を迎えることとなった。しかし、終戦時のアメリカの目算、すなわちフセイン政権はこの壊滅的な敗北により、遅かれ早かれ自壊するであろうという見込みは現実化しなかった。イラク軍の精鋭といわれた「共和国防衛隊」の大半は逃亡し、やがて再びフセインの下に帰参し、その権威主義的体制は九〇年代をとおして存続してゆく。

新世界秩序

一九九〇年九月一一日、湾岸危機のさなか連邦上下両院合同会議において、ブッシュ大統領は、イラクによるクウェート占領問題を直接の主題として、「新世界秩序に向けて」と題する演説を行った。イラクへの武力攻撃に対する議会承認と国民の支持を求めて行われたこの演説中、ブッシュは、イラクの侵略行為を有効に罰することができた暁には、「新しい世界秩序」への道が開かれるであろうと述べた。湾岸危機においてブッシュの呼びかけた多国籍軍には二九カ国が加わり、国連決議によって正当化された開戦とブッシュの戦争指導に、ソ連も異を唱えることはなかった。その点だけをとっても、この戦争が冷戦期とは異なった新しい世界秩序の萌芽を示していたことに疑いはない。安全保障に関する新しい世界秩序は、政策担当国防次官ウォルフォウィッツやチェイニー国防長官が検討を主導したとされる。一九九二年春、『ニューヨーク・タイムズ』にリークされた二つの検討文書では、冷戦後のアメリカ軍は、復活したロシアがヨーロッパを攻撃した場合に備えつつ、しかも少なくとも同時に二つの主要な地域紛争に備えるべきこと、アメリカが目指すべき外交指針は、孤立主義や集団的安全保障や勢力均衡ではなく、積極的なグローバルなリーダーシップの行使であり、そのために国際的な優越を維持する必要があることが提起されていた。

他方、国際共産主義体制崩壊後の新しいグローバルな経済秩序構想の先鞭をつけたのは、ブッシュ政権の経済担当国務次官ロバート・ゼーリックらであった。彼は、当時世界の総生産の二二%を占めていたアメリカの経済力を背景に、貿易や金融の自由化、その前提条件としての政治的民主化による広範な国際的経済統合を構想していた。この流れはすでにカナダとの間の自由貿易協定（一九八八年批准）に結実していたが、ブッシュ政権はこれに基づき、アメリカ・カナダ・メキシコの三カ国による北米自由貿易協定（NAFTA）の成立へと動きつつあった。

しかし湾岸戦争後、いっときの熱狂的な戦勝気分が薄れ、一九九二年の大統領選挙が迫るにつれ、アメリカ国民の関心は国内経済の不振に向けられていった。議会民主党も戦時の挙国一致的コンセンサスから離れ、共和党大統領に対する攻撃強化をはかりつつあった。ブッシュは、支持率の急落に当面し、その回復のため経済や通商政策の立て直しに力を注いだ結果、新世界秩序に言及することもなくなっていった。

ブッシュ内政の行き詰まり

ブッシュ大統領の任期は、ソ連帝国の崩壊と湾岸戦争というポスト冷戦の新しい型の対外戦争とに振り回された四年間であった。ある補佐官は、ブッシュはその執務時間のほぼ七五%を外交に費やし、内政のほとんどの領域にはこれといった関心を寄せることがなかったと証言している。実際、スタグフレーション対策や税制改革や規制緩和などを体制の根幹にかかわる内政課題として取り組んだレーガン政権に比べたとき、ブッシュ政権は、確固たる内政的アジェンダを欠いたままにスタートした政権であった。一九八八年党大会におけるブッシュの指名受諾演説は、レーガンの保守強硬路線とは一線を画し、教育や環境を重視する「より親切、より温和な保守主義」を自らの内政指針とすると約束した。しかし同時に、レーガン期に膨れあがった財政赤字の削減も約束しながら、増税をしないこともはっきりと公約していた。

最初の大きな内政上のトラブルは、ブッシュ政権が前政権と自らを差異化し、より穏健な保守を謳うための鍵の一つ、環境保護政策に関して起こった。政権発足直後の一九八九年三月、アラスカ州の南岸でエクソン石油会社のタンカーが座礁し、史上まれに見る量の石油流出により野生動物と海洋に甚大な汚染被害が生じたのである。ブッシュ大統領自身が、テキサスの石油製造業に深く関わってきただけに、政権の環境政策の瑕疵《かし》と事故処理の遅滞と不手際、将来の防止策の不十分さに世論の批判が集中した。

就任直後のブッシュが直面したもう一つの内政問題は財政赤字であった。レーガン政権後期の福祉関係の歳出削減や社会保障税増税、一九八六年の税制改革法による抜け穴の修復などにより、一時の水準よりは低下したとはいえ、財政赤字は一九八九年にはなおＧＤＰの二・八％にあたっていた。しかも翌年夏にアメリカ経済が不況に陥るとともに、それは再び増加する気配を見せていた。ブッシュ政権は、これに歳出削減をもって対処することを主張したが、議会は対策として富裕者増税をも含めるべき対案を提示した。交渉と妥協の結果、ブッシュは一九九〇年、上位一〇％の高額所得者に対する税率引き上げを含む包括的予算調整法（ＯＢＲＡ）への署名を余儀なくされた。これによって「新税はない」という選挙公約は破られ、共和党保守派の間でのブッシュ評価は急激な低下をみた。再選を前にして、ブッシュ共和党のあきらかな政治的敗北であり、富裕者増税を勝ち取った議会民主党の勝利であった。

ブッシュ政権下でも、司法、なかんずく連邦最高裁判事の人事案件は、保守対リベラルのイデオロギー対立の焦点であった。ブッシュにとって最高裁判事指名の最初の機会は、一九九〇年七月、最古参のリベラル派ウィリアム・ブレナンの辞任とともに訪れた。ブッシュが指名したのは、第一巡回区連邦控訴裁判所判事に最近任命されたばかりで余り有名ではないデイヴィッド・スーターであった。ボーク人事をめぐり議会が紛糾した後であったこともあり、この人事は比較的順調に承認された。就任後スーターは、きわめて能力の高い法律家として評価されるとともに、共和党右派の期待に反し、穏健リベラルの立場を選ぶことが少なくなかった。とりわけ、ロー対ウェイド判決の是非が問われた南東ペンシルヴェニア家族計画協会対ケーシー事件判決(一九九二年)では、スーターは、女性が妊娠中絶を選択する権利を有するというロー判決の原則を維持するとした多数意見を書き、保守派の失望をかった。彼の就任によっても最高裁の政治的編成には大きな変化はなかったことになる。

次の空席は、やはりリベラルでアフリカ系アメリカ人として最初の最高裁判事であったサーグッド・マーシャルの辞任によってもたらされた。ブッシュがこの空席に充てたのは、同じアフリカ系の、ただし政治イデオロギー的にはマーシャルと対極の強硬な保守派クラレンス・トマスであった。上院司法委員会の指名承認公聴会において、民主党議員は、トマスの人種的出自とイデオロギー的立場との特異な組み合わせに戸惑いを隠せず、メディアもボークのケースのような事態にはいたらないと観測していた。しかし、トマス判事の過去のアシスタントで法律家のアニタ・ヒルに対するセクハラ疑惑が持ち上がったことから、公聴会は再び紛糾し、トマスのヒル以外の女性に対する疑惑も取りざたされるにいたった。最終的には、真相は不明なまま、全委員が男性の司法委はトマス指名を議決し、上院の本会議はそれを受けて、僅差でこの人事を承認した(トランプ大統領による、ブレット・カバノーの最高裁判事任命でも再現された)。

ロドニー・キング事件と黒人社会

レーガンからブッシュにいたる三期一二年の保守主義政権下、もっとも顧みられなかった内政課題の一つは、人種関係の改善であった。それは一つには六〇年代、七〇年代の市民権運動が一定の成果を挙げたことによっていたといえるかもしれない。というのは、八〇年代までには、白人の間の強い反対がありながらも、「バス通学」やアファーマティブ・アクションやクオータ制度の導入によって、人種間の平等に向けた制度的な整備が着々と進んだからである。

こうした差別是正策に反対したレーガン革命の担い手たち――ニューライトや、宗教右派や、新保守主義者たち――がとった戦術は、経済政策や公共政策の根本指針をいまいちど市民権運動以前のカラーブラインドの、普遍的な権利、自由を有する平等な個人という憲法原則に戻すことであった。共和党保守政権による福祉プログラムの削減策、すなわち貧困対策費の削減は、おもてむきは客観的な経済指標に基づくカラーブラインドなカテゴリーとしての貧困層を俎上に載せながら、実際には貧困層により多くが含まれるアフリカ系アメリカ人に甚大な経済的打撃を与えることになった。レーガノミクスのもと、黒人貧困層の経済的上昇ははかばかしく進まず、彼らの都市ゲットーへの隔離は改善がみられなかった。にもかかわらず、保守政権がその責任を問われることが少なかった一斑の理由はそこにある。レーガンが一九八三年、マーティン・ルーサー・キング師の生誕記念日を国の祝日にする法案に署名した際の演説の一節は象徴的である。レーガンは、キングが「真の正義はカラーブラインドでなければならないという感覚」を呼び覚ましたことを讃えたのである。ブッシュ政権期、一つの事件が、こうした保守政権による人種問題の隠蔽の実態に光を当てることになる。

一九九一年三月三日、ロサンゼルスにおいて、アフリカ系アメリカ人ロドニー・キングが飲酒運転の末、市警の警察官に逮捕される際に、複数の警察官によりひどく殴打されるという事件が起こる。白人警官による黒人容疑者に対する暴力的逮捕は、当時も今もいやというほど繰り返されている日常茶飯事といって過言ではなかろう。ただ当時にあって、ロドニー・キング事件が異例であったのは、この暴力的な逮捕の場面が、近くの住人によってビデオテープに撮られていたことにある。八一秒のシーンの中で、キングは五六回警棒で殴打され、六度蹴られていた。そのビデオテープが、地方テレビから全国ネットワークで繰り返し放映された結果、事件は全国的な反響を呼び、暴行をはたらいた四人の警察官が州裁判所に起訴された。

裁判は、黒人人口がわずかしかなく、多くの警察官が住む郊外シミバレーで行われた。陪審員は一〇人が白人、一人のフィリピン系、一人のヒスパニックによって編成された。一九九二年四月二九日、この陪審団が四人の警察官に無罪の投票結果を報告した。サウス・セントラル・ロサンゼルスの黒人地区で、激しい抗議運動が勃発し、それはたちまちのうちに暴動化していった。暴動は四日間にわたり吹き荒れ、警察のみでは鎮圧できず、ついに州兵が動員されるにいたった。事件は、六〇年代末に全米の多くの都市で繰り返された黒人の若者による暴動を彷彿させたが、それを上回る規模へと拡大していった。暴動には、黒人のみならずヒスパニックの若者も大量に加わっており、六〇〇〇人に上った被逮捕者のうち黒人は、三六%を占めるにとどまった。略奪の対象となった商店には韓国系も多く含まれ、このインナーシティにエスニック集団間の軋轢や反目の累積があったことをうかがわせた。この事件ははしなくも、ロサンゼルスの黒人地区にも多民族化の波が到来していることを如実に示すこととなった。結局この暴動により、黒人の若者を中心に約五〇人が死亡し、一七〇〇人以上が負傷した。物的な損害は、一〇億ドル以上に及んだといわれる。

その後、州裁判所の警察官無罪判決に対し、司法省は彼らをあらためて連邦市民権法によって訴追した。州裁判所が、キング逮捕に際して警察官らが職務遂行に必要であった以上の暴力を行使したか否かを問題にしたのに対し、連邦裁判所は、暴力そのものよりは警察官がキング逮捕時に発した人種差別的な仄めかしやジョークが、キングの市民権を損なうものであったか否かを争点とした。一年後、連邦裁の陪審員は警察官有罪の結論を下した。

ロドニー・キング事件は、ポスト市民権運動時代にあって、なおアメリカ社会に蔓延る人種差別の害毒とインナーシティの黒人社会に鬱積する深甚な憤懣とを白日の下にさらす結果となった。法的には居住区に何の制限もないはずであるにもかかわらず、白人と黒人社会との間の実質的な隔離は、人種統合にとって大きな壁であり続けてきた。一九九〇年代のアメリカにおいて、白人と黒人の都市内の人口比が均衡するためには、実に都市黒人人口の八〇％が移住する必要があるとされるほどであった。このような住区域の実質的な隔離状態は、白人と黒人の間の政治権力の不公正な分割を常態化し、人種的に統合された政治的連合を模索する動機をいちじるしく弱めていた。九〇年代以降も、国勢調査後に行われる州のゲリマンダー(特定の政党・候補者に有利となるための奇怪な形状の選挙区割)には、黒人人口比の高い住区域をむりやり一つの選挙区に集めようとする意図が働いていた。それは、黒人の政治的過少代表を恒常化するとともに、両人種間の政治的隔離をいっそう進める結果となってきた。隔離は、白人の黒人観を、黒人の白人観をたがいにステレオタイプ化し、それらを是正するための実生活上の人種間交流の機会や経験を奪うことにつながっている。ロドニー・キング事件もそうであったように、警察官による黒人に対する暴力は、それ自体が現実的な経験の裏打ちを欠いた黒人イメージに触発された面が少なくない。アメリカにおける人種主義克服の道のりはまだ依然として遠い。

第三章　グローバル時代の唯一の超大国

1992年7月27日付『U. S. News』誌の表紙を笑顔で飾る民主党の大統領，副大統領候補のクリントン，ゴア．他方，再選を目指すG. H. W. ブッシュは支持率downとある

1　民主党の変容とニューエコノミー

一九九二年大統領選挙

一九九一年春、湾岸戦争は終わり、それまで圧倒的であった大統領支持率は、戦時下のいわば「国旗効果」が雲散してゆくにつれ急速に降下しつつあった。有権者の関心はしだいに国内問題、とりわけ不振をかこつ経済問題に集中し始めていた。一九九一年の一年間、アメリカ経済の就業者数は大幅に減少し、一九九二年の平均時給は、不況前に比べ、実質で四％低下していた。医療費の高騰により、多くの企業が従業員やその家族に対する医療保険から抜けた結果、無保険者は全米で約四〇〇〇万人にのぼった。医療保険問題は、この時期からアメリカ連邦政治のもっとも重要な課題となっていった。

この年の大統領選挙に豊富な個人資金を背景に独立候補として参戦したテキサスの富豪企業家ロス・ペローは、首都ワシントンの職業政治家たちによる「放漫財政」を声高に批判し、一躍全国的なメディアの注目を集めた。連邦政府は健全経営によって均衡財政を取り戻さなければばならないというのが、ペローの主張であった。ブッシュの経済政策は、共和党内でも右からの激しい批判をあびることになった。その先頭に立ったのはパット・ブキャナンであった。ブキャナンと彼よりさらに極端な右派KKKのデイヴィッド・デュークが共和党予備選に参入したことによって、共和党のイデオロギー的重心は大きく右に偏ることとなった。保守派を代弁してブキャナンは、何よりもブッシュの公約違反の増税政策を批判し、現下の不況に対するブッシュ政権の責任を厳しく問い詰めていった。「世界主義者《グローバリスト》」の大統領に対し、ブキャナンは「ニュー・ナショナリズム」「アメリカ第一主義」を掲げ、これまでソ連との戦いのために費消されてきた巨額の対外援助の全面廃止、海外駐留米軍の全面的撤退を含む極端な孤立主義的主張を展開した。

この選挙において新しい経済争点として注目されたのは、ブッシュ政権末期に成立へ向け大詰めを迎えつつあった北米自由貿易協定（NAFTA）、そしてこの協定に象徴される国際通商の自由化の是非であった。ブッシュ政権による自由化推進の背景として、冷戦の終焉による国際共産主義体制の消滅、湾岸戦争における多国籍軍の結集によって安全保障と経済の両面で萌芽の見えた新国際秩序、さらには中国をはじめとする新興国経済の成長など、国際政治経済の文字通りグローバルな大変貌があったことはいうまでもない。しかし、そうした新しい世界の潮流に対しアメリカが積極的に関わり、さらに民主化と自由化を進めるべきか否かという点については、いまや唯一の超大国となったアメリカ国内にも深刻な不安や不満が生じつつあった。NAFTAはアメリカ製造業の空洞化を推し進め、国内の雇用の海外流出を招くばかりか、アメリカの国家主権を危うくするというのがブキャナンやペローの主張であった。

ブキャナンのブッシュ政権攻撃は、さらに文化、社会政策にも及んだ。彼は、レーガン政権下で共和党の看板政策と化した人工妊娠中絶の禁止、同性婚反対、銃器規制反対、学校礼拝推進、「不法移民」統制などに関し民主党攻撃を強め、ブッシュ政権の穏健策を強く批判した。ブキャナンや彼に従うニューライトの活動家たちにとって、それはアメリカの魂をめぐる宗教的な戦争にほかならなかった。彼らの主導によって一九九二年の共和党大会は、政治綱領として、以下に引用するような道徳的立場に基づく右派的な政策アジェンダを採択した。

伝統的にわが国の文化は、文明化された社会が立脚する以下のような柱に支えられてきた。すなわち、個人的責任、道徳性、そして家族である。しかしながら今日、これらの柱は攻撃にさらされている。メディアの一部、娯楽産業、大学、そして民主党は、アメリカ的諸価値に対し、ゲリラ戦を仕掛けているのだ。……われわれの社会を構成する成員のうちで、文化的影響力にもっとも抵抗力のない子供たちが、暴力と猥雑な混乱にさらされ、無思慮で無責任な行動に駆り立てられているのだ。その結果、子孫に正邪の感覚をつたえるもっとも大きな責任を負っているはずの親たちの権威が、ないがしろにされている。

ここに表明された一見常識的で反対しがたい主張こそは、九〇年代をとおして激化してゆくことになる「文化戦争」の開戦宣告であったといえよう。

「問題は経済だよ、愚か者」

しかし、国民経済が不振をかこっていた一九九二年の時点において、こうした社会観やそれに基づく文化的、社会的争点がどこまで政治的な有効性を発揮しえたかという点には議論の余地があろう。すなわちそれは、イングルハートのいう非物質主義的な価値追求が、物質主義的(経済的)な争点の陰へと多少退いた時期であった。少なくとも、この年の選挙に南部の貧困な小州アーカンソーから彗星のように現れ、民主党候補の先頭に躍り出たビル・クリントン知事は、そうした趨勢を鋭く察知していたように思われる。クリントンの選挙参謀ジェイムズ・カーヴィルが選挙キャンペーンの戦略目標として掲げた「問題は経済だよ、愚か者」は、やがて広く人口に膾炙するにいたった。その戦略どおり、クリントンは雇用を生むための、そして経済成長を促すための政府支出の活用と、党派を超えて国民的関心を呼びつつあった医療保険制度の改革とを中心とし、経済問題に的を絞った選挙運動を展開してゆく。

当初、湾岸戦争直後の圧倒的ブッシュ人気により、その再選がほぼ確実視される状況下、民主党内の有力候補者の中には立候補を断念するものもあった。そのためこの年の民主党予備選は、いわば本命なき乱戦状態を呈するにいたった。その中で全国的に見ればほとんど無名に近いクリントンは、不倫疑惑が取りざたされたばかりか、ベトナム戦争時の徴兵逃れもメディアにリークされ、予備選の初期から苦戦を余儀なくされた。しかし、こうしたスキャンダルはクリントンのメディアへの露出度を飛躍的に上げ、かえってその名前と独特の政治的チャームを全国に知らしめる結果となった。緒戦の不利を克服して「カムバック・キッド」の異名を得たクリントンは、南部を中心に一一州で予備選挙・党員集会が実施されたスーパー・チューズデーで圧勝し、指名をほぼ確実にして、ニューヨーク党大会を迎えた。

党大会に向けてクリントンが副大統領候補に選んだのは、一時期民主党の本命候補と目されながら、幼い息子の交通事故の打撃から出馬を断念したアルバート・ゴア・ジュニアであった。ふつう大統領候補は自身とは年齢やイデオロギーや出身地が対照的な人物を副大統領候補に充て、均衡をはかることで選挙民へのアピールの幅を広げる戦術を採るものであるが、その点でゴアの指名は異例であった。ゴアは、クリントンと同じベビーブーマーに属し(ただし、ゴアはベトナム戦争従軍経験を持つ)、またDLCのメンバーであり、同じ南部、アーカンソーの隣州テネシーの出身であった。この人選は、クリントンがニューディール・リベラリズムでも、レーガン保守でもない、いわゆる第三の道を目指していることを公に強く印象付ける効果をもったといえよう。

クリントンの路線変更

民主党全国大会は、ニューディール型の福祉国家路線の大々的な修正を宣言し、長い党史の中でも一つの画期となったといえよう。そこで採択された政治綱領は、財政赤字を削減し、持続可能な成長経済を実現する手段として、共和党保守派政権下でも膨張し続けてきた福祉政策の改革を提唱している。改革は、単なる福祉予算の圧縮にとどまらず、福祉の概念自体の変更にまで踏み込んでいた。すなわち福祉を、従来のリベラルのように貧困者が依存する「生活様式」ではなく、あくまでも働く意欲をもつ人々が貧困に陥るのを防止する補助的手段と位置付けることによって、福祉の支給基準の厳格化と福祉支出の削減をはかる立場に、民主党は立ったのである。そこにはあきらかに、ニューディール、偉大な社会計画によってもたらされた「大きな政府」を、八〇年代中葉以降批判してきたDLCの価値観が反映されていた。

党大会で候補者指名を受けたクリントンとゴアは、本選挙でのキャンペーンの過程でこのニュー・デモクラットの路線をさらに推し進めていった。それは民主党の経済政策をより親ビジネスの方向に、対外政策をレーガン流の国防強化策により近い方向に、そして犯罪対策を死刑制度の容認を含むより強硬な方向に、それぞれ動かしていった。ただし、このクリントンの路線変更によって、二大政党間の反目が緩和され、超党派のコンセンサスが生まれることはなかった。むしろ逆に、選挙では、医療保険改革や人工妊娠中絶、同性婚、銃器規制など、非妥協的な社会争点がクローズアップされ、二大政党間の対立は激しさを増していった。ブキャナンやボークの保守派は、クリントンや夫人のヒラリーを、かつての過激なイデオロギー的立場をまったく変えることなく中年に達した六〇年代世代の代表として激しく攻撃した。

この年の本選挙は、ペローが独立候補として参戦したため、三つ巴の争いとなった。反ワシントンを標榜したペローは、出馬の取り消しと再出馬の紆余曲折を経たにもかかわらず、総投票の一九%という驚くべき得票を記録した。世論調査によれば、彼の得票の半分ずつは、それぞれ共和党、民主党の支持票から流れたとされるものの、実際には同じテキサス出身ということもあり彼の地盤はブッシュに近く、ペローの健闘は共和党にとってより打撃が大きかった。クリントンは一般投票で四三%、選挙人投票では三七〇票を獲得し、それぞれ三七%、一六八票にとどまった現職大統領に対し楽勝した。ただし、勝者の得票率としては、同じように強力な第三党候補が参戦し三つ巴選挙となった、一九一二年のウィルソン以来の低率だった。四期ぶりの民主党政権は、やや脆弱な有権者の負託を受けて船出することとなった。

ニュー・デモクラット政権

一九九三年一月に発足したクリントン政権はかつてなく多文化的色彩の濃い政権であった。閣僚には三人のアフリカ系アメリカ人、二人のラティーノ、そして三人の女性が含まれていた。国連大使に任命されたマデレーン・オルブライトは、戦後共産化したチェコスロヴァキアから逃れてきた移民であり、クリントンの第二期政権では、女性として史上初の国務長官に任命されている。またクリントンは就任後最初に訪れた連邦最高裁判所判事指名の機会に、オコナーに次ぐ史上二人目の女性判事として、コロンビア特別区巡回区連邦控訴裁判所判事のルース・ベーダー・ギンズバーグを選んでいる（ギンズバーグは、女性の権利に関してきわめて進歩的な経歴と定評のある法律家であり、就任後八七歳の今日に至るまで一貫してリベラル派の最高裁判事として歩んできている）。

しかし一方で、クリントン政権の閣僚のうちには、ブッシュ政権よりも多くの百万長者が含まれていた。さらに、当選を果たした直後にクリントンは、FRB議長のアラン・グリーンスパンを陣営本部のリトルロックに招き会談を行っている。リバタリアンの出自をもつ長年の共和党支持者、レーガンの任命により一九八七年以来FRBを率いてきたグリーンスパンは、その機会に政府債務が膨張した結果、国債の利払いが社会保障と国防に次ぐ第三の大きな歳出項目になった現状を示唆し、財政赤字の削減の必要を強く訴えたという。

出発点におけるクリントン政権の困難は、彼が選挙戦の中心問題と強調した経済に関する政策的矛盾にあった。このニュー・デモクラット政権がニューであるゆえんは、まさに従来の民主党の「大きな政府」路線を公然と否定した点にあった。クリントンの選挙運動が、中産階級減税、財政均衡を公約に掲げた理由はそこにあった。しかし同時に彼は、一九九〇年以来の経済不況対策として貧困者救済プログラムや、持続的経済成長のための研究開発予算の充実、そしてなによりも民主党にとって積年の課題であった医療保険改革を選挙公約の主柱に据えていた。この二つの方向性の間の矛盾は、早くも政権一期目の最初の政策課題――財政赤字削減計画と医療保険改革――をめぐる議会共和党との争いをとおして露呈した。

政権一年目、クリントンはしだいに中産階級減税から、財政赤字削減へと政策の重点を移していった。一九九三年包括的予算調整法案は、増税と歳出削減計画をセットとして、五年間に約五〇〇〇億ドルの財政赤字削減を目標とした。ニュー・デモクラットの立場を象徴するこの法案は、貧困者対策・不況対策計画の削減や中産階級課税に反対する民主党リベラルと、そもそもあらゆる増税に反対の共和党保守派との両方からの激しい攻撃にさらされた。上院でゴア副大統領の一票によってかろうじて成立をみたこの財政再建法には、低所得層に向けた勤労所得税額控除の拡充が盛り込まれていた。要扶養児童を抱える低所得労働家庭に対する現金支給制度は、福祉予算を、もっぱら福祉に依存する家計から、多少なりとも労働所得のある家計へと振り向ける意図を含んでいた。それは税額控除というインセンティブを与えることによって貧困層を福祉依存から労働へといざなう政策であり、後の一九九六年個人責任・就労機会調停法による大幅な福祉改革に向けての第一歩となったといえよう。

クリントン政権がその船出にあたり、大々的に謳いあげたもう一つの課題、医療保険改革は完全な失敗に終わった。この問題に関するクリントン政権の目標は、国民皆保険制度を実現するとともに、急増する国民医療費を抑制することにあった。一九九三年の時点で、アメリカの医療費は公的支出分、個人・民間支出分、総額、さらには一人当たりでも対GDP比で、OECD諸国の中で突出した規模に達していた。にもかかわらず、黒人、ヒスパニック系を中心とする四〇〇〇万人近い人びとが、医療保険のない状態に置かれていた。この問題もまたレーガン、ブッシュ両政権下で徐々に進行してきた、社会福祉体制の劣化の現れであった。

クリントンは、医療保険改革案を作成する専門家のタスクフォースを、異例なことにヒラリー・クリントンの指揮に委ねた。非公開の場で練り上げられた連邦政府管轄下の国民皆保険制度案は公にされるや、一三四二頁に及ぶその長大さ、複雑さ、コスト高、官僚主導性などの理由からたちまちのうちに四面楚歌にさらされた。共和党保守派や右派ジャーナリストたちは、この案のうちにニュー・デモクラット政権の隠された「大きな政府」志向をかぎとり、反増税、反福祉に立脚した従来の民主党攻撃を再開した。GDP総額の七分の一に達する医療産業に群がる圧力団体（医師会や製薬会社や医療機器メーカーなど）のロビー活動により、この改革案は、議会投票にかけられることもなく廃案に追い込まれていった。

これ以後、医療保険制度改革は、民主党の党是ともいうべき継続的課題とされ、皆保険制度に社会主義の影をみる共和党保守との熾烈な党派間対立の一焦点となった。医療は、むろん経済的、物質的争点と類別できようが、同時に病や死にいかに向き合うかという文化的、精神的、非物質的な個人的価値観によってそれに対する態度が異なる争点でもある。一九九二年選挙以後、中絶、同性愛、銃、宗教、環境など非物質的争点によって政党間対立が強まり、政治世界の分極化が進むという傾向を、医療保険制度をめぐる対立がさらに推し進めたといって誤りではない。二〇一〇年、オバマ政権下でようやく成立をみた医療保険制度改革（通称オバマケア）が無保険者を劇的に減少させた現在もなお、この争点は非妥協的な政党間対立の一因となっている。ティー・パーティやトランプは、オバマケアが彼らの多くの支持者に恩恵をもたらしているにもかかわらず、あからさまな憎悪を隠すことなくその廃止を公言している。

医療保険改革の挫折は、クリントン夫妻にとっても、政権にとっても極めて高くつくことになった。ヒラリー・クリントンは、この改革を主導することを通して、これまでのファースト・レディに期待されてきたようないわば「国母」像とはまったく異質な、有能で実務的な大統領補佐官の役割を自ら担おうとしたように思われる。以後、彼女は「ガラスの天井」に挑み続ける女性プロフェッショナルの代表として、またリベラル・フェミニズムの象徴として、一方では働く女性の期待を集めながら、他方では共和党保守派や右派知識人の政治的な攻撃の好餌とされてゆく。医療保険改革の挫折こそは、二〇一六年大統領選挙におけるトランプ共和党候補のあからさまに男性優越主義的なクリントン攻撃の端緒となったと考えることができよう。

「アメリカとの契約」

一九九四年中間選挙を前に、クリントン政権は、惨憺たる状況に直面していた。医療保険改革の破綻が、反クリントンの政治世論を一挙に解き放った感があった。軍隊内における同性愛者の処遇と権利擁護問題に対し、クリントン政権は、いわゆる「質すなかれ、言うなかれ」原則を立法化することで解決を図った。同性愛者が自らの存在を公言しさえしなければ、軍隊内に所属することを黙認する、というこの方策は、この件の当事者たち――LGBTの人々自身はむろんのこと、その権利の支持者たち、軍関係者、軍隊内に同性愛はあってはならないと主張する文化的保守主義者――のいずれにも問題解決を先送りする弥縫策と映った。この問題をめぐって、キリスト教右派のクリントン批判は熾烈をきわめた。さらに九二年の大統領選挙戦中からくすぶっていた、大統領の不倫疑惑やアーカンソー時代にクリントン夫妻の関与が疑われたS&Lがらみのホワイトウォーター事件などがふたたび浮上してくる気配を見せていた。

後者については、中間選挙を控えた夏、議会上下院の銀行委員会が聴聞会を開くとともに、独立検察官として保守的共和党員ケネス・スターが任命される。これ以後スターは、一九九九年二月、大統領が連邦上院の弾劾裁判で無罪を宣告されるまで、クリントン大統領のあらゆるスキャンダルの追及を続けることになる。ギャラップの調査によれば、一九九四年年頭には一時五八％まで上昇した大統領支持率は半年間に急落し、秋口までには四〇％以下にまで落ち込んだ。

その間、九二年選挙の敗北以後沈滞していた共和党の士気を鼓舞し、中間選挙を共和党復活の好機ととらえたのは、九四年に連邦下院共和党の院内総務となったニュート・ギングリッチであった。下院共和党は、一九五五年以来、レーガン保守がアメリカ政治を席巻した八〇年代をも含め、四〇年間にわたり常に少数党の地位に甘んじてきた、いわばニューディール体制下の万年野党と呼ぶべき存在であった。ギングリッチの創見は、ともすれば全国四三五の選挙区個々の地方的利益に拘束された、各立候補者の個人選挙に陥りがちな中間選挙(つまり大統領選挙のない年)の連邦下院議員選挙を、クリントンの失政により勢いの削がれたニュー・デモクラットに対する、全国的なイデオロギー闘争として位置づけたことにあった。その闘争に向けた政治綱領的文書として、ギングリッチを中心とする党内右派は、一〇項目からなる「アメリカとの契約」を作成する。さまざまな保守勢力の連合体にほかならない共和党の内部分裂を避けるために注意深く起草されたこの文書は、「大きな政府」攻撃に主眼をすえ、連邦福祉制度の改善、憲法修正による均衡財政と税の上限の設定、キャピタル・ゲイン減税、米軍部隊を国連の指揮下に置くことの禁止、規制緩和、連邦議員の任期制限など、当時の保守主義のいわば最大公約数的な主張を盛り込んでいた。これに対し共和党下院議員候補の三六七人が支持を表明した。「アメリカとの契約」の下に一丸となった共和党は、この年の選挙で圧倒的な勝利をおさめた。共和党は下院では五四議席、上院では一〇議席を増やして、四〇年ぶりに上下両院で多数党となった。新しい議員の多くは、サンベルトや南部の反ニューディール、そして文化的保守主義を標榜する人びとであった。保守派に対するキリスト教右派の活発な支援活動も効果的であった。この結果を受けてギングリッチは、「偉大な社会」、カウンターカルチャーの六〇年代政治の終わりを宣言した。「アメリカとの契約」が、まさに国民的な信任を得たかに見えた瞬間であった。しかし、ギングリッチの絶頂期は、長くは続かなかった。

この時点でギングリッチらニューライトがとりかかった連邦計画の削減案は、あまりにラディカルであり、諸計画の広範な受益層の反発を招く結果となった。ギングリッチも、それまでの共和党右派と同様、福祉国家のコストをめぐるアメリカ国民世論の伝統的な二重基準――総論としての政府支出削減に賛成、自らが受益者たる個別の福祉計画の廃止・縮減には反対――に直面したといえる。選挙直後から、ギングリッチは一九九五年一〇月一日からの新会計年度予算で、メディケア、メディケイド、教育、環境など、福祉国家の骨格をなす歳出予算の大幅削減を実現することに狙いを定めていた。後にクリントンが自伝で回顧しているように、この時共和党は、福祉国家の解体を図りながら未完に終わったレーガン革命の完遂を意図していたと考えられる。しかしクリントン政権の強硬な反対により、予算の成立は難航をきわめた。両者がともに目標と掲げる財政赤字削減のために、どこまで福祉予算を削り落とすか、アメリカ福祉国家の命運がかかった対立であった。共和党議会が暫定予算案にも大幅な福祉削減を盛り込んだ結果、クリントンは共和党予算案と暫定予算案の両方に拒否権を発動した。一一月一四日、財源を失った政府機関の大部分が閉鎖され、およそ八〇万人の連邦職員が自宅待機となった。数日後、部分的な妥協策により政府機関の一部が再開されたものの、対立は解消されず、一二月中旬、政府機関の一部が再び閉鎖された。この異常事態の中で世論の支持を失っていったのは、議会多数を背景にあまりに性急な歳出削減に固執したギングリッチの方であった。

ギングリッチ革命に歯止めをかけたもう一つの要因は、クリントン政権の保守化にあった。中間選挙における民主党の大敗は、クリントンが「増税と歳出増」の党という従来の民主党イメージを払拭すべく、はっきりと福祉改革の方向へと舵を切るきっかけとなった。そればかりか、クリントンは、レーガン以来ニューライトの専売特許であった、犯罪防止策の強化(全国で一〇万人の警官増員)、家族重視の価値観、学校規律の回復、不要な規制制度の廃止などの諸政策にも積極的に取り組んでいった。それらの多くが、議会民主党のリベラル派をさしおいて、議会共和党との超党派的な合意に基づいて実現されていったことが注目される。一九九六年の年頭教書において、クリントンは「大きな政府の時代は終わった」と宣言し、財政均衡化七年計画案と福祉改革への超党派的な支持を訴えた。レーガン革命の中心的課題は、この時クリントン政権へと引き継がれたといえよう。

福祉改革によるニューディール・リベラリズムの終わり

政府機関閉鎖問題が一応の決着をみたころ、アメリカ経済は再び好景気を迎えつつあった。冷戦後の「平和の配当」として、国防費は着実に減少し九〇年代後半には、連邦歳出のおよそ一六％、対ＧＤＰ比では三％にまで減少した。増税と歳出削減とをはかった一九九三年包括的予算調整法により、連邦政府の財政赤字は急速に減少に転じていた（一九九八年度には、六九年度以来三〇年ぶりに連邦財政は黒字を記録した）。政府借入の減少とともに利子率も六〇年代以来最低になり、民間の借入と投資がいちじるしく活発化していった。おりからブームを迎えつつあったハイテク産業への投資が進み、雇用は増え、その結果短期間ではあったが熟練度の低い労働者の生活水準も向上をみた。世論調査による大統領支持率は、一九九六年夏までには、ほぼ六〇％に達するまでに急上昇してゆく。

こうした状況の下、クリントンは議会とともに、長く二大政党間の激しい対立の焦点であった福祉改革に着手した。クリントンの福祉観は、福祉を貧困層の公的救済とみる民主党のニューディール派リベラルよりは、それを貧困者の公的扶助への依存心を永続化させる罠ととらえる共和党右派のそれに近かった。クリントンは、一九九六年八月、議会共和党との超党派的な連携によって成立させた個人責任・就労機会調停法に署名した。この法律の中心的目的は、要扶養児童家族扶助(AFDC)制度を廃止し、貧困家族に対する一時的扶助(TANF)制度に置き換えることにあった。受給資格を満たした貧困家庭への連邦からの自動的な給付(エンタイトルメント)に代えて、連邦から州への一括補助金により、州政府に貧困対策の主導権を委ねた。さらに、福祉受給者に労働へのインセンティブを与えるため受給資格を二年に限り、生涯で受けられる総年数を五年に限った。またほとんどの合法移民の受給資格に制限を課した。レーガン政権が企図して果たしえなかった福祉改革の主要な一部を、クリントンはこの法律によって実現したといってよい。共和党の原案に含まれていた貧困層に対する医療保障(メディケイド)の廃止は、クリントンの拒否によって、かろうじて実現することはなかった。

クリントン政権期におけるその後半の全般的な経済好況にもかかわらず、福祉は表面的にはあきらかに縮減の方向に向かい、経済格差は拡大をみた。主としてAFDCからTANFへの移行により、一九九四年からの五年間、連邦の福祉受給者数は半減した。労働組合の組織率は一九八〇年の二六%から、二〇〇〇年には一四%へと低下し、下層中層の労働者家庭への公的給付は大きく減少した。最低賃金も六〇年代後半と比べ実質で四〇%も下がり、低所得学生への奨学金も大幅な減少をみた。この福祉の削減を補うべく多用されたのが、種々の控除などの租税特別措置であった。雇用者支給医療保険控除や私的年金からの補塡に対する税控除、低所得層に向けた勤労所得税額控除など、それらの特別措置は一九八〇年から九九年の間、四〇%も増加し、「隠れた福祉国家」と評されるまでに肥大した。しかし、その二〇年間、より重大な効果を発揮したのは、富裕層に対する税額控除制度であった。たとえば二〇〇一年の段階で、住宅ローンの金利控除額の六〇%、不動産取得税の控除額の六五%は、一〇万ドル超の所得家計に帰していた。

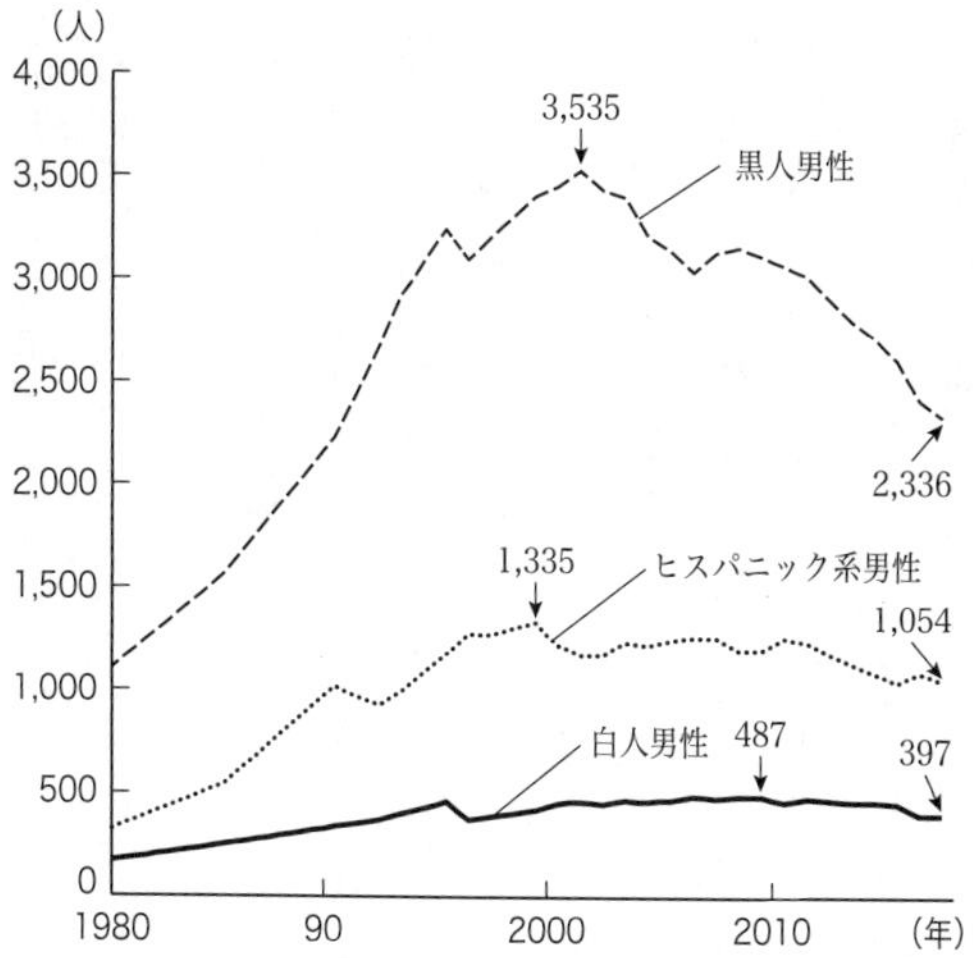

図 3–1　男性 10 万人当たりの人種別収監率(1980–2017 年)

福祉改革法の成果として、クリントンは、

その退任までに生活保護受給者の数が、一四一〇万人から五八〇万人へと六〇％減少したことを挙げている。いうまでもなく、これら給付を打ち切られた貧困者の多くは、インナーシティのアフリカ系アメリカ人、それもシングルマザーであった。クリントンが内政上の成果と誇る一九九四年の犯罪統制強化法が、成人の一〇〇人に一人という大量の監獄収監者（その約四〇％はアフリカ系アメリカ人、図3-1）を生み出したことと合わせて考えた時、ニューディール・リベラリズムの中核的施策に最後の大鉈をふるったのは、ニュー・デモクラットのビル・クリントンであったといわざるをえない。

第二期クリントン政権

一九九六年大統領選挙にクリントンは、好調な経済、世論の高い支持率にくわえ、この超党派的合意に基づく福祉改革という成果をもって臨んだ。クリントンが議会共和党に歩み寄り、ギングリッチの勢威が急降下するという状況下で、議会民主党にも勢力回復の手札がなく、この大統領選挙は政党間競争としては、奇妙に熱を欠いたままに終始した。共和党候補には、楽に予備選を勝ち抜いたロバート・ドール上院院内総務が選ばれた。二〇年前にフォード大統領の副大統領候補であったドールは、選挙時にすでに七三歳であり、今や共和党の中核的支持集団であるニューライトや宗教右派を惹きつけるカリスマ性を欠く、古いタイプの中西部（カンザス出身）保守派であった。新たに結成した「改革党」からペローが再び出馬したが、四年前のような旋風を巻き起こすには個人資金も争点も不足していた。大統領選挙としては、一九二八年以来最低となった投票率が示すように、議会選挙も一九九四年の中間選挙とは打って変わって無風に近いままに終始した。上下両院とも現職の再選率はレーガン時代以来の高さであり、二大政党の上下両院の議席数にもほとんど変化がなく、両院とも共和党が多数を占め、分割政府が継続することとなった。この無風状態は一九九八年中間選挙まで続いた。それは、この時期のアメリカ政党政治が、政党再編を促すような劇的な争点を欠いていたことを端的に物語る結果であった。すでに冷戦が終わり、ニューディール福祉体制が解体をみたアメリカ政治は、きわめて高い人気を誇る大統領の性的スキャンダルをほとんど唯一の党派間争点として、世紀末を迎えようとしていたのである。

凪のような政治とは裏腹に、アメリカ経済は、やがてニューエコノミーと称されるようになる好況に沸き立っていた。クリントン政権二期目の四年間、成長率は年平均で四％を超え、失業率は四％にまで下がり、貧困率も一九九三年の一五・一％から二〇〇〇年の一一・三％へと劇的な改善をみた。にもかかわらずインフレは、「マエストロ」とまで謳われたグリーンスパンの指揮下、ＦＲＢの巧みな金利管理にも助けられ低位にとどまった。瞠目すべきは、一九九五年から二〇〇〇年の間、それまで四半世紀にわたり停滞していた生産性の伸び率が急上昇し、年平均で二・六%を記録したことであった。インターネット、eコマース、携帯電話など情報テクノロジーの画期的イノベーションの結果であった。

2　グローバル化の波

第二のグローバル経済

二〇〇〇年一月二日、ポール・クルーグマンは、世界経済について「いろいろなことがあったけれども、一九九〇年代はなんといってもグローバル化の時代であった」と振り返っている(『ニューヨーク・タイムズ』)。そこでは「悪いニュース(それはまさに金融危機の一〇年間であった)も良いニュース(世界の多くの地域で生活水準が向上し、中国などいくつかの国では目を見張るほどの急上昇をみた)もともに、各国の国民経済間の統合の増進や、増加の一途を辿るかにみえる通商と投資の論理に密接に連関している」。クルーグマンは、一九世紀中葉以降の通信や運輸の技術革新を背景として展開された「第一のグローバル経済」に言及しつつ、九〇年代のそれを「第二のグローバル経済」と呼んでいる。

その際に彼の念頭にあったのは、「第一のグローバル経済」が第一次世界大戦によって破綻をみた経緯であり、はたして現下のグローバル経済はその経験からいかに学びうるかという問いであった。前回のグローバル経済は、皮肉なことにその一極点とも目すべきパナマ運河の完成とほぼ同時に、好戦的なナショナリズムの噴出によって破砕された。グローバル化が再び緒につくまでには、世界は世界恐慌と第二次世界大戦の惨禍を通過せねばならなかった。さらに「第二のグローバル経済」が文字通りグローバルに展開されるまでには、四〇年以上にわたる冷戦の終結をまたなければならなかった。そして、冷戦の終結から一〇年を経て、クルーグマンが「第一のグローバル経済」の破綻を、なお歴史の教訓として取り上げた理由は、「第二のグローバル経済」に対する内外の批判が、この時期すでに広範かつ強硬な反対運動を引き起こしていたからである。

NAFTAの攻防

クリントン政権の民主党内ニューディール派との疎隔、路線変更を印象づけたもう一つの政策課題はNAFTAであった。それは、そもそもブッシュ前政権が先鞭をつけ、非公開の論議をとおして大枠を決め、クリントン政権に引き継がれた協定案であった。この協定に関して両政権の間に見解の相違はほとんどなく、九二年選挙の民主党、共和党それぞれの政治綱領で自由貿易の振興を謳っている点でも違いはなかった。異論はむしろそれぞれの党内で喧しかった。七〇年代以降、いちじるしく国際的競争力を減殺されてきた鉄鋼、造船、自動車、石炭などの衰退産業の労働組合員に立脚基盤をおく民主党ニューディール派は、NAFTA反対の急先鋒であった。そしてすでに述べたように、ブキャナンやペローは、それらの錆び付いた産業立地帯に低賃金や失業状態のまま取り残された人びとに、NAFTAや自由貿易の弊害を訴え支持を広げていった。この協定により、六〇〇万の職がメキシコに奪われるであろうというペローの警告は、NAFTAに対する一般の反感をかき立てるには十分な効果を果たしたといえよう。九二年、ブキャナンが共和党予備選で獲得した三〇〇万票弱、ペローの本選挙での得票二〇〇〇万票弱は、すでにこの時期、トランプ流のポピュリスト的反グローバリズムが、ラストベルトを中心に芽生えつつあったことを示していよう。

ペローやブキャナンとは異なり、ブッシュ、クリントン両政権は、低賃金労働の供給源としてのメキシコに関心を寄せており、NAFTAは、その自由貿易に関わる条項以上に、アメリカ資本の投資先としてのメキシコとの間に、アメリカにとって有利な投資条件を決めるための協定として重要であった。たとえばこの協定によって、メキシコ国内に立地したアメリカ企業は、将来にわたりメキシコ政府による国有化や収用を免れ、メキシコ国内で挙げた利益を本国に移転する自由が確保された。投資相手国の環境保護についてもきわめて緩い規制がかけられたにとどまった。一九九三年、こうして大企業の国際的営業展開の推進に主眼を置いたNAFTAは、労働組合や環境保護団体の強い反対にもかかわらず議会で批准された。この協定が本来、共和党の主導で緒についたことを物語るように、下院での支持は共和党議員票に大きく拠っていた。賛成二三四票対反対二〇〇票の内訳は、共和党議員が一三二対四六の大差で賛成に回り、民主党は逆に一〇二の賛成票に対し、一五四票が反対に回るというものであった。一九九三年一二月八日、クリントンがこの法案に署名し、この世界最大規模の自由貿易協定はようやくに発効をみることとなった。

貿易自由化

クリントン政権はさらに、一九九九年一一月末、自由貿易の促進を目的にシアトルで一三〇カ国余りのＷＴＯ加盟国による通商関係閣僚会議を開催した。この会議のためにアメリカが当初設定していたアジェンダには、各国の農産物補助金の引き下げや廃止、金融サービスの自由化、国際的な電子通信市場の規制緩和、遺伝子組み換えなどバイオ・テクノロジーによる農産物に対する規制緩和などが含まれていた。二期目のクリントン政権は、一九三〇年代以来の政府による農産物の栽培品種や価格に対する規制策を撤廃し、グローバルな競争にむけた農業の自由化をも進めていった。世界で最も大規模かつ効率の良いアメリカ農業の基準をグローバル化する動きであった。この政権の自由貿易論は、どの国も市場を国際的に開放すればするほど、経済資源が効率的に活用され生産性が上昇し、経済成長が促され、消費者は安価な財やサービスを享受できるという想定に立脚していた。実のところそれは、どの国も完全雇用を達成しており、同じ技術を利用していればという現実離れした条件なしには実現不可能な想定として長く批判されてきた。WTOが設立されてから五年、当初約束されていたはずの便益がほとんど現実化していない「南」に、もはやこのような想定を受け入れる途上国はなかった。シアトル会議は、多くの発展途上国が先進資本主義諸国と対等の立場から、自由貿易の是非を論議するはじめての機会であった。折から、東アジア、南アジア、中南米、アフリカの新興国家が、それぞれの国民経済を背景として独自の通商利益を主張し始めていた。同時に、国連やさまざまな国際NGOも、これまで大国の経済利益の犠牲に供されてきた最貧国の救済や、自由貿易の追求によりないがしろにされてきた自然環境や絶滅危惧種の保護、そして女性や年少者の労働搾取の撲滅を広く呼び掛けていた。

問題は、先進国による途上国地域の経済圧迫にとどまらなかった。グローバル経済の最大の受益国家アメリカの国内でも、NAFTAをめぐる論争以来、反グローバル化勢力による執拗なクリントン政権批判が展開されていた。それは、労働組合員、失業者、環境保護運動家、アメリカの貿易赤字批判派、人権活動家、保守的孤立主義者などからなる、あり得ない《ストレンジ・》奇妙な連合《ベッドフェローズ》であった。シアトル会議の当日、会議場周辺の道路は、アメリカの内外から集結した五万を超える反グローバル化勢力によって埋め尽くされた。街頭デモは、その一部が暴力化し、警察力の導入によって数十人の逮捕者が出る事態となった(図3−2)。それは、冷戦以後のグローバル化がアメリカ社会に醸成してきた不満や不安の深さと広がりをいみじくも照らし出す結果であった。大規模デモと警察権力とが対峙する混乱の中で、新たな貿易自由化交渉ラウンドの開始を告げるはずであったシアトル会議は、先進「四巨人」(アメリカ、カナダ、EU、日本)間の齟齬が解消されず、富裕国と貧困国の利害調整にも失敗した。途上国側から見れば、アメリカをはじめとする先進国側の狙いは、投資、競争、政府調達、労働・環境規制などあらゆる争点に関して、途上国市場を先進国の大企業に対し今以上に開放し、逆に先進諸国の市場の保護を固める諸方策の導入にあった。しかも、これらの目的を達成するために、「四巨人」の代表たちは、個別の争点を大半の途上国を締め出した二〇カ国程度の代表だけで効率的に討議する手法を選んだ。会議終盤、アフリカ諸国の代表たちは、自国の将来に決定的な重要性をもつ争点の決定過程における「不透明性」「不公正」「非民主性」を糾弾

図 3–2 シアトルでの衝突(1999年11月30日)

し、いかなる決定も満場一致でなければ支持しない旨を明らかにする。これにカリブ海諸国、ラテンアメリカ諸国の代表が追随したことによって、シアトル会議は何らの公式声明もなしに幕を閉じたのであった。

この会議の破綻は、「自由・無差別・多角性」を原則として貿易自由化を推進するという、第二次世界大戦後のアメリカの国際通商政策が限界に突き当たったことを物語っていた。言い方を換えるならば、それは、従前の多国間主義がいかに経済先進国間のそれに範囲が限られていたかを白日の下にさらす結果でもあった。アメリカが主導したグローバル化によって、はじめて「南」の諸国の工業化の進展と成長がもたらされたことを考えるならば、それらの国々の利益主張によって、多国間交渉が頓挫したシアトル会議の結末はまことに皮肉であった。しかしながら、もはやアメリカにはこれらの諸国に噴出しつつあった搾取労働問題や環境破壊問題の解決を図るだけの経済的、外交的な余裕はなかった。のみならず、ブキャナンやペローの台頭が物語っていたように、国内的にも、戦後の貿易自由化やグローバル化が、いったいどこまで国益にかなうものなのかが厳しく問われつつあった。以後、二一世紀のアメリカの国際通商政策は、利己的な国益追求が抑制されがちな多国間交渉から、力の優劣が結果に反映されやすい二国間交渉へと重点を移してゆくことになる。多国間協議を忌避し、二国間の交渉《ディール》をとおして極力アメリカの国益維持をはかるトランプ流の通商交渉術は、決して彼の個人芸などではなく、九〇年代以降のアメリカ貿易自由化政策の延長線上にあるといえよう。

シアトル会議の顚末を受けてその一月後クルーグマンは、第二のグローバル経済が人々に喜んで迎えられているわけではないとして、こう予言した。「次の世紀の大きな経済的問題は、実際は政治的問題である。すなわち、第二のグローバル経済が、ダボス会議に集まるような種類の人々〔政治経済的エリート〕を超える支持層を開拓できるかどうかという問題である。もしできなければ、第二のグローバル経済も結局は第一のそれと同じ道を歩むことになろう」

経済の金融化

クリントン期に顕著に進んだ、もう一つのアメリカ経済の変容は金融化であった。かつてニューディールから「黄金時代」へといたる間、金融は、政府規制の範囲内で製造業への安定した融資を担う、なかば公益事業と目すべきセクターであった。八〇年代以降、その金融は、それ自体が新たな成長分野として荒々しい市場経済のただなかへと押し出されていった。すでにS&Lの破綻にふれて指摘したように、金融市場の規制緩和、その結果としての金融の肥大化は、七〇年代のグローバルな経済変容によってもたらされたスタグフレーションからの脱出策の一つとしてカーター、レーガン両政権がとった政策選択によって緒についた。とりわけ危機に対応して、レーガン政権が開始したアメリカ経済の「再設計」は、スティーヴン・S・コーエンとJ・ブラッドフォード・デロングが論じるように、いわばアメリカ伝統の具体的で、実利的な危機対応策から大きく逸脱する性格を内包していた。前章で述べたように、八〇年代の再設計を導いたのは、プラグマティックな現状改革というよりは、「小さな政府」論の形をとった市場原理主義のイデオロギーであった。経済の金融化は、レーガンが「市場のマジック」と呼んだ市場の調整力に成長と進歩の機会を委ねたことによってはじめられた。

これに対しクリントン政権がめざしたのは、少なくとも主観的には、ニューディールとレーガニズムとの間、すなわち全ての解は政府が握るという路線と政府を敵とみなす路線との中間を志向する「第三の道」であった。情報化時代の政府は、研究と開発（R＆D）によって市場経済の効率化を促進し、無駄な官僚主義を排し、財政規律を重視しなければならないというのが「第三の道」の政府論であった。そのためにクリントンが行ったことは、国防費の減少（冷戦後の「平和の配当」）と福祉改革による政府支出の削減であり、自由貿易の促進であり、そしてレーガノミクスの延長ともいうべき金融市場のさらなる規制緩和であった。シアトル会議とちょうど同じ頃、ニューディール期の金融規制の最後の遺構ともいうべきグラス＝スティーガル法の廃止が議会の超党派的支持によって可決を見た。それは実のところ、メガバンクとしてシティ・グループを創出するために画策された、シティ・コープ（商業銀行持株会社）と保険会社のトラベラーズ・グループの合併を事後的に追認するための立法であった。しかし、これによって商業銀行、投資銀行、証券会社、保険会社それぞれの間での統合が自由化されることとなった。四半世紀に及ぶ金融規制撤廃過程が終点に至ったのであった。

金融規制撤廃は、たしかに低コストの金融仲介業や低コストの投資ファンドの参入に道を開き、自由競争を活性化することによって金融の効率性を高め、成長を促すという成果を挙げたことは否定できない。銀行は規制の緩和により、預金や融資の金利を自ら決められるようになり、合併や統合が認められ、どこにでも自由に支店を開くことができるようになった。あらゆる場所にATMが設けられ、市民は日常的に生活の場で資金を出し入れすることができるようになった。個人がモーゲージ(住宅ローン)、クレジットカード、当座貸越、自動車ローン、学生ローンなどさまざまな形で、自ら直接金融市場に関わるようにもなった。一九七〇年代から製造業の従業員の実質賃金は停滞し、それを埋め合わせて消費水準を保つために、社会全体へと債務経済が広がり、経済の金融化が進んだのである。七〇年代後半以降、銀行やS&Lは、預金投資の業務に力を入れ、しだいに高いリターンを目標とし、ただし当然に高いリスクを伴った金融取引へと顧客を誘引していった。つとに一九八三年、ある銀行コンサルタントは、規制緩和が「人々、とくに若い世代の心理を変え」、個人を「単なる預金者から投資家に変え」、今後「わが国の経済は投資家の資金を求めて激しく競争する経済になる」と予言した。それを裏付けるかのように株式の所有者は増え続けていった。一九八五年には全人口に占める株の保有者は約二〇％であった。二〇年後、株式を保有する家計は全体の半数以上に達した。一九九三年から二〇〇〇年の間、株価の上昇率は、実体経済の成長率を一一・六％も上回った。同じ時期、アメリカの家計の負債は、政府の負債の減少とは逆に劇的な上昇を見せ、可処分所得の九七・四％に達している。クリントン期の消費ブームは家計の負債によって賄われていた。

　クリントン政権の二期目、議会共和党は大統領の暗黙の支持の下、経済的な保守革命の仕上げにとりかかった。一九九七年納税者救済法により、キャピタル・ゲインにかかる最大税率は、二九・二％から二一・二％へと引き下げられた。こうして総金融資産の対ＧＤＰ比は、一九五〇年代の二・五倍から二〇一五年の三倍以上へと伸びている。その間、金融セクターの報酬額も、他のセクターの四倍にまで達した（ただしその配分は、大きく金融企業の

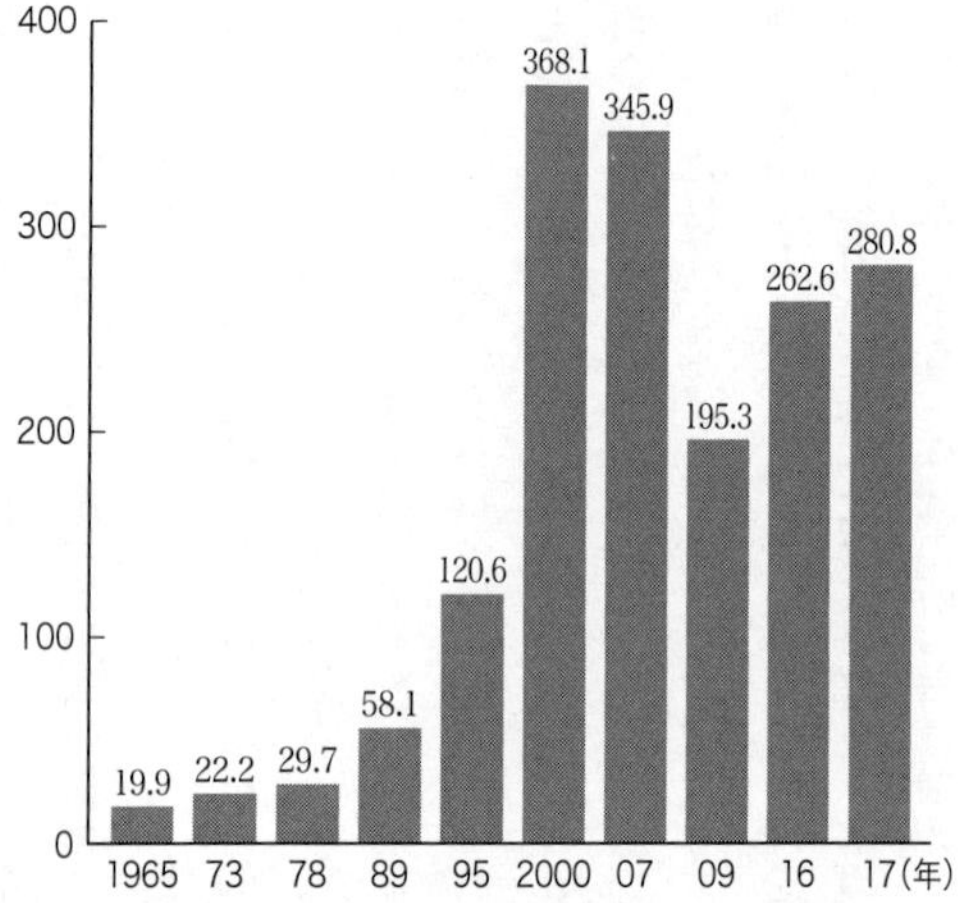

図 **3-3**　広がる収入格差(1965–2017 年)．売上高トップ 350 の企業 CEO と，従業員の平均給与の比率

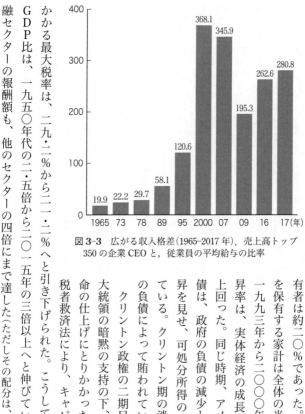

トップに偏っていたのではあるが)。実体経済に対する金融セクターの規模はいちじるしく増大し、銀行、ヘッジファンド、保険会社の利益が全営業利益に占める割合はクリントン政権期に跳ね上がり、政権末期から二〇〇二年にかけては、四〇%を超えた。企業の最高経営責任者(CEO)の平均給与と彼らの労働者の平均給与の比率は、一九七三年には二二・二倍であったが、二〇〇〇年には三六八・一倍に達した(図3-3)。今日から振り返って、八〇年代以降の経済財政政策から生み出され、長期的に見て最も重大な社会的影響のあった問題は、おそらくこうした中産階級の没落と格差社会の出現であったといってよい。二〇世紀末、ウォール街がハイテク景気に沸く一方で、国民中の経済格差は一九二〇年代の水準にまで広がっていたのである。このように金融の重みを測る指標は一九八〇年代中盤から二〇〇八年の金融危機まで、ほぼ直線的に進行した金融肥大化の実態を映し出していた。しかし、そうした症状が誰の目にも明らかになったのは、クリントンがホワイトハウスを去った後のことであった。

ICTの技術革新とハイテク・バブル

大統領としてのクリントンの幸運の一つは、その任期が第三次産業革命、すなわち情報通信技術(ICT)に関するイノベーションの成果の収穫期に当たっていたことにあった。第二次世界大戦後の軍事技術開発を嚆矢としたICTの革新は、九〇年代、ワールド・ワイド・ウェブや検索エンジン、eコマースの発明に結実し、七〇年代以降長く停滞していたアメリカ経済の労働生産性の伸び率を一時的に大きく上昇させる成果を生んだ。パソコンとインターネットとが融合したことを背景に、あらゆるオフィスワークがデジタル化され、効率化され、スピードアップした。しかし、ロバート・ゴードンが指摘したように、この技術革新は、「およそ人間の必要性(ニーズ)と欲求(ウォンツ)をほぼ網羅し、その対象は、食料、衣服、住宅、輸送、娯楽、通信、情報、健康、医療、労働環境と幅広かった」第二次産業革命と比較するならば、「娯楽、コミュニケーション、情報の収集・処理」などの領域に限られた、一回限りの短期的革命だった。将来にわたりロボットや人工知能(AI)がアメリカ経済の生産性をかつてなく押し上げるであろうという「技術楽観派《テクノ・オプティミスト》」の期待に反し、「第三次産業革命による生産性向上のメリットは、一九九四年―二〇〇四年の一〇年に集中的にもたらされ……二〇〇四年以降、イノベーションのペースは鈍化している」とゴードンはいう。

にもかかわらず、二〇世紀の最後の五年間、アメリカの投資家たちはこのデジタル革命に熱狂し、ハイテク・セクターに莫大な投資をつぎ込んでいった。グリーンスパンFRB議長はICTの技術革新がなお生産性引き上げの余力を有することを疑わず、ハイテク株の急上昇がバブル化しつつある状況を放任した。一九九九年三月には、ダウ平均株価は史上初めて一万ドルを超え、ハイテク株を中心とするナスダック総数総合株価指数は四年間で三倍になった。一九九九年一二月三一日、株式相場はなお上昇を続けており、再び過去最高値を更新した。しかし二〇〇〇年三月、ナスダック総数総合株価指数が最高値を記録した後、ハイテク株は急速に売られ、五月には三分の二の水準にまで下落した(図3-4)。ハイテク・バブルの破綻であった。汚職の蔓延も経済の金融化の深刻なコストとなった。規制緩和は、議会や行政の政治的選択や政策選好によってのみ現実化されることから、緩和を求める利益集団やそのロビイストと連邦議会議員との間には巨額の政治資金を融通する回路が不断に形成され、金権政治や政治腐敗の危険性も高まっていった。また規制緩和は、企業に対する公的な監視を緩め、野放図な投資を放任し、投資家に対する責任や社会的責任を軽減し、不正な会計操作や収益の隠蔽・横領や脱税のようなスキャンダラスな企業経営の横行を許す結果となった。二〇〇一年冬の、当時世界最大のエネルギー会社エンロンの倒産につぎ、ワールドコムやグローバル・クロッシングのような電子通信会社、タイコ・インターナショナルのような証券会社などが会計不正に手を染め、

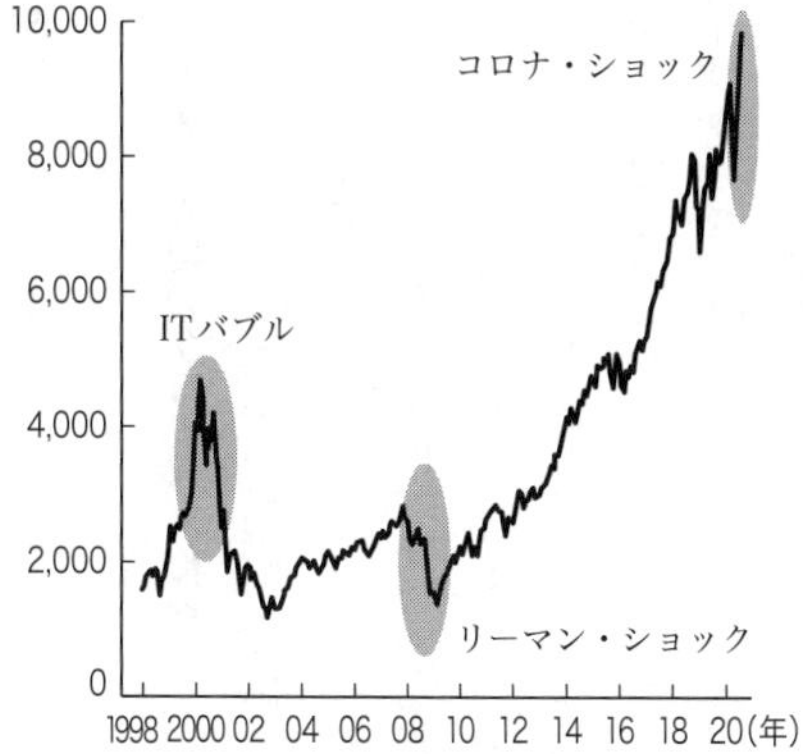

図 **3-4**　ナスダック指数

窮状へと追い込まれていった。

アメリカ型のグローバル投資

ニューエコノミーの成果を評価するにあたり、国内経済の金融化だけを取り上げるのでは不十分であろう。いうまでもなく金融化は世界経済の構図の変化に対するアメリカなりの対処策でもあった。七〇年代以降、国家間の相互依存性が高まった世界経済から最も大きな恩恵を受けたのは、日本、韓国、さらには中国といった東アジアの国々であった。それら東アジア諸国は、安価な労働力を活用した工業品輸出を自国経済繁栄のスキームとして採択し、相次いで成功を遂げていった。そうした少数の「離陸」に成功した国々が、欧米に対する挑戦者として現れつつあったのに対し、他方には開発独裁や国家主導型の輸入代替工業化に失敗した途上国も、さらには飢餓や貧困や内戦に直面し、なす術のない「破綻国家《フェイルド・ステイツ》」も少なくなかった。冷戦の終結後、これらの諸国に旧共産主義諸国が加わった。急速に金融化の度を強めつつあるアメリカにとって、これら資本主義的発展への門口に立つ諸国の存在は、安全保障上のグローバルなリスクであるとともに、経済的なチャンスでもあった。

二〇世紀の最後の二〇年間に、アメリカをはじめとする先進諸国の銀行や多国籍企業や世界銀行などの国際組織が展開した途上国に対する直接投資や政府開発援助などが、少なくとも平均値で見た途上国の経済を成長させ、乳児死亡率、識字率、諸学校教育、平均寿命などに関わる民生を劇的に向上させたことに疑いはない。それは「第二のグローバル経済」によってもたらされた最大の成果であったといってよい。しかし、同時にそうした援助が、途上国の民衆生活に不可逆的かつ壊滅的な変化をもたらした場合があることも指摘しなければならない。

アメリカの金融資本や多国籍企業による、途上国への海外直接投資を促進するためにクリントン政権は、途上国の政府に対して、低金利によってインフレと財政赤字を抑制し、通貨供給の増加を抑えることで実質的に通貨の切り下げを行わせ、規制緩和を進め、国家の役割を縮小するといった新自由主義的手法を押しつけた。レオ・パニッチとサム・ギンディンが強調するように、このグローバル化は、たんに抽象的な自由民主主義や自由市場経済の拡大ではなく、アメリカがその長い歴史をとおして築き上げてきたいわばアメリカ・モデルと呼ぶべき民主主義や市場経済の拡大にほかならなかった。そこには、アメリカ特有の法制度と司法の仕組みが刻み込まれており、それを他の主権国家にそのまま当てはめることには限界があった。この限界を突破し、アメリカ・モデルのグローバル化を図るためには、アメリカ固有のルールの「国際化」が必要であった。その仲立ち役を果たしたのが、GATT（ウルグアイ・ラウンドの終結後、一九九五年に世界貿易機構（WTO）へと改組、本部はジュネーブ）やワシントンに拠点をおくIMFや世界銀行や国際決済銀行などの国際機関であった。アメリカ政府との共通了解――「ワシントン・コンセンサス」――に基づき、これらの機関が、アメリカ特有の法制度や司法的取り決めを国際的ルールへと翻案し、各国が経済の近代化や構造調整を図る際の枠組みとして適用を図っていった。IMFや世界銀行がこれらの国々に投資条件として提示した、効率的な自由市場経済への「構造調整」の結果は、第三世界における低賃金、劣悪な労働条件、労働者の基本的権利の軽視によってのみ稼働可能な「搾取工場《スエットショップ》」の乱立であり、規制なき乱開発による自然環境の破壊であった。NAFTA成立の数年後、メキシコを襲った通貨(ペソ)危機に際して、クリントン政権は、メキシコに借款として為替安定化基金から二〇〇億ドルを支出し、この危機を救った。同様に、一九九七年のアジア通貨危機に端を発する経済危機に際しても、クリントン政権はIMFと連携して、インドネシア、韓国経済に「構造調整」を条件とする救済計画を実施した。このように、各地に通貨危機が起こるたびに、アメリカが主導するグローバル化が進んでいった。シアトルのデモは、アメリカ主導による第三世界経済のグローバル化・金融化がもたらした労働、自然環境の破壊に対する抗議でもあったのである。世界各地に、搾取工場で製造された多国籍企業の衣類や靴や日常の商品のボイコット運動が頻発した。

これに対してグローバル化擁護論者は、「構造調整」のプラスの帰結として、第三世界全体の経済成長が促された事実に言及して反論を加えた。クルーグマンも、搾取工場の乱立や環境悪化にもかかわらず、グローバルな直接投資が、「何百万という人びとを絶望的な貧困状態から、おぞましいけれども明らかによりましな状態に移動させた」事実を評価する。しかし、他方では、モノカルチャー経済の押しつけや、鉱物資源の乱開発などによって伝統的な生活基盤を奪われた現地の住民にとり、搾取工場以外の雇用機会がない場合も少なくないことも指摘しなければならない。

3　アメリカの再定義

急増する移民

本シリーズ第三巻で見た六五年移民法の顕著な効果は、まず移民数の飛躍的な増加となって八〇年代の初頭までには現れた。その重要な原因は、六〇年代までのアメリカ経済の圧倒的な富裕化によって生じた他国、他地域(とりわけ植民地支配から独立を果たしたばかりの貧困な開発途上国)との間の天文学的な経済格差であった。そこから、改正移民法がきわめて楽観的に想定していた年間二九万の移民枠をはるかに凌駕する国際的な人口移動圧力がアメリカに向かって生じることとなった。一九六〇年代、三二〇万人にとどまっていた総移民数は七〇年代には四二〇万、八〇年代には六二〇万、そして九〇年代には九七〇万を超えるまでに増大していった。その結果、二一世紀の初頭、アメリカの外国生まれ人口は二八〇〇万人を超え、対総人口比でも一割を上回り、過去最高値の二〇世紀初頭に迫った。

改正移民法がもたらした第二の効果は、急増する移民の出身国別構成の変化に現れた。世界経済の「黄金時代」をアメリカと共有し、富裕化を達成した西ヨーロッパ諸国では、経済的機会を求めてのアメリカ移住の魅力は大幅に減退した。それらの国々からの移民数は、改正移民法が定めた枠を大きく下回ることが常態となった。その空隙を埋めたのは、中南米、カリブ海諸国、そしてアジアの開発途上国からの移民であり、やがてこれにアフリカ諸国からの移民も加わっていった。二一世紀を前に、移民構成のいわば「脱西欧化」が進行することによって、アメリカ国民人口の人種・民族的構成にも大きな変化が現れつつあった。

六五年移民法体制下で生じた第三の問題は難民に関わるものであった。当初、この法は共産主義諸国および中東地域からの亡命者を想定して二万弱の難民枠を組み込んでいた。しかしながらこの時期以降アメリカをとりまく難民問題は、こうした少数の枠に収まりきらない規模に膨れあがっていった。何よりも革命後のキューバにおける共産主義体制の継続は、直近のフロリダを主舞台とする難民問題の深刻化を招いた。また最貧国ハイチの恒常的な政治経済的動揺、ニカラグアをはじめとする中米諸国の内戦も、少なからぬ難民の創出と送出の原因となった。中米からの難民はアメリカ冷戦外交の付けが回ってきた結果でもあった。さらにベトナム戦争後、インドシナ半島から脱出する難民の波もアメリカを目指していた。この難民を救済するために、一九八〇年、移民法の枠外に、五万を上限とする難民受入枠を定めた難民法が制定された。それはいわばベトナム敗戦の戦後処理政策の一環であったといえよう。

「不法移民」問題

しかし、グローバル化の進展にともなってアメリカ移民法体制が直面した最大の問題は、その大多数がアメリカとメキシコとの国境を越えて流入してくる非合法移民、いわゆる「不法移民」の急増にあった。「不法移民」問題の解決を目指した最初の包括的な議会立法「移民改革・統制法」(IRCA)が成立を見たのは、一九八六年のことである。この立法の視角を決めたのは、カーター大統領が現代移民問題の全体像の検討を委嘱した大統領諮問委員会の報告(一九八一年)であった。その報告の骨子は、アメリカが今後とも移民から最大の国益を引き出し、公正かつ統制のとれた移民制度を維持してゆくためには、「裏口からの」移民を排し、「正面からの」移民を奨励しなければならないという点にあった。当初「不法移民」問題を決着させたと評価されたIRCAは、以下の柱から構成されていた。第一に、「不法移民」をそうと知りながら雇用した「雇用主の処罰」規定、第二に、一九八二年以来アメリカ国内で継続的に就業してきた「不法移民」の存在を合法化するために永住権を許諾する「恩赦」規定、第三に、ともすれば「不法移民」の発生源になりがちであった南西部農業の季節労働者に合法的な滞在許可を与え、一定の条件の下で彼らにも永住権を与える規定、そして第四に、国境警備の強化を促す規定であった。

八六年法が定めた合法化策により、米墨国境の不法越境者逮捕数は一時減少の兆しをみせたものの、九〇年代には再び増加していった。連邦議会議員たちは、この行政上の欠陥を補うという痛みの伴う立法よりは、企業社会の要請に応じて、合法移民の枠を少しでも広げるという政治的に容易な方向に舵を切っていった。一九九〇年の移民法は、低賃金労働の供給量を上げるための「家族再結合枠」と、グローバル化に向けた高度の人材確保のための「技能労働者枠」とをともに広げるべく年間発行ビザ数を四〇％拡張した。それは超党派的な移民歓迎論者と自由市場拡張論者とをともに満足させる立法であった。この時期、「技能労働者枠」は、インド、中国をはじめとする途上国の「頭脳」の獲得に主眼を据えるようになった。ゲノム研究などのバイオ・テクノロジー、薬品化学、宇宙物理学、情報科学などの分野における基礎的、応用的な科学的知見の爆発的な発達を背景として、アメリカは官民を挙げて、世界中から最先端をゆく研究者、科学者の吸収に努めた。彼らの多くは、アメリカの大学で訓練を受け、博士号を取得したのちは、移民としてアメリカに活動の場を求めるのが通例であった。とりわけ多くの外国生まれの頭脳を集積したのが、情報テクノロジーの分野であった。その中心的拠点シリコンバレーでは、一九九五年から二〇〇五年の間、新規企業の五二％がそうした移民によって設立されたとされる。また二〇一七年には、『フォーチュン』誌による毎年恒例の米国主要企業五〇〇のリスト中、じつに四〇%を、移民によって創立された企業が占める結果となった。グローバル化の進む世界経済の中で、アメリカの優位が続いた一要因として、こうした移民エリートの貢献を見落とすことはできない。しかし、ここで注目すべきはこの時期、移民歓迎論の対極に、分野横断的ないわば反移民連合が形成されつつあったことである。反自由貿易派、反グローバル化派とほぼ重複する、経済的・文化的ナショナリスト、環境保護論者、労働組合員、白人優越主義団体などが一致して移民排斥の論陣を張ったのである。経済のグローバル化を歓迎する色彩の濃かった一九九〇年法に対し、移民制限派の主張が強く反映されたのが、一九九六年「不法移民防止対策改善および移民責任法」であった。

こうして、一九九〇年代の中葉までに、現在まで続く、アメリカの移民問題をめぐる政治社会的対立の基本構図が成立したといってよい。今日すでにアメリカは最大の移民国家とはとうていいえなくなっている。アメリカ人の多くは気づいていないが、総人口に対して国際移民数の占める割合を比較したとき、外国生まれ人口が総人口の一一・八%(二〇一〇年国勢調査)というアメリカの数字はけっして小さくないとはいえ、突出した移民国家というにはほど遠い。実際アメリカへの移民は(そしてアメリカから出て行く人びとの群れも)、一九九〇年代以来の文字通りグローバルに渦巻く大量のヒトの流れのほんの一部をなすに過ぎないのである。NAFTA

以後、アメリカの安価な農産品が洪水のように流入するとともにメキシコ農民の収入は激減し、その多くが米墨国境沿いの搾取工場かアメリカの農業の季節労働かアメリカ大都市のサービス業に流れ込んでいった。多くの産業が第三世界に製造拠点を移し、アメリカの貿易赤字が増大してゆくのと並行して、「アメリカ中の建設業、ホテルやレストラン、食肉工場、そして個人経営の会社は、その多くが就労証明書なしの新たにやってきた数百万の不熟練労働者の雇い手になった」のである。それらの労働者の多くは女性であり、そこにも世界資本主義の構造的な変容過程の反映が見られる。九〇年代以降の途上国において、大量の女性が輸出志向製造業における低賃金雇用という新しい経験へと踏み込み、さらには製造業をオフショア化した後の高度先進諸国の大都市を基底で支えるサービス業へと進出していった。移民排斥論者は、しばしば移民による福祉財源の枯渇の危険に言及し、さらにはそのうちの男性優越論者は低賃金労働者の配偶者として公的福祉の負担となりがちな女性移民というステレオタイプに固執する。しかしここにも、移民女性のほとんどが働いているという現実、その労働にアメリカ大都市の生活基盤が大きく依存しているという現実、そして女性移民が生まれてくるグローバルな世界経済の変容の現実から目をそらした、今日のアメリカの移民論議の特質をみることができよう。

二〇一九年六月のピュー・リサーチ・センターの報ずるところでは、アメリカ統計局のデータに基づく推計「不法移民」数は、その後上昇し続け、二〇〇七年には一二二〇万人とピークを記録している。その後おそらくはリーマン・ショック後の不況のため漸減はしたものの、二〇一七年にいたってなおその数は一〇五〇万と推定されている。トランプ政権下の今日にいたるまで、「不法移民」は、アメリカ移民問題の慢性的な病理として扱われてきた。

多文化主義とアメリカのアイデンティティ

こうしてアメリカの経済社会は、新自由主義的なグローバル化が進展してゆくにつれ、上下に引き裂かれていった。上層には、グローバルな金融世界に精通した多国籍的《コスモポリタン》なエリートたちが君臨し、その底辺には、エリートの都市生活を支える低賃金サービス業に従事する第三世界からの(不法)移民や没落した中産階級の失業者やホームレスが蝟集《いしゅう》した。この上下の層の間をつなぐものは、わずかな経済的互恵関係以外になく、文化的共通性も社会的関係も希薄であった。これら新しい経済的エリート層は、アメリカ国内の民生の平等や安定という、本来、民主主義社会のエリートに期待されるはずの政治的目標に背を向け、市場のグローバルな拡大に合わせて、主たる活動の場を国際的な人や情報のネットワークに移行させ、中には海外のいわゆる「タックス・ヘイブン」によって資産の温存を図るものも少なくなかった。つとにクリストファー・ラッシュが「エリートの反逆」と呼んで批判したように、彼らの忠誠心はアメリカの同胞から離れ、経済的関心についても生活様式についても、自らとより似通ったコスモポリタンな取引や商売仲間のネットワークに向けられていた。

九〇年代、急速に拡大した経済的格差や分断と並行して、グローバル化時代のアメリカの国民社会は社会的、文化的にも深刻な亀裂を呈しつつあった。六〇年代の権利革命以後、アイデンティティ集団の権利主張は、従来個々人の私的生活領域に属し、政治的選択の対象とは思われてこなかったさまざまな文化的、宗教的、倫理的価値観に関わる諸問題——人工妊娠中絶、女性の権利、同性愛者の市民権、アファーマティブ・アクション、「バス通学」、離婚、犯罪、銃器規制、移民排斥、学校礼拝など——を公共的選択空間に上らせることによって、政治的な、そして時に憲法的な論争を巻き起こした。これらの単一争点は、経済争点とは異なり、それぞれ是非が明瞭に分かれる妥協の困難な争点であった。多様なマイノリティーズの権利主張は、宗教右派や極右や人種差別主義団体の対抗運動を刺激した。さらにそれは、自らがアメリカの主流に属することを疑っていなかった広範な白人や男性やキリスト教徒の危機意識を喚起し、彼らをいわば対抗的なアイデンティティ・ポリティックス、あるいは「白人の反撃《ホワイト・バックラッシュ》」へと駆り立てることとなった。彼らの取り込みを図る共和党保守派は、伝統的な「独立独歩の個人主義」や「家族の価値」や愛国主義を党是とし、文化的自由主義との対決姿勢を固めていった。

集団的なアイデンティティとは、つまるところ各集団に固有の歴史的、文化的経験、またそれらと密接不離な集合的記憶にほかならない。そして多文化主義とは、そうしたアイデンティティティ集団間の平等と相互承認と共存を意味していた。権利革命、そして多文化主義の勃興と定着は、一九六〇年代以前のアメリカの白人中心主義的、男性優越論的、西欧中心主義的な「アメリカ国民」観をゆるがした。多文化主義をめぐる論争は、八〇年代以降、カリフォルニアなど人口や社会の多様化が進んでいた地域から開始され、燎原の火のごとく各地へと展開されていった。論争は多岐の論点にわたった。家族の形態はどこまで多様でありうるか。同性婚はアメリカ憲法の下で許容されるか。人工妊娠中絶は女性の権利か、胎児の生命の蹂躙か。大学での歴史や文化論や文学関連のカリキュラムに、いかにしてどこまで女性、黒人、先住民、ヒスパニック系やアジア系の移民、性的少数者、障害者などの多文化的視点を取り込むか。多様化を増す初中高等学校の生徒に、アメリカ史、ひいては人類史をどのように教えるか。移民に対する行政サービスや移民の子供たちに対する教育現場で、どこまで英語以外の言語の使用を認めるか、スペイン語など需要の大きい言語を英語と併せて公用語と認めるべきか。

二〇世紀最後の二〇年間、こうした多面的な論争をとおして、アメリカはその国民社会と歴史の再定義を迫られたといえよう。その間、長くアメリカ国民社会の統合の要と見なされてきた「アメリカ例外論」「アメリカの夢」「アメリカの信条」など、アメリカの「自由、平等、機会」の普遍性や開放性を謳う楽観的なイデオロギーはその妥当性を疑問視されるようになっていった。多文化主義やアイデンティティ・ポリティックスがアメリカ国家の礎石に加える壊滅的な影響を憂い、警鐘を鳴らしたのは、ブキャナンやファレルやパット・ロバートソンやラッシュ・リンボーといった右派だけではなかった。ニューディール・リベラリズムの立場から半世紀以上にわたりアメリカ歴史学界を牽引してきたアーサー・シュレジンガー・ジュニアもまた、多文化主義が、「全ての国々からやってきた個々人が解け合って一つの新しい人種へと結合する」というアメリカのビジョンを破壊する部族主義のイデオロギーであると批判した。

しかし、このような国民主義的なビジョンが崩壊したのは決して多文化主義的な言説に理由があったわけではない。むしろ、多文化主義やアイデンティティ・ポリティックスの勃興は、ポスト市民権運動時代のアメリカ国民社会が、歴史的に差別されてきた人種的な、またエスニシティやジェンダーに関わるマイノリティーズを市民社会のうちに平等な成員として包摂することに失敗した結果であったというべきであろう。ポスト市民権運動時代のアメリカ社会になぜ執拗に人種問題が残存し続けるのかを考える際に、ロイ・L・ブルックスの次の指摘は示唆的である。彼によれば、アフリカ系アメリカ人の多くは、古くは奴隷制、ついでは南部のジム・クロウによって歴史的に強いられてきた従属的な境遇と価値剝奪の結果、集団として構造的に「資本」の欠如を余儀なくされたのだという。その場合「資本」とは、むろん第一に財産や所得に関連した経済的なそれを指す。しかし、同時にそこには、教育や技能に関わる「人的資本」も、また地位や他者からの敬意や友人関係や人脈や問題解決のための訓練といった「社会資本」も含まれる。そうした多面的な資本蓄積の遅れこそは、アメリカのマイノリティーズの不利の構造的な（そして歴史的な）原因であり、アファーマティブ・アクションが必要とされる理由でもある。レーガンからクリントンにいたる「福祉改革」は、黒人と白人の間の「機会、居住地域、生活スタイル、世界観等」全てにわたる融解困難な相違の解消を促すことはなかった。アイデンティティ・ポリティックスや多文化主義言説は、こうした社会状況を背景としているというべきであろう。とはいえ、多文化主義やアイデンティティ・ポリティックスが、「アメリカの信条」を破砕しながら、その後に、多様性の尊重という以上に新しいアメリカの統合的ビジョンを打ち出しえなかったことも指摘しておかなければならない。極端なアメリカ中心主義に固執する戦闘的な宗教右派や共和党保守派との二〇年に及ぶ非妥協的論争の渦中で、人種、エスニシティ、宗教、ジェンダーに関わるアイデンティティ集団が多文化主義の陣営の中で横に連携することはめったになかった。

国内の緊張による暴力の噴出

以上見てきたように、クリントン政権の時代のアメリカ社会は、経済格差の拡大と、多文化主義的な自律集団の分立という二重の分断の危機を迎えていた。「黄金時代」のアメリカでは、垂直的な分断傾向も水平的な分断傾向も、厚い中間階層の存在によって抑制され、国民社会の安定性が保たれていた。しかし、今や国民国家としてのアメリカは、一方でグローバル化によって外に向かって開かれ、他方では多文化化によって内側が断片化されるという状況に直面していた。この内外状況にともなう社会的、文化的な緊張がしばしば新しい種類の暴力事件の頻発を招いた。というよりも、歴史的にアメリカ社会に内在する暴力性が、グローバル化と多文化化という新しい状況にともなう紛争に触発されて噴出を見たというべきかもしれない。現在、アメリカ市民社会には総計およそ三億丁という銃器が出回っているといわれるが、クリントン政権期、すでにその数は二億丁をはるかに超えていた。

アメリカ国内で間歇的に発生したテロ事件は、そのような条件を背景として起こった新しい暴力の一例であった。一つは、八〇年代以降、急速に先鋭な党派的、イデオロギー的な対立争点となった人工妊娠中絶をめぐる暴力であった。一九七七年から二〇〇一年の間に起きた、反中絶派の右翼活動家による中絶クリニックへの攻撃は三七二件、爆破事件は四一件、放火事件は一六六件に上るという記録がある。市民による銃器保有の自由をめぐる論争が政治争点として浮上してきたのも、一九七〇年代後半以後のことであったが、これもクリントン政権時代には、党派間の熾烈なイデオロギー的対立を引き起こした。クリントン政権発足直後の一九九三年二月、テキサス州ウェーコにあるカルト的教派の指導者デイヴィッド・コレシュが大量の自動式銃器を不法に貯蔵していた疑いから、ＦＢＩの助力の下に「アルコール・タバコ・火器及び爆発物取締局」(ATF)がこの教派本部を包囲する事件が起こった。七週間の包囲の後、四月一九日にATFとFBIが突入を試みたことをきっかけとしてコレシュは内部に火を放ち、結果として子供二五人を含む信者七六人が死亡した。さらにその二年後の同じ日、二人の反連邦政府主義者が、ウェーコ事件の復讐と称してオクラホマシティの連邦ビルを爆破するテロ事件を起こす。ビル内の保育施設にいた一五人の乳幼児を含み、実に一六八人が死亡した。こうした「国産《ホーム・グロウン》」テロ事件の連鎖と呼応するかのように、冷戦後アメリカが唯一の超大国としてはしなくも帯びざるをえなかった暴力性が浮上してくる。

4　漂流する超大国外交

「歴史の終焉」と「文明の衝突」

冷戦最末期の一九八九年夏、スタンフォード大学の政治学者フランシス・フクヤマは『ナショナル・インタレスト』誌に、きわめて予言的かつ論争喚起的な論文「歴史の終焉?」を発表した。そこでの議論を敷衍した著書『歴史の終焉と最後の人間』が刊行されたのは、一九九二年のことであった。それは、冷戦の終結がたんにアメリカの「勝利」にとどまらず人類史上の決定的な画期であることを、いち早く学問的に論証しようと試みた最初の論稿であった。フクヤマによれば、冷戦の終結は共産主義に対する自由民主主義の疑いようのない勝利を意味した。それは、近代をとおして自由民主主義が世界を舞台に繰り広げてきた長い戦いの終結を告げる結果であった。反近代的、非合理的な問題は、今後は自由民主主義をとおして解決を図っていく以外にない。というのは、冷戦後に残される自由民主主義に基づく統治システム以上のものを人類はおそらく今後も構想し得ないからである、と彼はいう。近代とともに生まれたアメリカが、ついに近代を完成に導くだろうとフクヤマは結論したのである。かつて六〇年代初頭、ダニエル・ベルが「イデオロギーの終焉」以後、資本主義世界と社会主義世界とがともに技術主義の世界へと収斂していくであろうと予測したのに対し、フクヤマは共産主義体制との戦いに勝った自由民主主義社会だけが、退屈ではあるが、豊かで安定した技術主義的世界への入り口を指し示していると現状分析したのであった。それは「冷戦の勝利」言説が支配した九〇年代のアメリカ社会の雰囲気にきわめて適合的な分析であった。ところが、歴史はフクヤマが想い描いたようには展開しなかった。

他方、ハーヴァード大学においてフクヤマの指導教授であったサミュエル・ハンチントンは、一九九三年『フォーリン・アフェアーズ』誌に、「文明の衝突?」と題する論文を発表している。それをもとに一九九六年に刊行された『文明の衝突と世界秩序の再編』によってハンチントンが詳述したのは、「歴史の終焉」という近未来ではなく、「文明の衝突」という世界情勢の現実であった。彼によれば、自由主義が放っておいて無限に広まってゆくことはない。そうではなく、冷戦後の世界にそれが広まってゆくためには、自由主義は、今度は全体主義的共産主義ではなく、息を吹き返したナショナリズム、エスニックな自負心、宗教的なファンダメンタリズムと戦ってゆかねばならない。文明には、単なる技術や物的な生活だけではなく、宗教や価値観やプライドなど精神的生活も含まれるからこそ、各文明間の矛盾や対立は不可避的、非和解的になる。ハンチントンによれば、「アメリカ文明」は本来的に「西欧文明」以外のものではない。「アメリカの国家としてのアイデンティティは文化的には西欧文明の遺産によって規定されてきた」のである。「人種や民族をはじめとする国家より下位の文化的アイデンティティや集団の形成を奨励」する多文化主義は、アメリカの中心的文化遺産たる西欧文明を否定しアメリカを「分裂国家」へ変えようとする過った信条であり「蛮族の侵入」以外の何ものでもない。こうして「文明の衝突」論における、冷戦以後の国際的な文明相対主義は、国内的にはアングロサクソンを中心とする西欧至上主義的なエスノセントリズムに変換されることになった。

「歴史の終焉」と「文明の衝突」とは、二つの対照的な冷戦後世界像を提示していた。フクヤマとハンチントンは、冷戦がアメリカの勝利に終わり、アメリカの鼓吹してきた資本主義と自由民主主義の妥当性が現時点では世界的に証明されたという認識を共有しながらも、近未来におけるアメリカの理念やアメリカ文明の命運については、楽観と悲観とに大きく別れていた。いずれにしろ、あきらかなことは目下アメリカは冷戦に「勝利」したにもかかわらず（あるいは「勝利」したがゆえに）、想定以上に多数の敵との多様な地域紛争に逢着しつつあるという事実であった。この困難な状況下、アメリカ外交には、冷戦の帰結によっていったんは証明されたはずのアメリカ文明の普遍妥当性をいかに維持発展させてゆくかという重い課題がつきつけられていたといえよう。

クリントンの経済安全保障

この未曽有の状況下、就任したクリントン大統領は典型的な地方政治家であり、アメリカ外交を長期的視野に基づき安定的に運営してゆく能力にも経験にも欠けていた。くわえて民主党は一二年間政権から遠ざかっていたこともあり、外交実務に長けた有為な人材にも不足していた。大統領自身が経済や医療保険問題などの内政に主眼を据えた第一期において外交の舵取りを任されたのは、ともにカーター外交に参画した経験をもつ、アンソニー・レイク安全保障担当大統領補佐官とウォーレン・クリストファー国務長官であった。レイクの役割は、外交問題を、内政に障ることのないようにできる限り「政治問題化」させることなく処理することであった。一方、クリストファー国務長官が当初ふられた最も主要な役割は、アメリカ商品のために広く海外市場を開き、国際市場から孤立した(旧ソ連圏や新興諸国家などの)貿易システムの自由化を図ることであった。この目的に向け、クリストファーは政権の外交政策として、一番目に経済安全保障、二番目に米軍の再編、三番目に海外への民主主義の拡張の三原則を掲げた。こうして、アメリカの対外戦略は今や、安全保障を中心課題とする「ソ連封じ込め」から経済のグローバル化を課題とする「民主的関与」へと大きく転換したのであった。この転換を反映して、クリントンのホワイトハウスにはNSCと並び立つ国家経済会議(National Economic Council, NEC)が新設された。その成果として、一九九三年から二〇〇一年の間、クリントン政権が諸国との間に結んだ通商協定は三〇〇以上に及んだ。

唯一の超大国の地域介入

さまざまな地域における内戦や低強度紛争やテロが横行しつつあった冷戦後初期、クリントン政権が直面した最も判断の難しい安全保障上の問題の一つは、そうした個別の地域紛争に対して、アメリカの余りに巨大な軍事力をいつ、いかなる条件下に発動すべきかの決定であった。紅海の入り口に位置するソマリアでは、冷戦期、ソ連と結んだ隣国エチオピアとの対抗上アメリカに接近した経緯を経て、八〇年代後半に内戦が開始された。冷戦後、アメリカにとってのソマリアの戦略的価値は大幅に低下し、軍事経済援助は打ち切られる。内戦と飢餓が悪化する状況下、ソマリアは典型的な破綻国家となった。九二年五月以降、ブッシュ政権は国連の人道援助への参加を決め、食料や医療などの配布のために海兵隊を派遣する。クリントン政権も当初、支援の拡大強化を計画していた。しかし、一九九三年一〇月、国連の平和維持活動（PKO）部隊の援助活動に携わっていた米軍ヘリコプターがソマリア軍の攻撃によって撃ち落とされ、それに続く戦闘中アメリカ人兵士一八人が殺害された。殺害された一人の米兵の遺体が暴徒によりむち打たれ町中を引きずり回される様子がCNNで報じられるや、ソマリアでの活動に対する世論の反対感情が一挙に高まった。一〇月七日、クリントンは翌年三月三一日までの撤兵を発表した。アメリカ軍の支えを失ったソマリアPKOは破綻し、内戦が継続する結果となった。

政権初期に起こったソマリアの悲劇は、その後の対外介入を大きく制約する経験となった。アメリカの人道的介入の大義は損なわれ、国連に対するアメリカ国民の感情も悪化した。共和党の上院議員たちは、クリントン政権に対し、国連を信用してはならないと繰り返し主張した。一九九四年五月、クリントンは、以後、国連の平和維持活動への参加が国益に及ぼす効果を、従来以上に慎重に計り選択的に決定することを決めた。それは国連を前面に立て、多国籍主義によって冷戦後の国際秩序の安定を図り、民主主義及び自由市場の拡張を進めてゆくという、政権当初の楽観的な外交指針に、クリントン自らが歯止めをかけた大統領指令であった。この点でもクリントン政権は、レーガン以来の保守主義施策に一歩にじり寄った。

この指令に基づいて解決の図られた最初のケースがカリブ海の最貧国ハイチであった。一九九一年、ハイチにおける軍事クーデタは、同国の政情不安を悪化させ、フロリダを目ざす大量のアフリカ系難民を生み出していた。従来ブッシュ政権は、ハイチには非関与政策をとり、ハイチ難民の亡命申請を認めることなく本国への強制送還政策を強行してきていた。一九九四年九月、クリントン政権は、国連安保理の決議に基づき米軍をハイチに送り、無血で軍事政権の交代を実現した。難民の入国抑制という「国益」に合致した対外介入策であった。

しかし、同じ時期に起こったルワンダの人道危機にはクリントン政権のみるところではアメリカの国益はなかった。長くベルギーの委任統治下に置かれてきたルワンダとブルンジ両国では、独立後の国家建設プロジェクトをめぐる争いから、多数派のフツ族と少数派のツチ族との間にしばしば大量虐殺が勃発してきた。なかでも一九九四年四月、ルワンダで起こった過激派フツ族によるツチ族と穏健派フツ族に対するジェノサイドは酸鼻を極め、わずか三カ月ほどの間に約八〇万人が殺害された。実際に大量虐殺が始まる数カ月前から警告が発せられていたにもかかわらず、アメリカは国連の平和維持部隊の増強を求めるベルギーの要請を拒否し、虐殺の始まった後にも平和維持部隊の派遣に反対したばかりか、他の多くの選択肢をとることも拒んだ。

この時期、民族対立が「民族浄化」の戦いへと発展し、悲惨な結末を招いたもう一つの地域は、旧ユーゴスラヴィアであった。この地域紛争に対しても、クリントン政権は少なくともその初期は、ブッシュ政権にならい、介入を差し控える方針をとった。旧ユーゴには、大規模な軍事力行使に見合う明確な国益はないというのが、両政権と軍の共通した了解であった。また内政を重視した第一期クリントン政権にとって、先の見えないバルカン問題はできれば避けるべき対外問題に過ぎなかった。しかし、一九九五年七月、ボスニア東部の都市スレブレニツァがセルビア軍の攻撃によって陥落し、八〇〇〇人以上のボシュニャク人が大量虐殺されるという事件が、それまでの優柔不断なクリントンのバルカン外交を転換させる大きな転機となった。マスメディアによって広く報道され、世界中を憤激させたこの事件は、第二次世界大戦後のヨーロッパ史上最大の虐殺事件であった。これによって、アメリカはようやくNATOの一員として、ボスニアのセルビア勢に対する大規模空爆に参加した。のみならずこれ以後、クリントンは、ボスニア問題の解決をアメリカの主導下に置き、国務次官補リチャード・ホルブルックを用いて停戦外交を開始する。ホルブルックのシャトル外交の結果、一九九五年一一月、オハイオ州デイトンにクロアチア、セルビア、ボスニア＝ヘルツェゴビナの代表者が会し、ボスニアにおけるボシュニャク人およびクロアチア人主体のボスニア連邦とセルビア人主体のスルプスカ共和国という二つの構成体の境界線が定められた。そして合意の効果を保障するため、アメリカがNATO平和維持軍の一翼を担う形で二万の将兵をボスニアに駐留させることが決まった。しかし、バルカン半島は、デイトン合意後も安定を見ることはなかった。強固な民族主義勢力を抱えるセルビア大統領スロボダン・ミロシェビッチが、膨張政策と近隣侵攻を放棄することはなかったからである。新しい危機はセルビアの一地域コソボから起こった。アルバニア系住民が人口の約九〇%を占めるこの地において、ミロシェビッチは再び追放と殺戮による「民族浄化」を進めようとしたのである。一九九九年三月、アメリカ軍はNATO軍とともに、コソボのセルビア軍を標的とする大規模爆撃を展開した。しかしセルビア軍は、コソボで一一週の間持ちこたえ、アルバニア人たちに対する民族浄化策を継続していった。NATOが爆撃の範囲をセルビアの首都ベオグラードにまで広げた結果、ようやくミロシェビッチはロシアの仲介を受け入れ、和平が成立をみた。人道目的を掲げたアメリカとNATOの空爆は、少なくとも数百のセルビア市民とおそらくは数千のセルビア兵士の生命を奪ったとされる。

中東における抵抗と反発

中東に関しクリントン外交が最も力点を置いたのは、イスラエルとパレスチナの和平問題であった。一九九三年九月、ノルウェー政府の後援をえて、クリントンはパレスチナ解放機構とイスラエルとの和平合意(オスロ合意)の仲介に成功した。この合意によりパレスチナは、イスラエル国家の承認と一九八七年以来の武力闘争(インティファーダ)の放棄とを約束し、それと引き替えにイスラエルはガザ地区とジェリコとをパレスチナ暫定政府の管轄に引き渡すことが決められた。オスロ合意は、両者によって、ただちにエルサレムとヨルダン川西岸地区の領有問題へと踏み込むことが予定されていたが、それぞれの内部の強硬派の反対を受けて、和平を確固たる基礎に据えることには失敗した。合意の当事者の一人、イスラエル首相イツハク・ラビンが、一九九五年一一月、和平反対派の学生に暗殺され、和平の動きは頓挫する。政権末期、クリントンが繰り返し和平に向けた仲介努力を重ねたにもかかわらず、二〇〇〇年九月、イスラエルの右派政権に対し、西岸地区でパレスチナ人の新たなインティファーダが開始された。

その間、中東におけるアメリカ外交にとり、しだいに大きな障害として立ちはだかっていったのは、一つには湾岸戦争を生き延びたイラクのフセイン政権であり、いま一つにはソ連の消滅後、活動領域を中東全域に広げつつあったイスラム過激派のテロ組織であった。湾岸戦争後、フセインは、経済的・軍事的・外交的な厳しい制裁措置に対抗するかのように、禁止されているはずの大量破壊兵器(WMD)開発能力を誇示し、国際査察団の活動を妨害し、クウェートを威嚇し、クルド人地域に侵攻するといった挑発行動を繰り返していた。フセインの挑発行動は、クリントン外交に二つの面で打撃を与えた。第一に、アメリカのイラクに対する報復的な空爆や巡航ミサイル攻撃といった一方的な軍事行動が、必ずしも国際的に広く支持を得られなかった点である。中東の国際関係に国益のかかるイランやトルコはむろんのこと、ロシアやフランスもアメリカの覇権や単独主義的外交に異を唱えた。ようするに、フセインの行動は、湾岸戦争の際にブッシュが構築した反イラクの多国間連合を巧みに解体へと導いたといってよい。

湾岸戦争は、アメリカがクウェートを解放し、サウジアラビアを守ることによって、中東地域への軍事的、経済的コミットメントを深めるきっかけとなったが、それは同時にアメリカがより原理主義的なイスラム世界へと引き込まれてゆく契機ともなった。サウジアラビアのようなイスラム社会のただ中に、キリスト教やユダヤ教といった異教の徒によって構成され、同時に近代的世俗主義の文化に浸りきったアメリカの軍隊が駐留することそれ自体が、宗教原理主義的な反米主義を呼び起こした。そのうちでも最も過激な集団が、サウジアラビア人のウサマ・ビン・ラディン率いるアルカイダ(アラビア語で文字通り〝根本〟を意味する)であった。かつてのアフガニスタンの対ソ戦争に加わったビン・ラディンにとり、一九八九年のソ連撤退後はアメリカこそがイスラム革命の主要敵にほかならなかった。

クリントン政権下、アルカイダはしばしば反米テロを引き起こしてきた。六人が死亡し、約一〇〇〇人が負傷した一九九三年二月二六日の世界貿易センター・ビル攻撃、アメリカ人一二人の他、巻き添えの数百人が死亡した一九九八年八月七日のケニア、タンザニア両国のアメリカ大使館攻撃、二〇〇〇年一〇月一二日の、一七人の兵士が死亡したイエメンのアデンに停泊中だった米艦コールに対する攻撃、それらはいずれもアルカイダによる反米テロであった。クリントンは多くの場合、テロ組織の拠点、あるいは当のテロ組織を匿う反米国家への巡航ミサイルによる攻撃で対応していく。ソマリア以来、クリントンは軍事的手段に訴えるに際し、自国の兵士の死にとりわけ敏感になったといわれる。「巡航ミサイル大統領」と揶揄されながら、クリントンはイラクのような「ならず者国家」やテロリストに対し、これを多用した。ベトナム戦争症候群を克服したとされる湾岸戦争が先鞭をつけた「自国兵士の死なない戦争」は、クリントン政権下、新たな「アメリカ式戦争」として定着を見たといえるかもしれない。

冷戦の終焉から一〇年、千年紀の終わりにあって、アメリカ国民社会は、内向きの自己満足の中にあった。九〇年代のアメリカは、冷戦の「勝利言説」の中で推移したということができるかもしれない。国力を測る際の一般的な指標である、人口と領土、経済力、軍事力、戦略目的、さらには国家戦略の遂行に向けた国家意志などに照らすとき、二〇世紀末のアメリカは、なお世界の中で突出した国力を有していた。後に続く十四、五カ国の総額を上回る巨額の国防費を投じる軍事機構のうちに安住する国民が鋭敏な対外的関心を失ってゆくのは、ある意味では自然なことだったのかもしれない。二〇〇〇年一月の世論調査によると、アメリカ人は外交をようやく二〇番目に重要な事項として挙げたという。実際この年の大統領選挙において、外交はほとんど争点とはならなかった。しかしながら、多くのアメリカ人があずかり知らぬうちに、アメリカの力の絶対性こそが、アメリカの外の世界に抵抗と反発を呼び起こしつつあった。

二〇〇〇年大統領選挙

二〇〇〇年大統領選挙は、冷戦後の国際政治の相対的な安定とニューエコノミーの好況が続く中で戦われた。そのため、前回九六年の大統領選挙と同様、ここでも体制変革的な争点や長期的ビジョンの選択が問われることはなかった。しかし、選挙戦が穏やかに推移したわけでは決してなかった。この選挙を方向付け、その帰趨を決したのは、むしろクリントン政権が残したマイナスの置き土産というべき根深い党派間対立であった。政権への復帰を目指す共和党右派の党派的な意志は、すでに一九九四年の中間選挙から、否、医療改革の挫折、さらにいえば九二年大統領選挙の直後から顕在化していたといってよい。熾烈をきわめたヒラリー・クリントンに対する人格攻撃、九六年選挙後に次期民主党大統領候補と目されるようになったゴアに対するネガティブ・キャンペーン、同じころから本格化してきたネオコンのクリントン外交批判、そして弾劾裁判、これら一連の動きは、すべてが二〇〇〇年選挙を射程に入れた共和党右派の党派的活動にほかならなかった。

その共和党の候補者指名レースは、当初よりブッシュ大統領の息子にしてテキサス州知事であったジョージ・W・ブッシュが本命視されていた。ブッシュは豊富な選挙資金と父親をとおしての人脈とを生かし、ダークホースのアリゾナ州選出のベテラン共和党上院議員ジョン・マケインを振り切って、早くも二月に指名を確実にした。他方、民主党の側も本命の現職副大統領ゴアが、三月のスーパー・チューズデーまでに候補指名を勝ち取った。ゴアは、好調な経済などクリントン政権が残したプラスの遺産を受け継ぎつつ、いかにしてクリントンの不品行やスキャンダルと距離を置くかという二つの目的の間のバランスを得る困難に直面していた。ゴアが副大統領候補に選んだのは、コネティカット州選出の保守的な上院議員ジョー・リーバーマンであった。リーバーマンは、クリントンの不品行を公に批判した最初の民主党指導者であった。ゴアも選挙戦中、この点でのクリントン批判を公にすることを繰り返し迫られることになった。

ブッシュの選挙戦もまた、保守的な福祉改革を実現し、弾劾裁判を経ながら任期末にいたってなお世論の七割近くが支持する現職大統領にどう向き合うかに腐心させられていた。ブッシュと共和党保守は、「思いやりのある保守主義」という一見妥協的な看板を掲げつつその陰で「家族的な価値」を盾に民主党に対する文化戦争を煽り、同時に「トリクルダウン・エコノミクス(大企業優先の経済政策)に戻ろう」としているというのがクリントンの見立てであった。こうした複雑な党派的戦略を遂行するために、ブッシュが副大統領候補に指名したのがチェイニーであった。ニクソン以来時々の共和党政権において重要なポストを歴任してきた彼は、補佐としてよりはむしろ指南役として、全国政治に疎いブッシュを支える役割を負うこととなった。

この年、秋からの本選挙戦は熾烈な接戦となった。この選挙には二人の第三政党候補者が参入した。一人は、ペローの改革党から出馬したブキャナンであった。しかし、選挙の帰趨により大きな影響を与えたのは、アメリカ緑の党から出馬したラルフ・ネーダーであった。一九六〇年代以来一貫して、企業批判の社会活動を展開してきたネーダーは、この選挙では、ゴアがクリントン政権下で最も力を注いできた地球環境問題や気候変動問題に焦点を当て、現状批判を展開した。ネーダーが獲得した約二九〇万票、全体の二・七四%がゴアの敗北につながった。

選挙後、開票が進むとともに一般投票でゴアがブッシュを五〇万票以上上回ることが判明した。しかし、選挙人票の多数をいずれが獲得するかの確定は遅れ、最後に残ったフロリダ州の選挙人票二五票をいずれが獲得するかに勝敗の行方はかかることとなった。当初、この州の一般投票結果でリードしていたのはブッシュの方であった。しかし、あまりの僅差であり、投票用紙の不備なども発覚したため、票の再集計作業の必要性が浮上した。再集計の必要性をめぐって民主、共和両党の対立は深まっていった。大統領選の結果自体が何週間も決まらないという異常事態の中で、決着は訴訟に持ち込まれた。民主党への同調者が多かったフロリダ州最高裁は票の数えなおしを命じたものの、共和党候補の弟でフロリダ州知事のジェブ・ブッシュは、連邦最高裁に、再集計の中止を訴えた。わずか数日の審理をへて、最高裁は五対四の評決でフロリダ州最高裁の決定を覆し、同州の票の再集計の打ち切りが決した。これによってブッシュ候補の勝利が確定した。憲法が一斉になされなければならないと規定している、各州の大統領選挙人の投票日まで、わずかに六日を残すだけの異例の決着であった。

連邦最高裁判決で再集計打ち切りに賛成した五人は、全てレーガン、ブッシュ父の両大統領によって指名された判事であった。その意味でブッシュ息子の当選は、過去二〇年に及ぶ司法保守化の一帰結であったといえよう。最後まで多数意見に強い反対の意思を示したのは、フォード大統領によって指名されたジョン・ポール・スティーヴンスとクリントンの指名によるギンズバーグの二人であった。スティーヴンスは反対意見のうちに次のような印象的な一文を記している。「われわれは、今年の大統領選挙の勝者を、完璧な正確性をもって判定することは、永久にできないかもしれない。しかし、その敗者は疑いの余地なく明白である。裁判官を法による支配の公平な守護者でなければならないとする国民の信頼が失われたのである」。こうして、二〇世紀最後の大統領選挙は、クリントン政権下いかに党派対立が激化し、政党政治の両極化が進んでいたかを物語る結果に終わった。

第四章　二一世紀のアメリカ

大統領選挙直後の 2016 年 11 月 10 日，
トランプ次期大統領とオバマ大統領
によるホワイトハウスでの初会談

1　暗転するグローバル化

グローバル化から帝国へ

九〇年代、アメリカを中心とする国際関係を理解するためのキーワードはグローバル化であった。二一世紀初頭、とりわけアメリカ中枢同時多発テロ事件（以下九・一一事件）以後、それは「帝国」に変わった。むろんグローバル化の実態が、実は帝国であるとみる見方がすでになかったわけではない。たとえば九・一一事件の直前に刊行されたアントニオ・ネグリとマイケル・ハートの共著『〈帝国〉』は、九〇年代の国際政治経済の全体像を、主要な国民国家、国連、IMF、世界銀行といった国際機関、多国籍企業、マスメディアや宗教団体、NGOなど、多様で多層的な諸権力が序列化され、ネットワークに組み入れられた世界体制として描き出し、これを〈帝国〉と呼んだ。〈帝国〉は、領土の拡張を目指す一九世紀型の帝国とは異なり、本来的には中心や領域をもたず、国家や企業や集団や個人が自己利益の獲得を目指し、共通のルールに基づく国際市場で不断に競争するグローバルなネットワーク空間としてイメージされていた。

しかしながら九〇年代は同時に、冷戦後に残された唯一の超大国アメリカが経済、技術、軍事、文化などの分野における圧倒的なヘゲモニーを生かしてさらなる権力集中を進めた時代でもあった。〈帝国〉の中で、ヨーロッパ諸国が相互依存と権力分散をはかり多国間主義の涵養に努める間、アメリカはクリントン政権による間歇的な軍事力行使が示すように、〈帝国〉秩序の守護者あるいは警察官を自任し、単独行動主義へと傾斜していった。二一世紀の初頭までに、〈帝国〉はその全体に君臨するアメリカという中心をもつにいたった。あるいは〈帝国〉は「アメリカ帝国」の相貌をあらわにしつつあったといってもよいかもしれない。〈帝国〉が新自由主義に基づく経済的なグローバル化現象の別称であったとすると、「アメリカ帝国」はアナーキーに陥りかねないこのグローバル化のプロセスを、唯一の超大国がコントロールする国際政治の枠組みを意味していた。おそらくそのような帝国の存在を最も具体的に示すのは、世界中に展開された米軍基地網であったろう。冷戦の終結にもかかわらず二一世紀初頭、アメリカ国防総省はおよそ一三〇の国々に七〇〇を超える基地を有していたのである。

こうした赤裸々な力を背景とするアメリカの覇権が、他国への開放性や互恵性を保ち、他国の安全と自由を保障する限り、アメリカをリベラルな国際秩序の要をなす「不可欠な国」（マデレーン・オルブライト）とみなすことは妥当であったかもしれない。しかしグローバル化のもたらす利益は、国家間でも各国の国民社会でも必ずしも全体に均霑《きんてん》しないどころか、むしろ社会経済的な格差の拡大を招く結果となった。アメリカが単独行動を自制し、多国間主義を尊重しなければ、「アメリカ帝国」への疑問や批判の噴出は避けられない状況であった。

息子ブッシュの右旋回

ジョージ・W・ブッシュ大統領は、その選出の経緯から、国民の十分な負託に欠ける指導者として出発した。「思いやりのある保守主義」というやや微温的な選挙スローガンからしても、この大統領は、超党派的な連携を重視した中道派的政権運営を行うと思われていた。しかしながら、そうした予想を裏切りブッシュは当初から、自身の父よりははるかにレーガン的ニューライトに近い路線を志向した。それを可能にした一つの要因としては、共和党が僅差とはいえ連邦議会両院の多数をも制し、この政権が統一政府としてスタートしたことが挙げられる。共和党大統領の下での統一政府は、実にアイゼンハワーの第一期大統領選挙以来はじめてのことであった。これに保守派判事が多数を占めた連邦最高裁を加えるならば、息子ブッシュの政権は、一九二〇年代を彷彿させる共和党優位の統治体制を背景として登場したといえよう。

ブッシュもまたクリントン同様、ベビーブーマーに属し、テキサス州知事から始めた外交経験に乏しい地方政治家であった。ともにベトナム戦争世代に属しながら、ベトナムでの従軍を回避した点も同様であった。ただブッシュの場合は、副大統領チェイニーやパウエル国務長官、ラムズフェルド国防長官らをはじめとする、連邦政治の経験豊かな共和党人脈を父ブッシュから受け継いでホワイトハウス入りした点でクリントンとは異なっていた。閣僚や補佐官の中には、父ブッシュ政権で未完に終わったレーガン革命の八年越しの再開と完遂に意欲を燃やすものも少なくなかった。彼らと呼応し、議会から共和党右派政治の貫徹を目ざしたのが、ギングリッチの後を継ぎ、院内幹事、院内総務として議会保守派を率いたトム・ディレイであった。テキサス出身のバプティストとしてギングリッチ以上にイデオロギー色の濃いレーガン主義者ディレイは、一九九四年以後、保守派議員の選挙資金調達を円滑にするために国防や通信やエネルギーなどに関連した大企業ロビイストとの連携の強化に努めてきた。それらロビイストのオフィスが集中する街路の名をとり「Kストリートプロジェクト」と呼ばれた活動により、ディレイは、四〇〇を超える保守派PACのリストを作成し、落選中の元議員をはじめとする共和党員の首都における雇用を確保することによって、党全体の政治資金を支配下に置いた。二〇〇五年に選挙資金をめぐる自身のスキャンダルにより退任するまで、議会から新政権の右派的な内外施策を推進する役割を担った。

ブッシュは、父がギングリッチ率いる議会共和党やブキャナン右派の反乱によって再選を阻まれた事情から学んだといわれる。ニクソン政権以来の共和党右派活動家として党内事情を知悉し選挙戦略にたけた政治コンサルタント、カール・ローブの助言に従い、ブッシュは、レーガン革命世代の補佐官たちと連携を保ち、父よりも忠実にレーガン主義をなぞることによって、党内の右からの攻撃を未然に防ぐ道を選んだ。政権初期、ブッシュはロープをとおして、とりわけ宗教的、文化的、社会的政策分野で、共和党右派との連携強化に努めた。なかでもブッシュが司法長官としてジョン・D・アッシュクロフトを任命した人事は、社会、文化問題をめぐる新政権のイデオロギー的方向性を象徴的に示していたといえよう。アッシュクロフトは、ミズーリ州選出の連邦上院議員として再選を狙った選挙に敗れたばかりとはいえ、名うての保守派政治家であり、黒人市民権運動に批判的立場を貫き、人工妊娠中絶や同性婚や銃器規制などに対する強固な反対意見によって、今や共和党のもっとも強固な支持基盤となった福音派キリスト教集団と深く結びついていた。彼の任命は、連邦議会の民主党リベラル派の間に激しい拒絶運動を呼び起こした。

ＩＴバブルの頓挫以来やや陰りの見え始めた景気を上向かせるという目的もあり、発足直後のブッシュ政権が真っ先に取り上げた政策課題は、レーガン革命に由来する保守的経済政策の生命線とも目すべき減税と規制緩和であった。減税について、ブッシュのロジックはきわめてシンプルであった。クリントン政権の末期、実に三〇年ぶりにアメリカの財政は黒字に転じていた。しかし、「小さな政府」論の立場からすれば、財政黒字は国民に払い戻す《リファンド》べき税の過剰徴収を意味していた。それを受けてブッシュ政権は発足からわずか五カ月後、向こう一〇年間で総額一兆三四八五億ドルに上る減税法を成立させた。過去二〇年間で最大の減税であった。最低所得層の税率が一五から一〇％に引き下げられたのに対し、最高所得層のそれも三九・六から三五％へと低下した。さらにこの法律には、それまでわずか二％の最富裕層に課されていた遺産税（共和党右派はこれを「死亡税《デス・タックス》」と呼んでいた）の漸次的廃止計画も含まれていた。大胆に累進性を削ぎ落した、まさにサプライサイド重視の減税策であった。以後二〇〇三年、〇四年、〇六年と、ブッシュはイラク戦争のさなかであったにもかかわらず、相次いで富裕者優遇に主眼を置いた減税策を実施していった。第二期クリントン政権の最終年度に記録された二四〇〇億ドルの財政黒字は、たちまちのうちに雲散し、二〇〇四会計年度までには逆に財政赤字が史上例を見ない四〇〇〇億ドルを超える結果となった。

減税と並び、民営化と規制緩和とは、レーガン以降の共和党のいわば自由市場原理主義の根幹をなす政策課題であった。すでに「小さな政府」論が、政党間のコンセンサスとなった一九九〇年代の終わりまでに、公益事業の大半——水道や電気、ハイウェイ運営、ゴミ収集など——は効率化を名目として、連邦政府の管轄を離れ民間に売られるか業務委託されていた。ブッシュ政権はこの動向を引き継ぎ、民間委託の範囲を軍、治安、警察、刑務所、国境警備、公教育、疾病対策など国家機能の中枢ともいうべき業務にまで広げていった。ナオミ・クラインが克明に暴き出したように、そもそもブッシュ政権の中枢を占めた閣僚や補佐官や政策顧問たちの多くが、九〇年代にはそれらの業務を委託される側の民間企業のCEOや弁護士やロビイストとして、企業利益の増進をはかっていた人びとであった。ブッシュ政権の時期、政権に参画したこれらの企業エリートたちが取り仕切る高度に国家的、公的であるはずの業務遂行に関し、しばしば利益相反が問題となったのも当然であった。

発足直後のブッシュ政権があきらかにしたアラスカの野生保護区での油田掘削計画や石油価格に関する規制緩和の動きは、テキサスで長年にわたり石油会社を経営してきたブッシュや石油掘削事業を抱えるハリバートンのCEOであったチェイニーに関わりの深い石油利権の要請を受けたものであっただけに、広範な世論の批判を呼び起こした。ブッシュはまた、環境や自然保護やエネルギー規制に携わる連邦諸機関の縮小や人員削減にも積極的に取り組んだ。その典型的事例としては、一九七九年以来アメリカの災害対策を担当してきた連邦緊急事態管理庁(FEMA)の人員・予算の削減があげられる。後に、それが、二〇〇五年のハリケーン・カトリーナに対する対応の不備や復旧の遅れを招いたとの批判を呼ぶことになる。

対外政策についてもブッシュ政権は、父ブッシュやクリントンの多国間主義や国連重視とは異なり、はっきりと単独主義的な方向を目指した。新政権の安全保障政策を担うことになったのは、従来の冷戦後外交に不満を抱くチェイニーやラムズフェルドのような強硬なナショナリストやレーガン外交に理想をみるネオコンたちであった。彼らの不満は、父ブッシュ外交もクリントン外交もともに、冷戦の勝利という成果をアメリカの力と国際的指導力の強化に結びつけることに失敗したという点に向けられていた。政権初期の対外施策――温室効果ガスの削減をめぐる京都議定書からの離脱、国際刑事裁判所(ＩＣＣ)規程への署名撤回、対人地雷禁止条約への不参加など――は、アメリカ外交が単独主義へと急旋回しつつあることを物語っていた。

ブッシュ政権下で急速に進められた国家ミサイル防衛(ＮＭＤ)システムの開発は、こうした単独主義的傾向が典型的に現れたケースであった。北朝鮮などアメリカが「ならず者国家」とみなす敵対国からの不意の攻撃に備えるためのＮＭＤ配備にとって最大の障害は、冷戦期米ソ核軍縮合意の一大成果、弾道弾迎撃ミサイル(ＡＢＭ)制限条約(一九七二年)であった。ブッシュ大統領は、二〇〇一年一二月、九・一一事件以後の対アフガニスタン戦争下、ＡＢＭ制限条約の廃棄をロシアに対して一方的に通告した。この点でもブッシュは、ＳＤＩを主唱したレーガンの衣鉢をつぎ、それを冷戦以後のアメリカの単独主義的覇権の防御手段として具体化する意図をあきらかにした。下って二〇一九年、トランプ大統領はロシアに対し、冷戦末期の米ソ軍縮外交のもう一つの金字塔と目された中距離ミサイル(ＩＮＦ)全廃条約の一方的な廃棄を通告した。

こうして初期のブッシュ政権の施策は、文化、経済、外交のいずれの政策分野に関しても八〇年代初頭の共和党右派の方針の焼き直しの色合いが濃い。しかし、このいわば遅れてきたレーガン革命ともいうべき右旋回は、広範な国民世論の好意的な反応を喚起することはなかった。ブッシュ政権に対する世論の支持率は発足直後から漸減し、二〇〇一年の夏までには、四割そこそこにまで落ちていった。

アメリカ中枢同時多発テロ

二〇〇一年九月一一日、アメリカ東部時間午前八時四六分、一台の航空機がニューヨーク市マンハッタン島南東にそびえる世界貿易センター(WTC)の超高層ビル、ツインタワーの北棟に激突した。その一七分後、最初の現場がテレビ中継される中で、隣接する南棟にもう一機が衝突した。普段であれば日中には五万人が働くツインタワーは、九〇分経たぬうちに相次いで砂塵を巻き上げて崩落し、膨大な瓦礫の山に帰した。九時三七分、ワシントンではもう一機が国防総省《ペンタゴン》西壁に突っ込んだ。さらに一〇時三分、おそらくはホワイトハウスか連邦議会ビルを標的としてワシントンに向かいつつあったと思われるもう一機が、ペンシルヴェニア州シャンクスビルの草原に墜落した。自らの搭乗機がハイジャックされたことを知り、WTCに対する攻撃もハイジャックされた民間航空機によることを知った乗客乗員が、犯人たちに抵抗しコックピットで争った果ての墜落であった。この一連の同時多発テロによる死者、行方不明者は、航空機の乗員乗客、標的となった建物で仕事についていた人びと、彼らの救出にあたった消防士、警察官を含め実に総計三〇〇〇名に上った。

テロ当日の夜、「本日、われわれの同胞、われわれの生活様式、まさにわれわれの自由が、一連の計画的で激甚なテロ行為の攻撃にさらされました」とブッシュ大統領はテレビを通して国民に語りかけ、合衆国がかならずやこの攻撃の首謀者に正義の鉄槌を下すことを約束した。彼はその日の日記に「二一世紀の真珠湾が今日発生した」と記したといわれる。

図4-1　2001年9月14日の金曜日午後，ロウアー・マンハッタンのウォール街にある世界貿易センター跡を視察するG. W. ブッシュ大統領

九月一四日、ブッシュはニューヨークを訪れWTCの残骸の上に立ち、群衆の「USA！USA！」の連呼に包まれる(図4-1)。数日後、連邦政府の情報機関は、一九名のテロ実行犯が、サウジアラビア出身の富豪ウサマ・ビン・ラディンの率いるイスラム過激派組織アルカイダのメンバーであったことを明らかにした。アルカイダが、長年にわたり各地のアメリカ人にテロを企て実行してきたこと、アフガニスタンのタリバン政権の

暗黙の了承により、ビン・ラディンを含む多数の組織員が同国に潜伏していることはよく知られた事実であった。

事件前低迷していた大統領支持率は、事件直後のギャラップ調査で八六％へと跳ね上がり、さらに一〇日後には空前の九〇％にまで達した。クリントン政権末期以来、極度に悪化した党派対立が忘れられたかのように、民主党支持者ですら八四％が大統領支持を表明した。上昇したのは、大統領支持率だけではなかった。政府に対する国民の信頼も劇的に回復し、一九六八年以来最も高い数字を示した(図1-3参照)。未曽有のテロ事件が掻き立てた恐怖と怒りによって、国民社会に挙国一致感情が呼び起こされ、断固としてテロなどに屈しない強く正しいアメリカ——帝国アメリカ——への期待が生まれた。テロ被害に対する同情は国境を越えて広がり、同盟国はもちろん中国、ロシアまでがテロ非難の合唱に加わった。こうした内外の世論の支持を背景に、ブッシュ政権は一〇月、ビン・ラディンの逮捕とアルカイダの撲滅とを表向きの目的とし、アフガニスタンのタリバン政権に対する空爆を開始した。アメリカは、個別のテロ事件に対する報復の域を超え、グローバル・テロの根絶を目標とする「対テロ戦争」の戦端を開いたのであった。

対テロ戦争とは何か

事件が外から仕掛けられた「戦争である」というのが、はじめからブッシュの受け止めかたであった。しかし、ブッシュ政権の内部ですら、それが当初からコンセンサスであったわけではない。事件の起こった朝、たまたま米州機構の会議に出席するためペルーのリマを来訪中であったパウエル国務長官は、急ぎ帰国の途につく前に、「アメリカが犯人を法に則って罰するという形でこの悲劇の結末をつける」と会議に約束している。それはパウエルが、この事件に対してとるべき国家行動は、まずはテロという犯罪に対する「警察行為」であると考えたことを物語っていた。パウエルと国務省の中東地域専門家たちを中心とする政権内の現実主義者たちは、今後のテロ防止策として、対外的には、国連の役割を重視し、仮に非民主的独裁国家ではあってもアメリカに友好的な諸国家との連携を強化し、またイランやシリアなどアメリカに敵対的な国々に対しても、危険な誤解を避けるために通信ルートは開放しておく方針に傾いていた。そこには、対テロ対策としては、単独主義的な軍事行動よりはむしろ多角的な外交活動を重視する姿勢が示されていたといってよい。

しかしながら他方で、湾岸戦争以来一貫して中東地域の民主化に向け、その全体的根本的な体制変革という帝国アメリカの可能性を追求してきたネオコンやチェイニー副大統領やラムズフェルド国防長官らにとって、九・一一事件は、世界変革に向けてのまたとないチャンスの到来を意味していた。当事者の証言に基づいてボブ・ウッドワードが再現した事件翌日のホワイトハウスの会議においてパウエルは、行動目標を「まずはきのうの犯行を行った組織に絞ります」と述べたとされる。これに対し、チェイニーは「テロリズムを支援するものも含むように、われわれの任務を広く定義すると、われわれの攻撃する相手は国です。ビン・ラディンを捜し出すより、国を見つける方が簡単だ」と応じたという。かつて冷戦期、世界に散開したアメリカの組織や個人に対する海外のテロに対処していたのは、大方のところＣＩＡの秘密作戦（covert action）であった。チェイニーの提言は、これを大々的な（overt）軍事行動、すなわち戦争によって置き換えようと図るものであった。チェイニーやネオコンが、「対テロ戦争」の攻撃対象としてアルカイダのような組織に加え、「テロリズムを支援する」アフガニスタンという主権国家を求めたのは、帝国化した主権国家アメリカがこの新奇な戦争を、通常戦争として戦うための正当化理由が必要であったからに他ならない。

この奇妙な最初の「対テロ戦争」では、開戦からわずか二カ月後、タリバン政権が崩壊した。その一〇日後にはハミド・カルザイを議長としたアフガニスタン暫定行政機構が発足を見た。アメリカに及ぼす現実的な脅威がほとんどゼロに近い最貧国の一つを相手としたこの戦争が明らかにしたことは、アメリカの軍事力のあまりに圧倒的な優越性であった。敵に対して極端に不釣り合いな技術的水準と破壊力を有する最新兵器を投入したこのすさまじいまでの一方的戦闘は、アメリカの世界に対するその帝国性を強烈に印象付けたといってよい。そしてこの短期の「成功」に自信を得たブッシュ政権内の「中東民主化」論者たちは、次の標的をイラクに定め、開戦の機会を模索してゆくことになる。

行政権力の集中と「法の支配」の危機

九・一一事件以後、ブッシュ政権は自らが創り出した戦時という例外状況を利用して大統領権力の集中と強化を推進していった。特に副大統領チェイニーは、かねてより大統領の権限はその正当な範囲内においては絶対的で一元的であるべきだと考えていたといわれる。彼の信じるところでは、憲法が大統領に与えている機能、つまり陸海軍の指揮、内閣の統轄、法律の執行はどれも不可分で一元的でなければならず、議会や裁判所の容喙《ようかい》が許されない不可侵の行政府の領分に属していた。なかんずく大統領が戦時の最高司令官という役割を帯びた際には、行政権限の行使は統一的に迅速にかつ必要な場合には秘密裏になされなければならないというのがチェイニーの主張であった。対テロ戦争下、かつてニクソン政権下で言われた「帝王的大統領制」を彷彿させる「一元的行政権」の確立が提起されたのである。

そこには国家主権の分掌主体であるはずの連邦議会への顧慮も、「抑制と均衡」という憲法的原則への配慮もまったく認められない。しかし他方、本来ならば行政府の専横を抑制し均衡をはかる憲法的役割を担うはずの連邦議会の側も、行政権強化に抵抗するどころか、むしろ九・一一事件で高揚するナショナリズムに迎合するかのように、行政権の集中を追認していった。事件の三日後、ブッシュがWTC跡地を訪れ「USA!」の連呼に包まれた日、連邦議会は大統領に対し、事件に関与したと判断される国家・組織・個人への「あらゆる必要かつ適当な武力の行使を容認する」決議(AUMF)を、反対わずか一票で可決した。後に批判されたように、議会は、ほとんど何の議論もなしに、実質的には戦争を宣言しながら、そもそも戦争の敵が誰であるかの決定権をすらほぼ無条件に大統領に委ねたのである。それはベトナム戦争のエスカレーションの一契機となった「トンキン湾決議」以上に徹底した戦争権限の授権決議であったといえよう。

九・一一事件の一月後、猛毒の炭疽菌が封入された郵便物が、上院議員オフィス、テレビ局、新聞社、出版社などに送られ、開封して十数人が感染し、うち五人が死亡するというテロ事件が起こった。テロへの恐怖が社会を覆う中で同じ月、連邦議会はふたたび行政府に追随し、対テロ戦争の国内体制構築を目的とする立法を行っている。「米国愛国者法」(USA PATRIOT Act)というきわめて巧妙な略称を施されたその法律の長い正式名称は、「テロリズムを察知し阻止するために必要とされる適切な手段を提供することによりアメリカを統合し強化する二〇〇一年の法」である。要するにそれは、連邦の法執行機関と情報機関に対し、監視、捜査、個人情報の取得、資産凍結、外国人の勾留・国外追放といった事柄をめぐり、より大きな裁量権を付与する法律であった。リベラルな政治家や人権活動家集団は、これを秘密の家宅捜索や容疑者の監視活動について行政府に過剰な権限を付与するものとして、議会を批判した。しかしこの法律を受けてブッシュ政権は、翌年一一月にはテロや災害などあらゆる危険に対し、国土を防御し、治安情報の収集を統括することを目的とする新しい政府機関、国土安全保障省を設立した。

しかしながら、より実質的な「対テロ戦争」の戦時体制の構築は、議会に諮《はか》られることも、裁判所の判断を仰ぐ機会もなしに、行政府単独で秘密裏に進められていった。まずは、二〇〇一年一一月一三日に公布された大統領の「軍事命令」による「軍事委員会」の設置であった。この命令の趣旨は、国際的テロ組織のメンバーやそのシンパとされる外国人容疑者が捕らえられた場合、彼らを国防長官が指定する米国内外の適当な収容施設に勾留し、国防長官がその全委員を陸海空軍および海兵隊の将校から選んだ軍事委員会による裁判にかけられるとするものであった。このブッシュの「軍事命令」は、司法府、立法府の憲法的権限にまったく顧慮することなく、通常の刑事法にも統一軍事法にも含まれない、国際的テロ事件に絞った新しい法域を創出し、そこに軍事委員会という新しい裁判所を設置したのである。

チェイニーとその腹心の補佐官が秘密裏に画策したとされるこの軍事命令は、ブッシュ政権の内部にさえ少なからぬ波紋を呼ぶこととなった。九・一一事件翌日の国家安全保障会議において、テロ容疑者など「公判に付すことができなくても……仕方ない」と主張していた最強硬派の、司法長官アッシュクロフトは、国防総省による省益侵害に怒りもあらわに、チェイニーに抗議したという。安全保障担当大統領補佐官のコンドリーザ・ライスも国務長官のパウエルもこの大統領命令を知ったのは、その公式発表の後のことであった。軍事委員会の設置は、こうして大統領(と副大統領、つまりはホワイトハウス内でもごく限られた中枢)による独裁的な統治権力集中の実態を象徴する企図であった。

この軍事委員会の設置にきびすを接するように、チェイニーとその法律顧問たちは、軍事命令中に規定されたテロ容疑者たちが、戦争捕虜の人道的取り扱いを保障したジュネーブ協定の諸規定とそれに基づく国際慣行の保護下にはない、との主張を展開してゆく。二〇〇二年二月七日、ブッシュ大統領は、アルカイダやタリバンの勾留者たちは、協定にいう戦争捕虜には当たらず、「非合法の戦闘員」にすぎないとする内容の行政命令に署名する。永続的な対テロ戦争に備え容疑者の「厳しい尋問」を可能にする超法規的な場――国内法にも国際法にも縛られることのない「法的に言って宇宙の最果てに等しい場所」――として選択されたのが、キューバ島のグアンタナモ米軍基地であり、アフガニスタンの基地内の収容施設であり、イラク戦争後米軍の管轄下におかれたアブグレイブ刑務所であり、さらにはその他「ブラックサイト(黒い場所)」と呼ばれるCIA管轄下の海外の「秘密監獄」であった。テロ関連の情報収集を主目的とするこれらの収容所では、拷問が認可される必要があり、被収容者たちの人身保護令状は事実上停止される必要があった。したがってそこは憲法も国際法も含め「法の支配」の及ばない、いわば法的空白地帯でなければならなかったのである。

二〇〇二年一月一一日、アフガニスタンからはじめて二〇名の捕虜、否「非合法戦闘員」がグアンタナモ基地に移送された。この時、ラムズフェルド国防長官はあらためて彼らがジュネーブ協定の保護下にはないと述べている。以後、「対テロ戦争」の拡大と激化、イラク戦争の開始とともに、グアンタナモに送られる「テロ容疑者」は増加し続けてゆき、ピーク時には、七〇〇名以上がそこに収容されることとなった。これらのテロ容疑者は、ジュネーブ協定に基づく「捕虜」でもなく、国内法上の犯罪容疑者でもなく、ただ「純然たる事実的支配の対象」として「市民権とともにあらゆる法的アイデンティティを喪失」した、たんなる勾留者(detainees)にほかならなかった。それはまさに、自由の国アメリカが、皮肉にも自由を守るという名目で開始した「対テロ戦争」の末に達した国家暴力の極点であったというほかはない。「対テロ戦争」という例外的な緊急事態下、アメリカは建国以来、法の支配という憲法的原則からおそらく最も隔たった地平に立ったといってよい。

イラク戦争へ

二〇〇二年一月二九日、ブッシュは一般教書演説で、イラクを北朝鮮、イランとともに「悪の枢軸」と名指しした。その時期までにチェイニーやラムズフェルドが最も恐れるようになっていたのは、それらのテロ支援国家が国際的テロ集団に核兵器や生物・化学兵器などいわゆる大量破壊兵器（WMD）を供与することであった。九・一一事件当日、チェイニーは「奴らが大量破壊兵器を持っていたら、もっとひどいことになっていた」と語ったという。

しかし事件以前から、ネオコンやブッシュ政権内の最強硬派にとっては、イラクがWMD、とりわけ小型化した核兵器を保有していること、少なくとも開発に努めていることは、ほぼ確定した事実であった。彼らの間では、イラクを対テロ戦争の次の標的とすることは既定の路線にほかならなかった。二〇〇二年九月二〇日、ブッシュ大統領は大量破壊兵器によるテロ攻撃を事前に防止するためには先制攻撃が許されるとする新しい国家安全保障戦略（ブッシュ・ドクトリン）を公表した。ここにアメリカは、封じ込めと抑止を基軸としたトルーマン・ドクトリンから完全に脱却したのである。ブッシュ・ドクトリンには、イラクのWMDに対する直接的警戒をはるかに超える野心的な目的が存在していたことがやがてあきらかになってゆく。政権の強硬派は、きたるべきイラク戦争によって、まずなによりも湾岸戦争が残した未決の課題、すなわちサダム・フセインの独裁体制を打倒し、さらにその成果を起点として中東全域の民主化を遠望するにいたったのである。

一〇月初め、ホワイトハウスの意向を受けて、連邦議会は対イラク武力行使容認決議を採択した。しかし、下院の民主党議員の半数以上が反対に回ったことに見られるように、一年前の対アフガニスタン戦争の場合のような挙国一致的な雰囲気はすでに終息しつつあった。共和党の中にも、父ブッシュ政権で安保担当大統領補佐官を務めたスコウクロフトのように、イラク攻撃は中東を「煮えたぎる大釜に放り込むようなもので、その結果、テロリズムとの戦いをだいなしにする」として、これに強く反対する現実主義者も少なくなかった。また右派のあいだでも、ブキャナンのようにアメリカ第一主義の立場から、イラク侵攻を無駄な戦争と断じ、ネオコンによる保守陣営の「ハイジャック」を批判する者もいた。国際的にも九・一一事件への同情から高まったアメリカ支援の気運は急速に萎え、逆に事件以前から燻っていた単独主義的アメリカ外交に対する警戒感が強まりつつあった。

二〇〇二年一一月の中間選挙において、「戦時大統領」としてなお高い六〇％台の支持率を維持するブッシュの共和党は、政権一期目の中間選挙としては異例なことに、連邦の上下両院で勝利を収めた。それは、カール・ローブの指揮下、かつてない規模の戸別訪問により大量の投票動員をはかった成果とされる。ブッシュ、チェイニー政権はこれを、二〇〇〇年選挙では十分に得られなかった民意の信任が改めて与えられた結果と解し、イラク攻撃へと突き進んでいった。開戦の正当化に向け、フセインによるＷＭＤの開発・保有やイラクと国際的テロ組織とのつながりを示唆する証拠のみが（時に加工、捏造され）積み上げられ、内外で指摘された反証の多くは真剣に検討されることがなかった。二〇〇三年初頭の国連安保理では、イラク攻撃に賛成のアメリカ、イギリス、スペインと反対のフランス、ドイツとが激しい論争を繰り広げた。イラクへの攻撃の正当性をめぐり、NATOは一九四九年の成立以来、おそらく最も深刻な内部対立に直面したのであった。パウエル国務長官は、自身、スコウクロフトと同様の開戦慎重派でありながら、(そして後に「誤りであった」と悔恨を込めて回顧したように)職掌上やむなく国連でフランス、ドイツなどの武力行使棚上げ論、イラク査察継続論に反駁する立場に立たされた。しかし対立は解けぬままに、二〇〇三年三月二〇日、アメリカ、イギリスが率いる連合軍が「衝撃と畏怖」作戦と銘打ったイラク攻撃を開始した。

このいわば第二次のイラク戦争の緒戦、アメリカ軍は、第一次イラク戦争(湾岸戦争)以来定式化された手順として、陸上軍の侵攻に先立ち圧倒的な空軍力と精密誘導ミサイルよる猛烈な空爆を敢行した。しかし同時にこの戦争は、アメリカが、一九九〇年代に飛躍的に高度化した情報通信技術の軍事への応用を図り練り上げてきた軍事革命(Revolution in Military Affairs, RMA)の成果を、全面的に展開するはじめての機会ともなった。ラムズフェルド国防長官やチェイニー副大統領を先頭とするRMAの信奉者たちは、それが作戦のテンポを加速し、武器の精確さと殺傷能力を研ぎ澄まし、司令官が戦闘の展開をコンピューター画面で追跡しながら作戦の変更を機動的に行うことを可能にすると主張していた。この機動性と精確性と効率性を重んじる二一世紀型の戦争では、それ以前の朝鮮戦争やベトナム戦争さらには湾岸戦争まで必要とされてきた、敵地を面として制圧するための大量の地上軍投入は不要とされた。実際この戦争に投入された兵員数は、湾岸戦争時の多国籍軍総数五六万人のほぼ三分の一に過ぎず、戦死者も一〇〇あまりにとどまった。その限りでは、イラク戦争はRMAの赫々たる成功例であった。

開戦後わずか三週間でアメリカ軍は首都バグダッドに侵攻し、精強を謳われていたイラク共和国防衛隊はあっけなく瓦解した。フセインは逃走し、一九七九年から激動する中東地域で生き延びてきたその独裁体制もついに崩壊した。五月一日、ブッシュは、サンディエゴ沖に浮かぶ空母艦エイブラハム・リンカン号上で派手な儀式を行い、戦闘の終結を宣言した。このやや性急な勝利宣言後、ブッシュ政権は国連安保理の承認を得、当初の「民主化」計画にしたがって、バグダッドに米英連合軍を中心とする連合国暫定当局(CPA)を編成し、イラク占領の責任は軍から民政当局へと移管された。二カ月後、CPAの補佐としてイラク統治評議会が発足した。一二月、イラク中部のダウルで潜伏中のフセインが逮捕された。翌二〇〇四年六月には同評議会が暫定政府へと移行し、CPAから主権が移譲され、新しいイラク国家が緒に就いた。しかし、表面的には順調に見えたこのような「民主化」の進展とは裏腹に、現実のイラク社会は戦後の混乱のさなかにあった。フセインの強圧体制の倒壊に伴い、イラク国内のみならず、中東全域においてもイスラム教の諸宗派間の抗争が激化し、各地に内戦状況が発生した。占領当局も統治評議会も、情勢の流動化と暴力化を押しとどめることはできなかった。アメリカ軍や連合軍に対するゲリラ的な武力攻撃や自爆テロ攻撃が頻発し、治安維持のために約一五万にのぼる米軍のイラク駐留は長期化の兆しを見せていた。

アフガニスタンおよびイラクを敵とした対テロ戦争は、国民社会とは切り離された戦争という印象が強い。一つには選抜徴兵制の下に戦われたベトナム戦争と異なり、それは志願制の下での戦争であった。二〇〇一年からの一〇年間に、実際に対テロ戦争に従軍した兵士の数は、全国民の〇・五%にすぎなかった。それは、広範な反戦運動も起こらなかった反面、国民の熱い愛国主義の支えもない戦争であった。そこでは、国民は戦争の参加者というよりは、むしろ観客の役割を振られたにすぎなかった。国民の代わりにこの戦争の前線に加わったのは、ナオミ・クラインのいう「惨事便乗型資本主義複合体《ディザスター・キャピタリズム・コンプレックス》」であった。九・一一事件という「惨事」をきっかけにして、アメリカ政府は警察、監視、拘束、戦争遂行など政府権力の中枢にかかわる業務の拡充、強化をはかった。そして急増する国防予算に支えられたこの新しい「セキュリティ国家」の構築・運営は、政権の主要メンバーの関わる企業を中心に外部委託《アウトソーシング》され、巨大な企業利益の源泉となった。チェイニーの息のかかったハリバートンがその典型であったが、それらの戦争請負企業は、「公の議論も正式な政策決定手続きもないまま、国家の第四権力にのし上がっていった」。「民営化」により、二〇世紀とは全く異なった新しい戦時体制が現れたのであった。他方、アメリカが先制攻撃の正当化理由として挙げたＷＭＤは、ＣＩＡ主導の調査団が一五カ月を費やしてイラク各地をくまなく捜索したにもかかわらずついに発見にはいたらなかった。二〇〇四年一〇月、上院軍事委員会に提出された調査団の最終報告は、イラクによるＷＭＤの備蓄も開発・生産を再開する具体的な計画も確認できなかったと結論した。

こうしてそもそもの開戦理由を失いながらもイラク戦争は、延引するアフガニスタン戦争と並行して、ジハードを謳う反米テロ組織を相手とする対ゲリラ戦として継続されていった。日々莫大な戦費を費やし、アメリカ軍兵士の犠牲が増えてゆくにつれ、アメリカ国内ではしだいに厭戦世論が拡がり、イラク駐留軍の士気も急速に衰えていった。くわえて二〇〇四年四月には、アブグレイブ刑務所における醜悪な捕虜虐待が発覚する。虐待の非人道性、反道徳性は、アメリカの国際的威信を大きく損なう結果となり、国内世論もさらに反戦へと傾いていった。その年六月のギャラップ調査では、イラク開戦を「誤りであった」とする回答が半数を超えた。駐留の正当性も道義性も世論の支持も損なわれてゆく中で、アメリカ軍は、中東の砂漠地帯で終わりのない低強度紛争に引き込まれつつあった。今や対テロ戦争は、アメリカ政府が長年あれほど恐れてきた「ベトナム化」への道を辿ろうとしていた。イラク戦争の不人気につれ、ブッシュ大統領の支持率も再び下降し、就任以来最低の四割台に沈んでいった。

二〇〇四年大統領選挙

二〇〇四年大統領選挙は、ブッシュ政権による対テロ戦争遂行の評価をめぐる国民投票の色合いを帯びることとなった。しかし、その点で不人気をかこつブッシュと共和党とが、一方的に不利であったわけではない。対する民主党の側もイラク戦争の評価――とりわけ一年前のイラク侵攻時に賛否いずれの立場をとったか――をめぐり、深刻な党内対立を抱えていた。九・一一事件以来、対テロ戦争については、大統領にほぼフリーハンドを与えてきた議会民主党の主流もこの戦争への態度を決しかねていたのである。

民主党予備選で先行したのは、草の根に広がりつつあった厭戦世論を背景として登場した前ヴァーモント州知事ハワード・ディーンであった。ディーンは、イラク戦争に明確な反対を表明するとともに、大企業や労組などのPACが牛耳る金権選挙に異を唱え、インターネットを活用して草の根の支持を拡大し、大量の小口献金を集めるという斬新な選挙運動を展開した。結局、予備選緒戦で敗れはしたものの、ディーンの運動は伝統的なワシントン政治における選挙資金集めの手法に対し、新たなデジタル・デモクラシーの可能性を開いたと評価される。

しかし失速したディーンに代わって民主党予備選を制したのは中道リベラル派に立脚し、豊富な選挙資金に恵まれたマサチューセッツ州選出上院議員ジョン・ケリーであった。一年前のイラク侵攻に賛成票を投じていたケリーは、イラク戦争それ自体の当否を問うよりは、ブッシュ政権の単独主義的対外姿勢を批判する姿勢をとらざるをえなかった。内政に関して、ケリーは過去三年間の雇用の減少と、空前の規模に達した財政赤字に焦点を当てブッシュ政権の責任を追及し、すでに民主党の政治綱領の定番となった感のある環境保護政策や医療保険改革の推進を訴えた。

対するブッシュは選挙戦を通して、「対テロ戦争」の戦果を誇示し、国家の危急に立ち向かうリーダーを演じ続けた。共和党の中核的支持基盤である福音派キリスト教集団を意識した彼の選挙演説は、頑迷な原理主義的宗教指導者のそれを思わせる戦闘的な調子を帯びることもまれではなかった。他方、彼は党大会の候補者指名受諾演説では、無党派の中間階層の取り込みを企図して、すでに古証文と化した感のある「思いやりのある保守主義」を再度持ち出しながら、その実現に向けた施策としては「投資、規制緩和、減税」の推進を強調した。それは天文学的な戦費をつぎ込みつつ継続されるイラク戦争のさなか、なお「小さな政府」実現という目的にこの政権が固執していることを示す提言であった。

前回に続き、きわめて結果の予測しがたい接戦となった二〇〇四年選挙の帰趨に大きく影響したとされる要因が、カール・ローブの主導する共和党の選挙戦術であった。ローブは、二年前の中間選挙の経験を生かし、電話や戸別訪問による投票の呼びかけ、ローカル・メディアへの投稿、電子メールやブログといった手法を習得した約一四〇万のボランティアからなる草の根組織を選挙戦以前に作り上げていた。民主党候補ジョン・ケリーの強みであったベトナム戦争の従軍歴を彼の戦友と自称する人びとの証言によって貶めるといった共和党によるネガティブ・キャンペーンの実働を、この組織が担ったこともいうまでもない。さらに選挙戦の終盤、ローブの組織は一斉に宗教右派など共和党保守の中核的支持基盤の動員を図った。その結果、この選挙の焦点が、現職大統領にとって必ずしも有利とはいえない戦争や経済問題から、宗教、人工妊娠中絶、銃器規制、家族倫理など保守派の信条の根幹に触れる問題へと大きく動いたといわれる。その効果の一端は出口調査で、投票に際し最も重視した争点を問われ、「テロ」「イラク」「経済」のどれよりも「道徳的価値観」を挙げた有権者が多かったことに示されていた。

総じて二〇〇四年選挙はその結果においても、四年前の「凡戦でありながら接戦」の再現という印象が濃い。今回ブッシュは、一般投票で全投票過半数をわずかに超え、ケリーに約三〇〇万票の差をつけはしたものの、選挙人投票は、前回共和党が獲得したニューハンプシャー州(四票)が民主党へ、前回民主党が獲得したアイオワ州(七票)とニューメキシコ州(五票)が共和党へ動いたほかは、前回とまったく同じパターンを描いた。その結果は、アメリカのイデオロギー的な分断と政党政治の二極化とが深化しつつある傾向を明白に物語っていた。民主党は、東海岸と西海岸の都市部の比較的豊かでリベラルな中産階層や黒人を中心とする貧困層を支持基盤とし、共和党は国土のほぼ中央から南部を含むいわゆるバイブル・ベルトのほぼ全域を手中に収めるという地域的な政党対立の構図が固定化しつつあったといえよう。

連邦議会選挙でも共和党が上下両院で議席を増やしたことから統一政府は継続されることとなった。きわめて薄くもろいとはいえ、前回選挙では得られなかった負託をもって、第二期ブッシュ政権はスタートしたといってよい。

第二期ブッシュ政権の低迷

その第二期政権の前途にとって大きな阻害要因となったのは、財政の逼迫であった。アフガニスタンとイラクにおける対テロ戦争の戦費は日々歯止めなく増えつつあり、将来的には総額で三兆ドルが見込まれるとさえいわれ始めていた。くわえて第一期ブッシュ政権の大幅な減税政策が維持されてきたこともあり、二〇〇四年には財政赤字が四〇〇〇億ドルを超え、連邦債務は未曽有の七兆三五〇〇億ドル（対GDP比六二・九%）に達していた。イラク戦争の終結と内政面での冗費の削減が急がれる理由であった。

二〇〇五年一月二〇日の第二期就任演説において、ブッシュは今や定番となった感のある「世界の圧政」の打倒による「自由の拡大」という対外指針と併せて、「所有者社会《オーナーシップ・ソサエティ》」の創設を提起した。すなわち、さまざまな政府事業（とりわけ社会保障やメディケアなど年ごとに増えてゆく義務的な財政支出を伴うプログラム）の民営化、個人化の訴えであった。社会保障に関するブッシュ提案は、現行の公的社会保障制度の財源である雇用保険料を納税者の個人口座に還付し、すべてのアメリカ人がそれを元手に自己責任において投資先を探り、資産運用を図ることによって老後に備えるというものであった。ここに典型的に示されていたように「所有者社会」構想とは、年金、医療、住宅、教育など社会生活のほとんどの分野で、政府の役割の縮減をはかるとともに個々人の自己管理と自己責任を徹底し、そのためにさらなる税負担の軽減をはかり、「小さな政府」を実現するというレーガン以来の保守的ビジョンの再現にほかならなかった。しかしながら、きわめて危うい国民的負託と財政基盤の上に提示されたこれらの野心的な内外施策は、不人気なイラク戦争に加え、さまざまな分野で政権の失政が重なったことにより、難航し頓挫していくこととなった。

二〇〇五年夏、メキシコ湾、カリブ海、大西洋一帯には、例年になく多数の大型のハリケーンが襲来した。中でも最も甚大な被害をもたらしたのは、八月二九日から翌日にかけてルイジアナ州、ミシシッピ州を襲ったカトリーナであった。堤防の決壊によりニューオリンズは市域の五分の四が水没し壊滅した。カトリーナが通過した全域で、史上最大の一〇〇万を超える被災難民が発生した。死者、行方不明者は二五〇〇人余り、被災家屋八五万戸以上を数えるという惨状であった。このまれにみる自然災害は、その後「人災」でもあったことが徐々にあきらかになっていった。水没した一帯をエアフォース・ワンの機上からただ呆然と見つめるブッシュの写真とともに連邦政府の長期的、短期的さまざまな失態や無為無策が報道されていった。被災者に対する救援決定の遅滞、その原因となった連邦緊急事態管理庁(FEMA)をはじめとする関係政府機関の官僚主義、老朽化したインフラ修復の放置、気象科学研究者の警告無視、京都議定書離脱に示された単独主義的外交等々さまざまなレベルでごうごうたる政府批判が巻き起こった(退任後に出版されたブッシュの回顧録では、一章を割きカトリーナをめぐる政権の対応について反省を込めて振り返っている。しかし、このハリケーンが一〇〇年に一度の自然災害であることを強調しながら、気候変動に関しては全く触れていない)。これら災害を大規模化させた直接間接の原因に関わる批判もさることながら、被害が貧困な人種・民族的マイノリティーズなど社会的弱者に集中したことが判明してゆくにつれ、アメリカ社会に根深い格差や貧困の構造にも改めて光が当てられていった。アフリカ系アメリカ人の居住者が多いがゆえにニューオリンズの防災を軽視したとされる政府の人種差別主義が糾弾され、貧困や差別を放置し助長してきた長年の規制緩和や民営化にまで批判は及んだ。カトリーナは、レーガン以来の保守革命の全体的な方向性に疑義が生じるきっかけともなったのである。ブッシュ政権に対する国民の不信感は急速に膨れ上がり、二〇〇六年春までに大統領支持率はついに三〇%台にまで降下していった。

この自然災害に踵を接するかのように二〇〇五年九月以降、議会共和党指導部も相次ぐスキャンダルに見舞われた。下院共和党を牽引してきた院内総務トム・ディレイが、選挙資金規正法違反、および議会工作を偽装することによって先住民族の資金を食い物にしたスキャンダルへの関与という二重の嫌疑がかかる中、テキサス州によって起訴され、政治生命を絶たれた。上院多数党院内総務ウィリアム・フリスト(テネシー州選出)もインサイダー取引疑惑で翌年の再選を断念した。さらに二〇〇六年九月には、フロリダ州選出の共和党下院議員マーク・フォーリーが、議会ペイジ《付添人》の少年やインターンとの性的スキャンダルによって失脚した(表4-1)。

同じころ、ブッシュ政権下で保守化の度合いを強めてきたはずの連邦最高裁判所において、「対テロ戦争」のための司法的装置と目されてきた軍事委員会の合憲性問題がくすぶり続けていた。グアンタナモに収容されたテロ容疑の「非合法戦闘員」に、憲法的あるいは国際法的な人権規定が適用可能か否かを争う一連の判決のなかで、最高裁の多数は立法的な裏付けを欠いた軍事委員会の違法性を繰り返し指摘した。オコナー判事がハムディ対ラムズフェルド判決で述べた「戦争状態だからといって大統領は自由行動権《ブランク・チェック》を与えられているわけではない」という見解は、ブッシュ、チェイニーが志向した「一元的行政権」の憲法的な逸脱に釘をさし、対テロ戦争の法的限界を表示する効果をもったといわれる。

この時期、パウエルに代わって就任したライス国務長官の主導下、政権の対外政策にも変化が現れた。ライスは、イランが進める核開発をアメリカに対する「戦略的な挑戦」と非難する反面、イランの「体制転換」を求めることはないと断言し、ヨーロッパの同盟諸国との外交的

表 **4–1**　過去半世紀の政府，議会の汚職例

アブスキャム事件：1979 年にカジノタウンとして開発中だったアトランティックシティを舞台にしたおとり捜査で発覚した収賄事件．7 名の連邦議会議員が有罪．

住宅都市開発省汚職：低所得者向け住宅建設での選定業者との癒着でレーガン政府高官らが有罪．

キーティング 5：高リスク投資で後に破綻し公的資金の投入を受けたチャールズ・キーティング所有の S&L の調査を不法に妨害したかどでジョン・マケインなど上院議員 5 名が 1989 年に告発される．

議会郵便局スキャンダル：1991–95 年に調査された，複数の下院議員が議会郵便局の資金を悪用した汚職事件．下院歳入委員長を長年務めた，イリノイ州シカゴを地盤とする民主党下院議員ロステンコウスキーが 96 年に有罪．

下院銀行スキャンダル：450 名もの議員が下院銀行の自らの口座の預金残高以上を引き出していたことが 1992 年に判明．

ジャック・アブラモフ・インディアン・ロビースキャンダル：共和党内に影響力を持ったロビイストのアブラモフは 2006 年，フロリダのカジノ客船購入に関する詐欺容疑で服役した．トム・ディレイをはじめ共和党議員らが絡んだ汚職事件でも共謀，詐欺，脱税について有罪を認め，捜査に協力．ブッシュ政権高官をはじめ共和党関係者の辞任劇へと発展した．

連携により危機の封じ込めをはかる方針を示した。二〇〇六年三月のブッシュのインド訪問も同様であった。ブッシュの狙いは、インドを「対テロ同盟国」と位置づけ、インドとの協働によって、その仇敵パキスタンや急速に台頭しつつある中国の脅威を抑えこみ、地域の安定化を推進することにあった。しかし同時にブッシュがインドとの間で平和利用あるいは民生利用を名目とする原子力協定に合意したことは、核不拡散(NPT)体制の枠外で核兵器開発を進めてきたインドの安全保障政策をアメリカが追認したことを意味していた。それは、NPTの抜け穴を探りつつ核保有を目指すイランや北朝鮮などの企図に絶好の口実を与え、国際政治に新しい不安定化要因を生み出す動きでもあった。同じ月、ブッシュ政権が発表した二期目の国家安全保障戦略は、「世界の圧政の根絶」という「対テロ戦争」の最大目標は維持しながらも、その手段として軍事よりは外交と国際協調を重視する方針を明らかにした。先制攻撃の必要を謳ったブッシュ・ドクトリンを前面に押し立てた前回の安保戦略に、政権自らが抑制を加えたといってよい。

しかし二〇〇六年中間選挙を前に、多様な源泉に由来する政権不信を集約した争点は、イラク戦争であった。ギャラップ調査によれば、イラク戦争が誤りであったと考えるアメリカ人はすでに五割を超えていた。支配的世論は、イラク戦争こそ、アメリカの安全保障体制にとって最大の不安定化要因であり、その経済的弱体化の根本原因であり、道義的衰退の源泉であるとみなすようになっていた。イラク戦争継続の可否をめぐる擬似的な国民投票の観を呈する中、共和党議員候補にとって、戦争とスキャンダルと大統領の不人気が大きな重荷となった選挙であった。結果は予想通り、共和党の惨敗であった。共和党は下院において三〇議席、上院においても六議席減らし、一九九二年以来久しぶりに民主党が両院で多数を掌握した。

しかし、この選挙の結果はかならずしもアメリカ政治の基調が、共和党保守から民主党リベラルへと逆転したことを意味しなかった。勝利した民主党候補の多くは、社会的・経済的争点ではむしろ保守的な傾向を示しており、民主党勝利の主因は、経済危機と格差・貧困問題に直面しつつあった中間層、それももともと政党帰属が浮動しがちな独立的有権者の共和党政権からの離反にあったからである。戦争政策と連動する経済問題への憂慮は、広く、深く国民社会をとらえつつあった。それはこの選挙において、ブッシュ政権の中核的支持基盤であったはずの南西部バイブル・ベルトにおいてすら、経済的ポピュリズムに立脚する政権批判の動きがもちあがった事実に端的に示されていた。ブッシュ大統領は、投票日翌日、イラク戦争を主導してきたラムズフェルド国防長官の更迭を発表した。それはネオコンの構想に従って進められてきた「中東民主化」策の非現実性を、大統領自らがようやくにして受け入れたことを意味していた。ブッシュ政権末期、イスラム教派間の内戦が続き、反米感情の渦巻く広大なイラクに残されたわずか十四、五万の米軍がその地の治安を支えてゆくことになった。イラク戦争の一方の当事者フセインは、アメリカ中間選挙の二日前、イラク特別法廷により「人道に対する罪」で死刑判決を下され、二〇〇六年一二月三〇日、絞首刑に処された。

サブプライム問題から金融危機へ

二〇〇〇年ハイテク・ブームが頓挫し、ニューエコノミーの信用と魅力に陰りが見えたとき、ウォール街が次の標的としたのは住宅ローンビジネスであった。S&L破綻以後九〇年代に、住宅金融のシステムを支え標準化してきたのは、ファニーメイ(連邦住宅抵当公庫)やフレディマック(連邦住宅金融抵当公庫)などの政府支援法人(GSE)であった。クリントン政権末期、この住宅市場にニューディール以来の金融規制の最後の枷を脱した投資銀行と商業銀行、そして住宅ローン融資会社が参入をはかり、さまざまな住宅ローンの証券化、住宅ローン担保証券(MBS)の組成、販売、保有、取引を手掛け始めた。そこにITバブルの崩壊と九・一一事件後のFRBの低金利政策、さらには記録的な経常収支赤字が促した中国からの大量の資金流入などから生じた余剰資金が奔流のように流れ込んでいった。第一期ブッシュ政権下、低迷気味のアメリカ経済の中で住宅建設はいちじるしい活況を呈した。

扱う対象を返済リスクの低いプライム・ローンに限定していたGSEとは異なり、新規参入の銀行や民間の融資会社などは低所得者への貸付にも積極的であった。たとえば、ある大手住宅ローン会社の経営トップは、自社の売る住宅ローン商品を次のように説明していた。「当社には利子だけを先行して支払うローン、借り手が当初の返済額を選択できるローン、簡潔で迅速に提供できるローン、そしてサブプライム・ローンがあります」と。自分の家をもつという究極的なアメリカの夢をすべての人が実現できるようにという掛け声の下、従来であれば頭金支払いや返済の能力に欠けるとみなされたであろう低所得層に対しては、厳格な所得審査抜きで容易に取得可能な多種多様な住宅ローン商品が用意されたのである。一九九九年から二〇〇三年まで、新しい住宅ローンの七〇%は、GSEの基準内にあった。しかし、二〇〇六年までには、逆にその七〇%がその基準を外れる民間のMBSになっていった。そのころまでに、住宅ローン市場は明らかにバブルの様相を呈しつつあった。

カーメン・M・ラインハートとケネス・S・ロゴフが「今度は違う」と題した著書で指摘するところでは、あらゆる投資バブルはその確信、あるいはその錯覚から始まったという。ブッシュ政権下の住宅ローン・バブルもご多分に漏れず、当事者の多くが「今度は違う」と信じ込んだところから始まった。その危うい確信を支えた「幻想」の一つが、土地は有限であり不動産や家屋の過剰供給は決して起こりえず、未来永劫にわたって住宅価格が下がることはないというものであった。本来資力に乏しい多くの借り手は、その幻想に基づいて組成され、初めの数年間は極めて低い優遇金利を設定された変動金利方式のローンに飛びついた。多くが、仮に返済が困難になっても、ローンの担保である住宅価格は確実な上昇が見込めるのであるから、それを梃子としてローンの借り換えや新たなローンへの乗り換えは容易であるという神話を受け入れたのであった。他方、貸し手の側にも「今度は違う」と思わされる理由があった。九〇年代に起こった金融工学の長足の進歩が、金融取引のリスクを革命的に軽減したという「幻想」であった。それは、当初は銀行が貸出相手の倒産などにより貸出債権がデフォルトに陥るというリスクにあらかじめ対処する目的から編み出されたクレジット・デフォルト・スワップ（CDS）が、証券化され金融商品としてもてはやされグローバルに広まった時代であった。住宅ブームの過熱とともに、サブプライム・ローンまでもがこのCDSの対象とされるようになった。投資銀行は多くの金融機関から、サブプライムも含む大量のMBSを買い、リスクを分散させるためにより格付けの高い証券と混ぜ合わせた金融商品として世界中の金融機関に売り出し始めたのである。これにGSEまでもが追随し、政府支援機関としての信用を背景として、住宅ローンから作り上げたデリバティブ商品や証券化商品の国際的な販売に邁進したのである。こうした野放図な証券化とその商品化を可能にした一つの要因は、証券を売り出す銀行と売り出された証券を客観的に格付けする役割を担うべき格付け会社との癒着にあった。複雑な証券の格付けに要する費用を、当の証券発行の主体である銀行が賄うというシステムの中で、格付けが甘くなりがちであったことが後に報告されている。

二〇〇四年大統領選挙における共和党政治綱領によれば、「所有者社会」の実現にむけて、第一期ブッシュ政権が達成したもっとも重要な成果は、持ち家政策――とりわけ低所得者マイノリティーズ向けの住宅ローンの供与――にあったという。実際、第一期ブッシュ政権下、一六〇万のマイノリティーズが新たに自家所有者となり、二〇〇四年の第2四半期、アメリカの持ち家比率は過去最高の六九・二%に達した。大統領と共和党は、二〇一〇年までにその数を五五〇万増やすと公約に掲げたのである。

図 4-2　サブプライム住宅ローンの焦げ付きに端を発した世界金融危機の風刺画（©Mike Luckovich）

　しかしこの目標は、ブッシュ政権の第二期の開始からほどなく画餅に帰していった。二〇〇五年、一〇年以上にわたり上昇を続けてきた住宅価格がついにピークに達して横ばいに転じ、それとともに住宅ローンの債務不履行件数が増加し始めた。二〇〇七年夏、住宅価格の急落にともないサブプライム住宅ローンのおよそ六分の一で滞納が発生していた。住宅危機はほどなく金融危機へと波及していった（図4−2）。切り刻まれた上で複雑に組み直された証券が不良債権に転じてゆくにつれ、それらを大量に保有する金融機関は破綻へと追い込まれていった。最初に破綻に瀕したのはサブプライム・ローンに特化してきた住宅ローン融資会社であったが、やがて危機はそれらの会社に貸し込んでいた金融機関にも連鎖的に拡大していった。二〇〇八年になると、住宅バブルの間、資本金の何十倍もの借入という異常なレバレッジをかけて得た資金の大半をMBSに投資してきた巨大な金融機関が次々と危機の渦に巻き込まれていった。三月には大手投資銀行ベア・スターンズが破綻し、J・P・モルガンに吸収合併された。夏には、ファニーメイとフレディマックが危機に陥った。アメリカ政府の信用を後ろ盾に、巨額の債権を国内外で売ってきたこれらのGSEの破綻が、世界におけるアメリカの信用喪失とグローバルな金融危機を引き起こすことを恐れ、ブッシュ政権はこれらを政府の管理下に置き、救済する決定を下した。しかし、危機は終息の気配を見せることなく、九月一五日、一五〇年以上の歴史をもつアメリカ最大手の投資銀行リーマン・ブラザーズが倒産した。伝説的な名門投資銀行の破産はウォール街を直撃した。同じ日、やはり名門の証券会社メリルリンチは、バンク・オブ・アメリカに身売りすることによって、リーマンと同じ運命をかろうじて回避した。翌日には、アメリカ最大手の保険会社アメリカン・インターナショナル・グループ（AIG）が倒産の瀬戸際に追い込まれ、FRBが乗り出し、八五〇億ドルの緊急融資を行った。同時に連邦政府はその株式の七九・九％を保有するという事実上の国有化によってAIGを破産から救ったのである。九月二〇日、財務省は金融システムの安定化を目的として、約七〇〇〇億ドルの不良債権を各金融機関から買い取る制度を発表した。くわえて財務長官は同様の制度の採用を世界各国にも呼び掛けた。まさに危機はグローバルなスケールで進行しつつあることを裏書きする異例の要請であったといえよう。

しかし、政権の呼びかけに応じて作成された金融安定化法案は、議会で難航した。無責任な投資で荒稼ぎを繰り返してきた金融機関の救済のために、納税者一家族当たりの負担額にして一万二〇〇〇ドルにあたる巨額の公的資金を投入することに反発する議員が少なくなかった。とりわけ意外なことに議会共和党保守派の多くが金融機関と政府の癒着に異論を唱えはじめたのである。

一〇月、上下両院を金融安定化法案がかろうじて通過したにもかかわらず、深刻な不況が訪れつつあった。二〇〇七年一〇月から二〇〇八年末までの間、ダウ平均株価は、一万四一六四ドルから八七七六ドルへと落ち込んだ。その間、失業率は四・六%から七・四%へと上昇した。「所有者社会」を謳ったブッシュ政権の最後の年、住宅価格は二〇%下落し、九〇万に上る家屋の所有権が移転し、数百万の人びとが持ち家からの立ち退きを余儀なくされた。

2　オバマとトランプ

二人のアウトサイダー

周知のように二〇〇八年、二〇一六年の大統領選挙は、戦前にはほとんど予測されなかったバラク・フセイン・オバマとドナルド・トランプという二人のアウトサイダー候補者の勝利に帰した。それは一見、カーター以来の(ブッシュ父を除く)すべての大統領がワシントン政治のアウトサイダーとして登場してきたというポスト・ベトナム、ポスト・ウォーターゲイトの連邦政治のパターンを踏襲した結果と見えなくもない。しかしそれにしてもやはり、オバマとトランプの出自や経歴の「アウトサイダー性」は歴代の大統領のうちでも際立っており、彼らの選出はアメリカ政治史の常識を根本から覆す結果であったといって過言ではない。二一世紀の初頭、いったい誰が、近くアフリカ系アメリカ人の——しかもフセインというミドルネームをもつ——大統領が登場すると予測しえたであろうか。そして、その黒人大統領の後を襲うのが、奔放な言動によって長年好奇の注目を浴びてきた公職経験皆無の不動産業者にしてテレビ・タレントであることを、いったい誰が予見できたであろうか。

しかも、ともにアメリカ政界のアウトサイダーと目されながら、二人は人種、階層も出自、経歴も全く異質であり、政治的ペルソナとしても水と油といってよいほど対照的であった。オバマは一九六一年八月、ハワイ州ホノルルにおいて、ケニアからの留学生の父とカンザス州出身の白人の母との間に生を受けた。両親の離婚後は母の再婚相手の住むインドネシアで小学生時代を過ごし、一〇歳の時に再びハワイに戻りその地のエリート校で学び、母方の祖父母と暮らしている。その後、ロサンゼルスのオクシデンタル大学からコロンビア大学、ハーヴァード大学ロースクールに進み、卒業後はシカゴのサウスサイドでコミュニティ活動に従事するかたわら、シカゴ大学ロースクールでアメリカ憲法を講じた。政界への転身は一九九六年、イリノイ州上院議員に立候補し当選した時に始まった。オバマが全国的な盛名を馳せる契機となったのは、二〇〇四年の民主党全国大会で行った演説であった。類まれな雄弁をもって自らの閲歴を語り、独立宣言に刻印されたアメリカの大義と聖書の教える同胞愛に触れながら、分裂するアメリカの再統合を訴えたこの時の演説が、広範な国民大衆の心に響いたとき、一夜にしてオバマは全国的な若き一指導者としての地位を獲得したといってよい。それは、ちょうど四〇年前の共和党全国大会におけるレーガンの「ザ・スピーチ」に匹敵する歴史的な演説であった。三カ月後のイリノイ州連邦上院議員選挙で圧勝し、ワシントンへの進出を果たしたオバマは、二〇〇八年大統領選挙に向けて、新人議員としてはかつてない好位置を占めることになった。

こうした経歴を一瞥するならばオバマは、やはり同じ高学歴を経た妻ミシェルとともに、ポスト市民権運動時代のアフリカ系アメリカ人として、まごうことなきエリートの道を歩んできたということができる。アフリカからの留学生という移民を父としたオバマはむしろ、かつて奴隷の地位を強いられた人びとを祖先とする大多数のアメリカ生まれの黒人社会から見てもアウトサイダーであったというべきかもしれない。しかし、それにしても二〇〇四年の時点で、彼は連邦上院唯一のアフリカ系アメリカ人であった。黒人大統領の可能性が真剣に論議される時代はまだはるか先のことというのが、アメリカ政治をめぐり幅広く共有されていた通念であった。

他方、連邦政治におけるトランプの「アウトサイダー性」は、彼の属する人種や民族の集団的特異性によるわけではむろんなかった。彼は一九四六年、ニューヨーク市郊外のクイーンズの裕福な不動産業者の一家に生まれた。若くして家業を継ぎ、ニューヨークから国内各地、そして海外へとビル建設、カジノ経営、ホテル業を中心に事業を拡大し、度々失敗や挫折を繰り返しながらも、ついには「不動産王」と呼ばれるまでの莫大な資産を築くことに成功した。その間に、テレビ産業やプロレスやミス・ユニバースのコンテストなどの娯楽産業にも手を出し、あらゆる機会をとらえて「トランプ・ブランド」の宣伝に努めた。二〇〇四年からはリアリティ番組『ジ・アプレンティス』を制作し、自らホストとして出演することによって高視聴率を得、幼いころからの念願であった「有名人」になる夢をかなえている。

アメリカでは、実業の世界から転身を遂げて政治家デビューを果たす例は少なくない。しかし、トランプのケースは、すでに一九八〇年代から大統領選出馬をほのめかすことは度々あったにせよ、七〇歳になるまで一切の政治的経歴、公務経験、さらには軍役に服した経験すらもないままに、実業界から直接政界の頂点たる大統領職に上り詰めた点で、きわめて異例である。定評ある評伝によれば、大統領職をめざす動機についても、トランプには、赤裸々な権勢欲以外に、確たる具体的な政治的ビジョンがあったわけでもなさそうである。アメリカの超富裕層に時として見られる慈善事業への関心を示すこともなかったばかりか、彼は数度にわたる事業倒産に伴う負債や損害賠償を支払うこともなく、さらには当然の税金支払いすら巧みに逃れてきたことが調査報道によって明らかにされてきた(トランプは現在に至るまで、従来慣例によって大統領が行うべきとされてきた自らの税の納付記録の公開を一度も果たしていない)。トランプのこれまでの人生の大半は、もっぱら私益の追求に費やされてきたのであり、彼の大統領選挙への意欲が大方の世論に「冗談」と受け取られてきたのは理由のないことではない。

しかし二〇一六年大統領選挙でのトランプに、自身の政治的未経験や政治的知見の欠落や公益への無関心を、深刻なハンディキャップと受け止めた気配はまったくなかった。彼はむしろワシントン政界のアウトサイダーであることを逆手にとり、それを有効な政治的武器へと転じる手法を選んだといえよう。選挙戦中のトランプは、従来アメリカ連邦政界において権力的な地位を志向する人びとが尊重するように求められてきた儀礼や常識や言葉遣いに関する不文律を軽んじる言動に終始した。それによって、トランプの反政府、反エスタブリッシュメント、反ワシントンの立場は、衆目に明らかになっていった。既成の政治勢力にも、メディアや海外からの注視にも、選挙戦の慣例やルールにも縛られず、反エリート主義、反知性主義といった批判をも恐れず、ひたすらアメリカ政治が陥っている停滞感を衝くことで、トランプは長くくすぶり続けてきた広範な有権者の政治不信に点火し、既成政治の枠を打破していった。その政治的スタイルこそは、トランプのアウトサイダー性の究極的な表徴であったといえよう。

アンチ・ヒラリーという共通項

オバマとトランプ、これほどまでに対極的な二人がかくも短期間に相次いで大統領に選出されたという事実こそは、この間のアメリカ政治社会の変化の大きさを物語っていよう。そしてその変化の意味を問うに当たって、二〇〇八年にも二〇一六年にも当初大統領選挙で本命と目されていたのが同じヒラリー・クリントンであったことは示唆的である。ファースト・レディとして、連邦上院議員として、さらに二〇〇九年からはオバマ政権下で国務長官として、長くワシントン政治の中心で有能さを発揮してきたクリントンは疑いなく、二三〇年に及ぶ合衆国史の中で大統領職に最も接近した女性であった。その彼女がホワイトハウスにあと一歩届かなかった理由として、彼女自身がしばしば「ガラスの天井」として言及するアメリカ社会の根強い女性差別は無視しえまい。しかしながら、より根本的な理由としては、彼女が代表しようとした連邦政治の基本路線が二〇〇八年以降のアメリカの政治社会の実情とそぐわなくなっていった経緯に着目しなければならない。ヒラリーは、今やアメリカ外交の重荷となりつつあったアフガン、イラク戦争を、民主党タカ派として当初より支持してきた(その点で、オバマは少なくともテロ対策を「戦争」と称するブッシュ・ドクトリンには疑義を呈し、イラク戦争には反対の票を投じていた。トランプもまたこの戦争をブッシュの愚行に起因する無駄と非難してきた)。また彼女は、眼下の金融危機をもたらしたウォール街からの大口の政治資金に依存した候補者でもあった(その点でも、オバマは前回選挙のディーンのネットを活用した小口献金による民主的な資金調達方式を踏襲した。トランプの「売り」の一つは、莫大な私財を背景とする自前の政治資金であり、ウォール街の傀儡ではないという点にあった)。戦争と不況により既存のシステムに対する国民の不満が嵩じつつあったその時、オバマが掲げた「変化」のスローガンに、ヒラリーは「経験」を対置した。多少とも似通った対立の構図は、八年後トランプとの間にも再現された。トランプが、国民社会の「衰退」の兆候をとらえ「アメリカを再び偉大な国へ」のスローガンを掲げて広範な不満層を取り込んだのに対し、この時もクリントンは「経験」と「安定」を売り込もうとして失敗したのである。

そもそも夫ビル・クリントン政権の残した実績は、レーガン、父ブッシュの共和党政権が企図しながら十分に達成しえなかった内外施策を継承し、民主党内のリベラル派を抑え込みながら議会共和党と妥協することを通して得られた成果という側面が大きかった。その二〇年間、アメリカは外に向かっては圧倒的な軍事力を背景に自国標準の金融取引を通して、アメリカ型の新自由主義的経済政策を世界に広めてきた。また国内においては、「小さな政府」を目標として、福祉改革による歳出削減を図る一方、消費と投資を刺激するために税制を簡素化し富裕者減税を繰り返してきた。クリントン政権下でもＦＲＢ議長として留任しＩＴ株式ブームを演出したグリーンスパンが、後にこの政権を振り返って、レーガンから数えて「三代目のリバタリアン共和党政権」であったと回顧しているのも理由のないことではない。だとするならば、クリントン政権が残した改革の成果は、いわば保守とニュー・デモクラットの超党派的合作であったということもできよう。その成果を引き継いだ息子ブッシュ政権は、前節で見たように、レーガン主義を純化し、より原理主義的な新自由主義的政策の徹底を図ろうとして、かえって内外で失政を繰り返した。二〇〇八年は、レーガンからクリントンを経て息子ブッシュに至る保守的コンセンサスが、限界を露呈させ破綻の瀬戸際に立たされた時であった。アメリカ政治は一九七〇年代以来の再編期を迎えつつあった。それこそは、予測不能な二人のアウトサイダー大統領の登場を促した背景であった。

変化《チェンジ》

二〇〇八年大統領選挙は、イラク戦争と金融危機とを中心的な争点として展開された。それら前政権の残したマイナスの遺産を担わされた共和党が大統領候補として選出したのは、二〇〇〇年の大統領選挙でもブッシュ陣営と激しく対立したジョン・マケイン上院議員であった。それ以後もマケインは、選挙資金規正、移民、同性婚や中絶問題など党派色の強い政策に関して、むしろ民主党内の保守派と連携することによって、ブッシュ政権や共和党主流に批判的なスタンスを取ってきた。一匹狼と評されることの多かったそのマケインが選出されたこと自体、共和党が路線選択の危機に直面していたことを物語っていた。しかもそのマケインの副大統領候補に、それまで中央政治に全く関わりなくほとんど国際経験も皆無の、アラスカ州の女性知事サラ・ペイリンを選んだことも、共和党の分裂と選挙運動の迷走に拍車をかける結果となった。

混迷する共和党を尻目に、この年の民主党予備戦はいちじるしい活況を呈していた。クリントンとオバマの熾烈な争いの余波は、政党というコップの中の嵐の域をはるかに超え、連邦政治全体の構図を大きく変えるきっかけとなったといってよい。初めての女性大統領と、初めてのアフリカ系アメリカ人大統領を目指す二人のつばぜり合いが、長年連邦政治の動向から置き去りにされてきた多様な集団――女性やマイノリティーズ、衰退産業の低賃金労働者、失業者、貧困者、学生や若年層、老齢者、シングルマザーなど――の政治意識を活性化し、政治参加を促した。オバマの簡潔なスローガン「チェンジ！」はすさまじいまでの勢いで国内世論を席巻し、海外にまで拡散していった。むろんそこに、イラク戦争以来のブッシュ政権の単独主義外交をめぐる諸外国の不信や不満が反映していたことに疑いはない。しかし、おそらくそれ以上にクリントンとオバマとの論争は、アメリカの「帝国」的対外政策の根底に潜む人種的、民族的偏見や男性優位性から、この超大国がようやくにして脱却する時を迎えたかの期待を世界中に広めたといえよう。とりわけ、アフリカ大陸出身の父をもち、アジア太平洋地域に関係の深いオバマという指導者の登場は、世界にアメリカの多文化性のもう一つの側面を印象付けた点で意義深い。その点でオバマの台頭は、市民権運動の結実というアメリカ黒人史上の画期であった以上に、アメリカの伝統的な対外政策の方向転換の予兆でもあった。選挙戦中、オバマほど国内からのみならず世界からも変革のリーダーとして大きな期待を寄せられた大統領候補は、それまではいなかったといってよい。

この年の本選挙の投票率は、オバマ効果もあり一九六八年以来最高の六一・七％を記録した。確たる保守政治の方向性を見失った共和党マケインを尻目に、オバマは一般投票で九〇〇万票以上、選挙人投票でも一九二票引き離し圧勝した。この選挙に関しては、ブッシュの失政とクリントンとの競争がオバマという新しい大統領を生んだということができるかもしれない。しかし、それに加えオバマ陣営が前回のディーンの戦術を踏襲し、ソーシャル・メディアをフルに活用したことにも注目する必要があろう。オバマのフェイスブックのフォロワー数は、マケインの四倍、ツイッターのそれは二三倍に及んだとされる。それらを通して、一〇〇万以上の有権者が当選直後にオバマから謝意を伝えられたという。ネットを通じて集められた小口の政治献金の意義もさることながら、それは多くの人びとにとって、擬似的《ヴァーチャル》であるとはいえ、大統領との直接的なパーソナルなコミュニケーションの経験と感じられたであろう。アメリカ政治をめぐるあらゆる情報や意見がネット上に出現した仮想的なコミュニケーション空間に行きかう時代が到来したのである。以後一般のニュースソースとしては、新聞、さらにはネットワーク・テレビのような伝統的なメディアは、インターネットに凌駕されてゆくことになる。聴きたいニュースや聴きたい意見を聴きたいときに聴きたい発信者を取捨して受け取ることのできる新しいメディアが、急速に人びとの間に浸透しつつあった。八年後、アメリカは、国民に向けたほとんどあらゆるメッセージをツイッター経由で乱発する大統領をもつことになろう。

二〇〇九年一月二〇日、ワシントンのナショナル・モールを埋め尽くした二〇〇万ともいわれた大群衆を前に、オバマはアメリカ史上初のアフリカ系アメリカ人大統領として就任演説を行った。この日おそらく誰もが思い浮かべたであろうキング師の「私には夢がある」演説とは対照的に、オバマの訴えはむしろシビックなアメリカ言説の模範といってよく、カラーブラインドであった。この日の演説の際立った特色は、各所にアメリカ史と独立宣言、合衆国憲法への正確な知見がちりばめられていたことにあった。多様な移民、労働者、農民、奴隷にまつわる歴史のエッセンスを取り込みつつ、多くの戦争の犠牲者に触れ、差別や苦難や対立の過去から目をそらすことなく、それら総ての経験を含み込むアメリカ史の全体に思いをはせつつ、現在のアメリカが直面する危機に国民が一致協力するように、オバマは訴えたのである。間違いなくそれは、長い奴隷解放運動と市民権運動の一つの到達点を記す演説であった。しかし、同時にそれはアメリカの政治社会の底に潜む人種意識を刺激し表出させるきっかけとなる演説でもあったといえよう。

挙国一致かなわず政党間対立へ

オバマは、長くアメリカ政治経済を枠づけてきた既定のオーソドキシーが大きく動揺する中で、世界的な輿望を担って登場した異例の大統領であった。それだけにホワイトハウス入りした際のオバマは、いずれも文明史的といって大げさではない重大性と緊急性を帯びた課題に言及することが少なくなかった。たとえば対外政策について彼が当初目指したのは、たんに目下の戦争からの撤退をはかるだけではなく、対テロ戦争の引き起こした混乱を踏まえ、長期的な視野に立った冷戦後国際秩序の再構築であった。そのためにオバマ自身が視野に入れていた諸課題は、イスラムとの歴史的な和解、核兵器の廃絶、気候変動対策、疫病等の生物学的脅威や貧困に向けた対策、地域的な低強度紛争の抑制など多岐にわたった。こうした人類共通の課題の解決を図るために、オバマは国際法の遵守、法の支配や人権の尊重によるアメリカの信頼性の回復、多国間国際組織の再活性化、共通の脅威に対する協調と協働の促進、国際的な危機対応策の策定を目標に掲げた。国内政策に関しても、オバマは現下の金融危機や医療危機といった具体的な問題への対症措置にとどまらず、危機克服の過程でいかに長期的に持続可能な民主的で公平な政治経済システムを構築するかに腐心した。しかし第一期のオバマ政権は、このようなコスモポリタンかつ民主的な理想主義的アジェンダを具体的に推進してゆくための政治的な資源にも時間にも決定的に欠けていたといわなければならない。

当面する内外の国家的な危機の深さをオバマは、リンカンが第一期施政の発足時に直面した危機になぞらえていたといわれる。ドリス・カーンズ・グッドウィンの伝記『リンカン』(原題は *Team of Rivals*)から示唆を受けたオバマは、可能な限り挙国一致的、少なくとも超党派的な危機対応政権の構築を図った。その意図は、激しい予備選を戦ったヒラリー・クリントンを国務長官に据え、ブッシュ政権の国防長官ローバート・ゲイツを留任させるという人事に如実に反映されていた。しかしながら、個別の政策分野ごとに適材を配するその人事政策が、長期的な挙国一致体制をもたらすことも大統領統治《プレジデンシー》の求心性と一貫性を高めることもなかった。

オバマ自身が『経済白書二〇一〇』の冒頭で書いているように、二〇〇七年のサブプライム・ローンの焦げ付きに端を発した金融危機は、彼の就任時すでに実体経済にまで深刻な影響を及ぼしつつあった。その政権一年目、毎月平均七〇万の職が失われ、危機発生後の累計でその数は七〇〇万に達していた。その間、株、年金、住宅価格の急降下によって総計で一三兆ドルの富がアメリカ人の家計から消滅した。GDPは一九七〇年代以降最速で減少し、信用の流れは停滞し、活力ある企業活動も地を掃った。

この危機に臨んで、オバマ政権が対応を迫られた課題は複雑多岐にわたった。オバマは、ウォール街に縁が深くクリントン政権のメンバーでもあったティモシー・ガイトナーとローレンス・サマーズをそれぞれ財務長官と国家経済会議(NEC)委員長に配し、前政権時から留任したベン・バーナンキFRB議長も加わった危機対応チームを編成した。彼らがまず直面したのは、ブッシュ政権が前年に着手した、大手金融機関や自動車産業のビッグスリーのうちのクライスラーとGMの破綻を食い止め、早期に金融の安定化を図るという課題であった。この点に関するガイトナーの対応は素早く、二月には早くも策定した金融安定計画にしたがって、前年の金融安定化法による七〇〇〇億ドルの残額を財源とする不良債権の買い取りや資本注入による銀行救済策に着手した。さらに四月三〇日、破産申請を行ったクライスラーの再建にも八〇億ドルを追加融資し、六月一日に同じく破産申請したGMについてはその株式の六割を政府所有とする実質的国有化を行ったうえで三〇〇億ドルを追加融資した。

こうした対症療法的な銀行や大企業の救済策に加えて、より根本的かつ中長期的な経済成長に向けた予算七八七〇億ドルという史上最大規模の「アメリカ復興および再投資法」が成立を見た。オバマ政権の狙いは、短期的な失業対策を超えて、道路、橋梁、鉄道、水道などインフラの抜本的な整備、環境やエネルギーの持続可能な開発を可能にする技術革新の促進、より公平な教育制度の確立、公的医療保険制度の導入など、明らかにニューディールを念頭に置いた公共投資による経済の復興にあった。その意味でこの法は、レーガン的な「小さな政府」論に対する、はじめての系統だった選択肢を提示するものであった。下院ではこの法案に賛成した共和党議員は皆無であった。この法案に署名した翌日、オバマ政権はすでに社会問題化しつつあったローンの返済不能による大量の住宅差し押さえに歯止めをかける目的から総額七五〇億ドルの公的資金に基づく住宅救済策を発表した。その上で金融機関の暴走から消費者を保護すべく監視委員会を設けその委員長にハーヴァード大学教授で破産法の専門家エリザベス・ウォーレンを任命した。実際の住宅所有者向けの大々的な支援策であった。しかし同じ月、オバマが発表した予算教書概要によれば、二〇〇九年度の連邦財政赤字は未曽有の一兆七〇〇〇億ドル、前年度の三・八倍に達することが予想された。共和党保守派の「新ニューディール」への反対は激しさを増していった。選挙後、危機の克服に向け党派間の融和と協調を繰り返し訴えてきたにもかかわらず、就任からわずか一カ月でオバマは熾烈な政党間対立の矢面に立つこととなった。

規制緩和派と維持派との対立

経済危機をめぐりオバマ政権が取り組みを迫られたもう一つの党派性を帯びた課題は、将来に向けた効果的な金融規制制度の構築と実施であった。サブプライム危機後、大手銀行は公費による救済を受け、経営者の多くは経営責任を取るどころか、その救済資金から巨額のボーナスを懐にするといったスキャンダラスな事件が頻発した。オバマ政権が登場した一つの理由は、こうした銀行の所業に対する納税者の怒りにあったことは間違いない。当選直後、オバマは筋金入りの金融規制論者との世評の高かったポール・ボルカーを財務長官にあて、この難題の解決をゆだねるつもりであったらしい。

問題は国際的な広がりを見せていた。長年ワシントン・コンセンサスの支配下におかれ、繰り返し金融破綻とＩＭＦによる厳格な融資条件《コンディショナリティ》の苦汁を飲まされてきた途上国にとっても、アメリカ発の金融危機は先進諸国家の銀行家たちによる略奪的な融資に抗議の声を上げる転機となった。世界銀行のチーフエコノミストとして、いくつもの途上国の金融崩壊の場に立ち会ってきたジョセフ・スティグリッツは、ここでもほとんどの場合に、危機の元凶であるはずの銀行家が結局はその責任を問われなかったどころか、「資本強化なくして経済復興なし」の定式に従って投入された公的な救済資金の大半を自らの懐に収めるのを目の当たりにしたという。

内外の無責任な金融を規制するという課題が、オバマ政権にとりいちじるしく困難であった理由の一つは、民主党内でもまたオバマ政権内でも、金融規制をどこまで厳格化するかについての判断が大きくばらついていたからである。ボルカーやスティグリッツが当初から危ぶんでいたように、本来ならばこの問題の矢面に立つべきガイトナーやサマーズは、長く規制緩和一辺倒の立場をとり、ウォール街と密接なつながりをもち、ITバブルとも住宅バブルとも大きくかかわっていた。したがって金融規制の強化という課題に関しては、オバマ大統領が選挙戦中から設置を計画していた大統領経済再生諮問会議の議長を引き受けたボルカーや議会民主党の金融改革論者の動きが先行することとなった。二〇一〇年七月、グラス＝スティーガル法以来といわれた金融規制改革法案(ドッド＝フランク法)がオバマの署名を得て成立した。それによって、商業銀行による顧客サービスと関係のない自己勘定取引の原則禁止や銀行の投資ファンドへの出資・運用制限、金融派生商品(デリバティブ)の規制強化、そして銀行の活動を監視するための金融安定監視評議会(FSOC)の設置などが決められた。いわゆるボルカー・ルール、「公のお金でばくちを打つなかれ」がこの法律の中心的なメッセージであった。

ドッド＝フランク法は、三〇年にわたりグローバルな規制緩和と金融自由化を牽引してきたアメリカが自ら規制強化へと舵を切ったことを告げる法律であった。しかし国際金融市場においてアメリカの金融大手だけが自己勘定取引を禁じられるという事態は、当然にアメリカの金融業界と政界に、国際競争力の減退と多大の収益減の危惧を生んだ。法案の推進者であるクリス・ドッド上院銀行委員長も、ガイトナー財務長官も、法案の成立に当たって国際金融市場に関わる各国にアメリカの規制強化策への同調を強く呼びかけた。

しかし、当のボルカーが打ち明けたように、ドッド＝フランク法は徹底した金融規制という当初の目的にははるかに及ばない改革法であった。その一因はグラス＝スティーガル法廃止後の金融監督システムに生じた複雑性にあったという。

世紀の変わり目以前から、あまりに多くの金融関連の活動が銀行の手を離れ始めたことの影響も大きい。つまりこれらの活動は、銀行を担当する規制当局の直接の監視と政策的な関心が及ぶ範囲の外に出てしまった。……〔FSOCが〕設立されたのは、この問題を認識したことの表れである。それでも、すべての規制当局を調和的に行動させようと試みても、まとまりに欠け政治的に緊張したものになってしまう。それぞれの規制当局には独自の担当領域と政治的な優先順位がある。

（『ボルカー回顧録』）

「銀行監督とは技術的に執行が難しく、政治的に敏感な仕事だ」というのがボルカーの諦めに近い結論であった。納税者の大半が賛成していたにもかかわらずオバマの銀行規制強化策は、未完に終わった。のみならず法案の成立直後から、その骨抜きをはかるウォール街の抱えるロビイスト集団の、証券取引委員会など規制当局や連邦議会に対する活動は熾烈を極めた。連邦議員一人当たり五人を数えるという主要十大銀行のロビイストが展開する法案反対活動の影響力は絶大であった。それ自体は不十分な規制であったにもかかわらず、しだいにドッド＝フランク法は議会共和党によるオバマ政権攻撃の一つの標的とされていった。この法に基づく金融規制が雇用創出のエンジンたる企業への融資を窒息させ失業を悪化させているというのが、彼らの主張であった。しかし、他方でサブプライム危機のもたらした経済破綻と銀行救済に費やされた一兆ドル近い税金の記憶は、長くアメリカ国民社会のうちに刻まれることになった。問題は経済社会に不可欠な循環機能ともいうべき金融に関して、柔軟性・機動性・競争性と安定性・安全性・公平性という二つの価値系列のいずれを重視するかという対立にあったといえるかもしれない。ドッド＝フランク法は、その成立以後一〇年間にわたり規制緩和派と規制維持派との対立の焦点となった。二〇一二年大統領選挙における共和党候補はミット・ロムニーを含めすべてが同法の規制緩和を訴え、二〇一六年にはトランプが、その廃止を公約していた。

資産価値二五〇〇億ドル以下の中小銀行(J・P・モルガン・チェイス、ゴールドマン・サックス、シティ・グループなど一〇行ほどを除くすべて)をドッド＝フランク法の規制対象から外す立法がなされたのは、トランプ政権二年目のことであった。この時、地方銀行の利益と結びついた一部の民主党議員が党内のリベラル派から離反して賛成票を投じている。レーガノミクスの時代は、金融分野ではなおも続いているというべきであろう。

格差社会の可視化

金融危機によってもたらされた二〇〇八年の「大不況(The Great Recession)」は、あらゆる不況がそうであるようにそれまでは隠されたり無視されたりしてきたさまざまな集団間の格差や差別を容赦なく衆目にさらすきっかけとなった。住宅バブルが最盛期を迎えていた二〇〇三年、二人の経済学者トマ・ピケティとエマニュエル・サエズは、二〇世紀初めからの納税記録の精査によってアメリカにおける格差拡大の長期トレンドを描き出すという実証的な論文を発表していた。この論文とそれをふまえて二〇一三年に刊行されたピケティの世界的ベストセラー『21世紀の資本』とによると、一九八〇年代以来、二〇一〇年代までアメリカではほぼ一貫して富裕層、とくに所得分布の最上位一%の超富裕層に所得が集中する傾向が続いてきたという。八〇年代初頭から「大不況」までに、上位一〇%の富裕層の所得が国民所得に占める割合は、

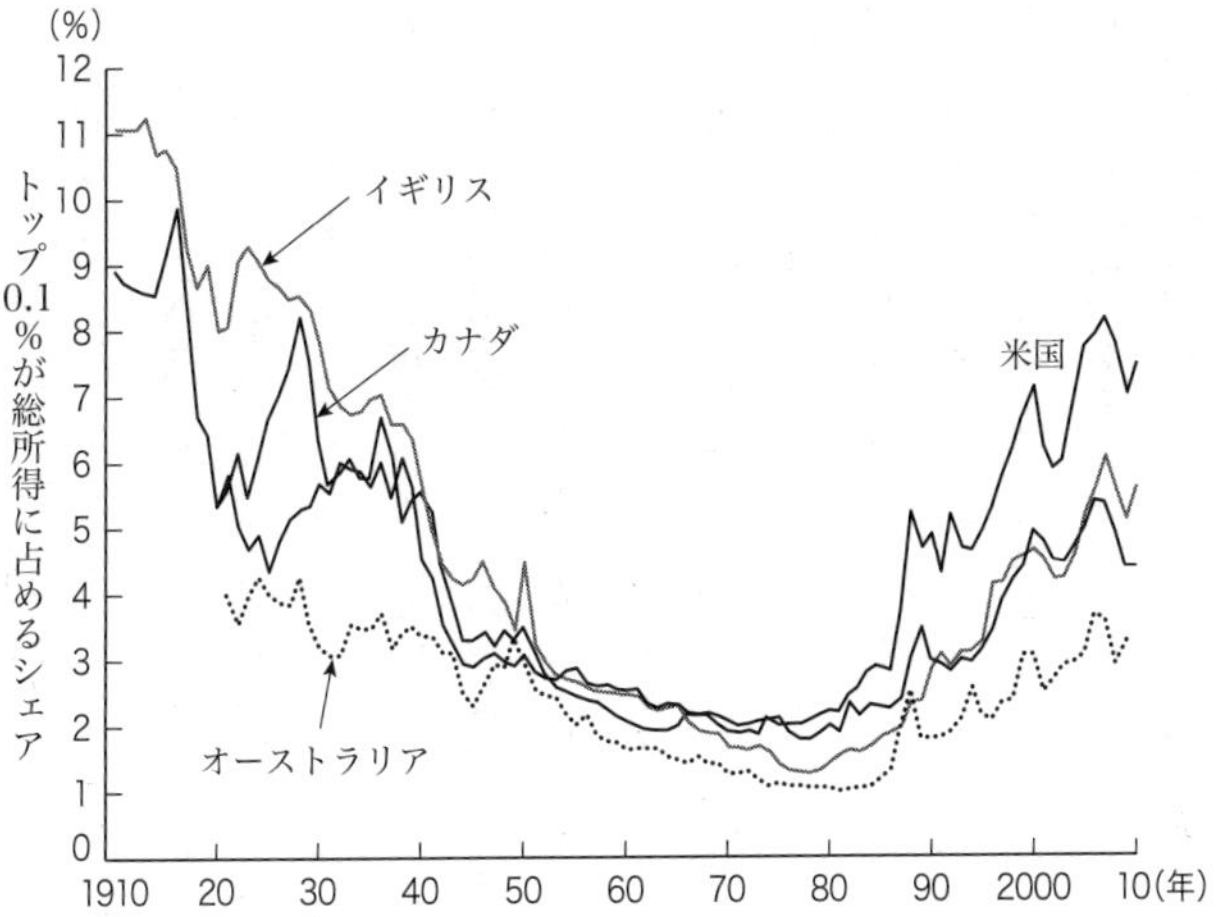

図 **4-3**　アングロサクソン諸国でのトップ 0.1% の所得シェア（1910–2010 年）

三五%から五〇%に伸びたのに対し、上位一%層は一〇%弱から二〇%強へと大幅な増加を示している。さらに驚くべきは、上位〇・一%は、同じ期間に二%から八%へと取り分を増やしていることであった。これに対して、製造業労働者や非管理職労働者の賃金は時給も週給も、実質では一九七〇年代からほぼ横ばいが続いてきた。最低賃金もまた一九六〇年代のピークから八〇年代までは下降線を辿り、以後三〇年間ほとんど上昇は見られなかった。この第一次世界大戦前の「金ぴか時代」を彷彿させるような所得の格差（図4-3）が、現代アメリカ民主主義下に生じた主たる要因は、資本所得よりはむしろ超高額の給与所得「スーパーサラリー」（図3-3参照）にあったとピケティらは指摘した。この研究は、きわめて少数の超富裕階層に光を当てた点で異例であった。主流派の経済学者との間に、その方法的資料的妥当性をめぐる論争が起こるかたわら、それはサブプライム危機が深刻化し銀行や大企業の公的資金による救済が問題化してゆくにつれ、格差社会の実態を具体的な資料的裏付けをもって描き出した論文として一般のメディアからも注目されるようになっていった。その結果、「一%対九九%」という象徴的な問題視角がアメリカ社会の中に急速に流布していったのである。

こうして可視化されつつあった格差社会の最底辺を構成し、サブプライム危機とその後の不況によって、もっとも壊滅的な打撃を被ったのは、ハリケーン・カトリーナの時と同様、マイノリティーズとりわけアフリカ系アメリカ人たちであった。しかし、一九七〇年代以降も一貫して彼らが置かれてきた差別や実質的隔離の構造に照らすならば、彼らにとって今回もたらされた苦境にとくに目新しさはなかったというべきであろう。不況下に真っ先に職を奪われ、レイオフされ、賃金をカットされ、資産を失い、住環境が悪化することは、ポスト市民権運動時代にあってもなおアフリカ系アメリカ人社会にとって常態にほかならなかった。彼らから見て、もし今回の「大不況」に目新しさがあったとするならば、その到来が初めてのアフリカ系アメリカ人大統領の登場と重なった点にあったであろう。「大不況」はまた、変化と希望への期待に満ちた時代の幕開けでもあったのである。

しかしながら二〇〇八年という年をアメリカのより深刻な衰退の始まりの年と受け止めた人びとも少なくなかった。バブルが弾けた後の「大不況」と初の黒人大統領の登場とは、格差社会の一角にアフリカ系アメリカ人社会やヒスパニック系の移民社会とは別にもう一つの孤立した停滞的セクターが存在することを改めて浮き彫りにした。すなわちピケティとサエズが指摘した製造業労働者や非管理職労働者によって構成される社会層であった。過去二〇年間で世界の所得ランクごとにいかに所得が伸びたかを示したグラフ（象グラフ、図4-4）が物語るように、各先進国では軒並み中低所得層の所得は伸び悩んできた。アメリカの場合もその例外ではなかった。彼らは、かつては産業社会の中心的業種――繊維、自動車、電器、鉄鋼、石炭など――を担い、強力な労働組合によって政治的発言権を確保

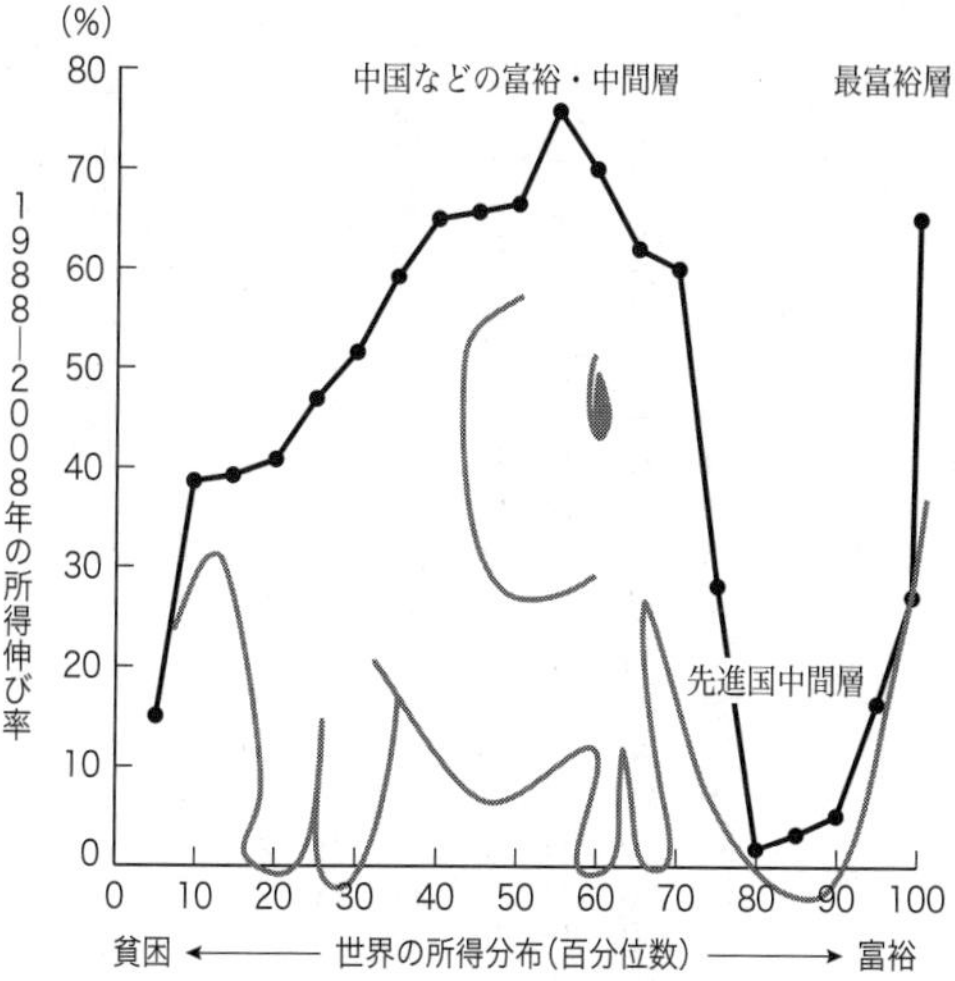

図 **4-4**　元世界銀行エコノミストのブランコ・ミラノビッチの通称「象グラフ」

し、「黄金時代」のアメリカ経済を牽引してきた白人労働者階級であった。そしてその彼らが、過去四半世紀に進んだグローバル化や経済活動のオフショア化、そしてITの高度化やオートメーション化の時代の敗者となったのである。途上国の労働者によって作られた安価な製品が洪水のように国内の商品市場に流れ込んだため、アメリカの製造業は大きく傾いた。製造業セクターの雇用が全体に占める割合は一九八〇年の二〇・七%から、二〇〇五年には一〇・七%へと半減した。残された低賃金雇用に、これまた八〇年代以降急増した移民労働者(なかんずく雇用主権力に対して法的に脆弱な「不法移民」)が群がり、白人労働者の雇用は大きく奪われた。加えてかつては、中堅的労働者を代弁し、強力な社会的ネットワークのうちに彼らの利益と生活を守ってきた労働組合も、労働関係委員会が使用者側利益重視に傾いた八〇年代以降弱体化を余儀なくされた。とりわけ民間労組の弱体化はいちじるしく、その組織率は一九八〇年の二〇%から、二〇〇四年には八%へと下落していた。かつてアメリカ中産階級社会の中枢を担った白人労働者が、今や没落階層とみられるに至った。そして今また彼らの多くも住宅ブームの中で銀行の略奪的な貸付の犠牲に供されたのであった。

ティー・パーティ

地方の中小都市の、いわば草の根の中下層労働者階級が、レーガン保守の社会文化的価値を共有し、新自由主義的な反政府論、反福祉国家論、反規制論を受容し、長くその政治的な尖兵の役割を担わされてきたことを思うならば、二〇〇八年の状況が、彼らにとってとりわけ耐え難いものであったであろうことは想像に難くない。ほかならぬブッシュ政権によって着手された巨額の公費を投じての大銀行救済策《ベイルアウト》はレーガン主義のオーソドキシー――新自由主義的な「小さな政府」論や規制緩和論や自由企業神話――に対する手酷い裏切り以外の何物でもなかった。二〇〇八年末のギャラップ調査によるとブッシュの銀行救済策に賛成する人びとは、民主党支持者の間で六割強であったのに対し、共和党支持者の間では三分の一にとどまっていた。しかしオバマが大統領に就任し、民主党が議会両院の多数を掌握したことによって、彼ら草の根の共和党保守派は、「大きな政府」志向の民主党という伝統的な攻撃対象を再び得ることになった。反オバマ、反民主党感情の高まりによって、共和党保守は内部分裂の兆しをかろうじて修復することができた。以後、オバマ政権の八年間が妥協不能の党派間対立に終始した一斑の理由は、金融危機を契機とする共和党分裂の危機にあったといってよい。

銀行批判の急先鋒をもって自任するエリザベス・ウォーレンの助言を受けてオバマが発表した住宅救済策は、共和党の保守派にとってはまさにマイノリティ大統領によるマイノリティーズ救済策に他ならなかった。その発表をシカゴ・マーカンタイル取引所で耳にした瞬間、経済専門チャンネルCNBCのリポーター、リック・サンテリが叫んだ「シカゴ・ティー・パーティ」への参加呼びかけが、一つの大きな政治潮流を生み出すこととなった。それは金融トレーダーの聖地で典型的な市場原理主義者から発せられた、反射的な「大きな政府」批判の叫びであったろう。にもかかわらず、アメリカが独立へと踏み出す一歩となった伝説的なボストン茶会や建国の父祖の伝統に言及しつつ、オバマの救済策を荒々しく拒絶したサンテリの叫びは、インターネットを通してたちまちのうちに全米の民衆社会へと拡散し、実際広範な地方コミュニティに無数のティー・パーティが展開されていった。しかし同時に、その拡散の驚くべきスピードはこの動きが下からの実体的な組織形成によるよりは、銀行救済や黒人大統領の登場に触発された民衆レベルの無定形な怒りや不安に突き動かされていたことを物語ってもいた。

早くもその年の四月一五日、財政保守の信条の擁護推進団体フリーダム・ワークスがフォックス・ニュースなどの支援を受けて、首都ワシントンをはじめとする各地で主催した反税行進は、多様な自称ティー・パーティ集団の全国的結集の最初の機会となった。その一年後の世論調査によれば、ティー・パーティ支持者は有権者の四割ほどにまで膨れ上がっていた。彼らの圧倒的多数は白人であり、地域的には南部に約三分の一が住み、四分の三は保守を自任し、大多数は共和党支持者であった。こうした属性から推定されるように、その多くは銃器の保有者であり、学校礼拝に賛成し、プロ・ライフであり、同性婚には反対の立場をとっていた。それは政党というよりは、「大きな政府」(とオバマ政権)に対する嫌忌をいわば最小限綱領とするき

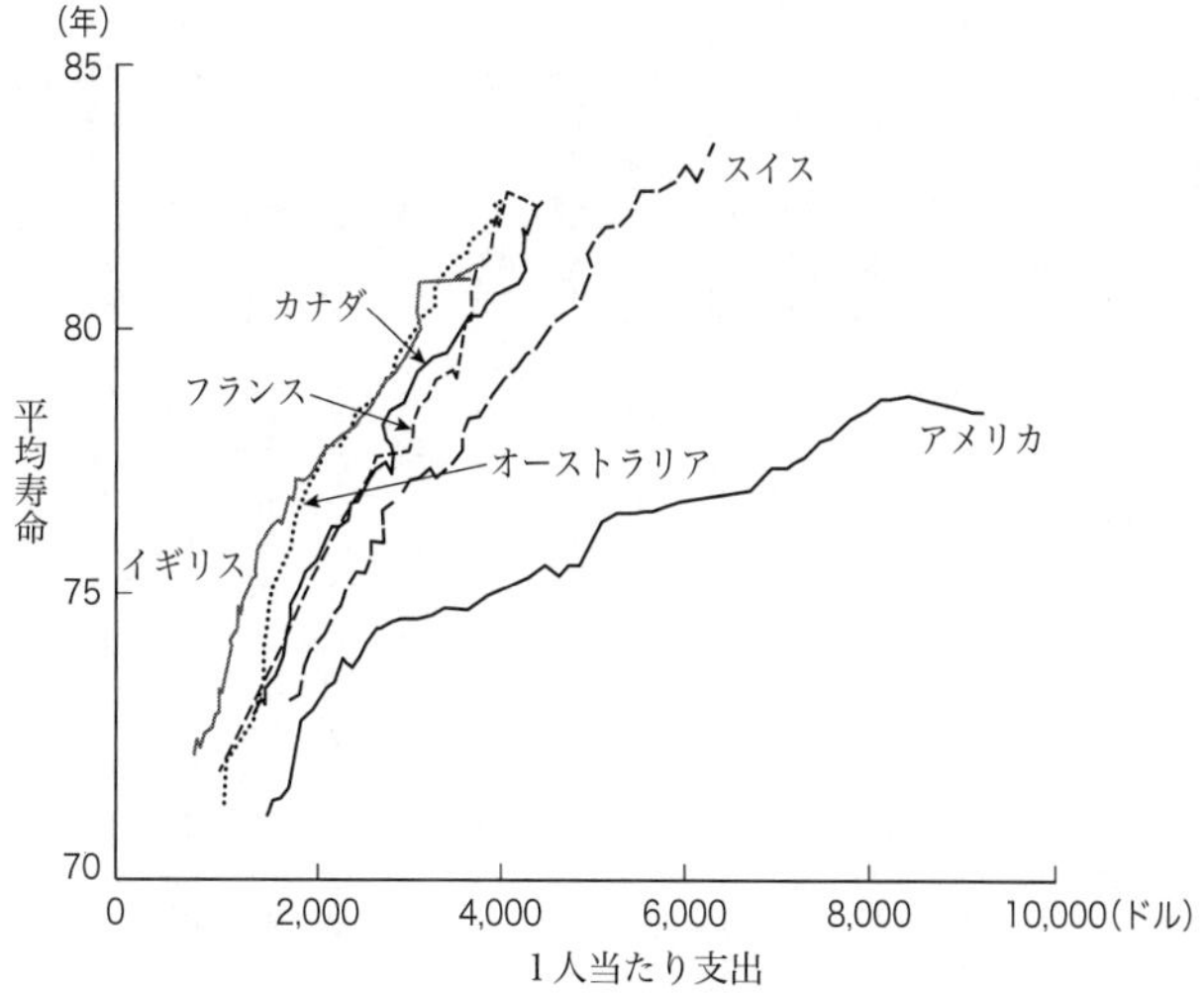

図 4-5　1人当たりの医療費と平均寿命

わめて雑居的な保守的大衆運動であった。見方を変えるならばティー・パーティは、もし共和党が金融破綻後の「大不況」の時代を生き延びようとするならば、それと妥協しそれを取り込む以外にない社会勢力であったといえよう。

ティー・パーティ運動にさらに弾みをつける結果となったのが、二〇〇九年七月、オバマ大統領が着手を宣言した医療保険改革であった。それは、クリントン政権下でヒラリーが主導した改革案が挫折を見た後も民主党が掲げ続けてきたいわば党是ともいうべき政策課題であった。一人当たりの医療費(図4-5)が先進諸国平均の二・四倍と突出していながら、総人口の一五%に当たる四五〇〇万人が無保険状態にあるというアメリカの医療状況の改善なしにアメリカの中産階級の再建はないというのが、選挙戦中からオバマが掲げてきた公約であった。くわえて「大不況」の直撃を受けた企業の中には、従業員に対する医療保険提供を取りやめるケースが増加しつつあった。とはいえ、巨額の景気対策や企業救済によって財政赤字が激増し、にもかかわらず失業率が悪化していくタイミングで提起された医療保険改革案は、共和党、なかんずく反税運動で勢いを増したティー・パーティの激しい攻撃の的となった。非妥協的党派対立が極点に達するなかで、民主党が推進した法案「患者保護および医療費負担適正化法(オバマケア)」は翌年三月、議会下院を通過し成立した。共和党は一致して反対に回り、民主党内の財政規律派が反対に回ったため、二一九対二一二という僅差での可決であった。それは、議会を通過させるためにオバマ政権が妥協に妥協を重ねることによってようやく到達した成果であった。そこでは公的保険制度の拡張案も、公的保険プランの選択を可能にする「パブリック・オプション」創設案も採択には至らず、公費補助を通しての民間保険制度の拡張がはかられたのであった。こうした限界にもかかわらず、オバマケアにより無保険者は劇的に減少を見た。それは八年間に及ぶオバマ政権が残した内政面での最大の成果であった。逆に共和党とティー・パーティにとって、向こう一〇年間にわたり一兆ドル近い予算を要するオバマケアは、民主党の「大きな政府」志向を攻撃するためには格好の標的となった。オバマケアこそは、トランプ政権の今日に至るまで激化の一途をたどってきた政党間対立の中心的争点とされてきたのである。

大不況が長引く中で行われた二〇一〇年秋の中間選挙において、民主党は一九九四年以来となる大敗北を喫する。共和党は、上院で多数にわずかに届かなかったものの六議席を増やし、下院に至っては六四議席増という歴史的な大勝利を収めた。この年共和党の勢いは州・地方にも及び、選挙後共和党の州知事は六人増え、共和党が両院で多数を握る州は選挙前の一四から二六とほぼ倍増を見た。それはわずか二年前、オバマが呼びかけ連邦政治全体を揺るがす衝撃をもたらした「変化」の終息を告げる結果であった。

しかし、この選挙でもう一つ注目を集めたのは、多くの州の共和党予備選で、当の主流を構成してきたベテランの現職議員がティー・パーティの推薦を受けた新人候補に予想外の敗北を喫する事例が相次いだことである。本選でもティー・パーティの勢いは止まらず、上院ではティー・パーティの推薦候補のうち六人、下院でも六〇人余りが当選を果たした。選挙後これらの議員は共和党に所属しながら、両院でティー・パーティ・コーカスを結成し、議会内に隠然たる一派を形成した。それは草の根保守が、議会内に新たに形成した橋頭堡であった。議会共和党の主流の側からみるならば、ティー・パーティ・コーカスは税財政にかかわる管制塔とも目すべき原理主義的保守派の登場を意味していた。

「ウォールストリートを占拠せよ」

二〇一〇年中間選挙は、財政赤字の削減、すなわち「大きな政府」をいかに縮小するかという古くて新しい問題が再び連邦政治の中心的争点として浮上するきっかけとなった。そしてその削減の方法をめぐっては、富裕者や大企業に対する増税による歳入増を主張する民主党と、年金や福祉の給付削減による歳出減を主張する共和党との間に、これも旧来の原理的な対立が再び現出しつつあった。「大不況」からの脱出過程に露呈したこの対立をめぐって、選挙に敗北したオバマは当初、時限の迫ったブッシュ減税を富裕層を含むすべての所得層について二年間延長する施策などを通して妥協的な解決を志向した。しかし、選挙に勝利した下院共和党は、ティー・パーティ派の存在もあって強硬であった。連邦政府の債務残高が既定の上限に達した二〇一一年五月以降も、さらなる歳出のカットを求め、債務残高上限の引き上げを引き延ばし続けた。そのまま八月二日を迎え政府の金庫が空になった場合、アメリカは史上はじめて国債の債務不履行を迎えるという危機的状況であった。ここでも妥協したのは大統領であった。増収策を撤回し、年金やメディケアの給付削減を含む歳出削減を組み込んだ「債務上限引き上げ法案」が議会を通過し、大統領の署名を得て成立した。しかし、向こう一〇年で一兆五〇〇〇億ドルの赤字削減手段については合意をみず議会の超党派委員会の継続論議にゆだねられた。少なくとも危機はこの年年末までは回避されたものの、この委員会は結局解決策の策定に失敗し、その結果、法案に組み込まれていた二〇一三年の一月からの一〇年間で一兆二〇〇〇億ドルに上る強制的な財政緊縮が自動的に発動されることとなった。

債務上限引き上げ法をめぐる妥協は、オバマが富裕層増税を回避し、格差社会の底辺に対する負担増を求める形での財政赤字削減策を採択したことを意味していた。それは裏から言えば、格差社会の上層部への減税効果がトリクルダウンして経済全体を潤すという、すでに幾度も現実によって覆されてきたおなじみのレーガン主義的ストーリーを彼が受け入れたことを意味していた。下院民主党の約半数に当たるリベラル派の九五人がこの法案に反対票を投じた。他方下院共和党もティー・パーティ・コーカスの六〇人を中心とする六六人が反対に回った。法案成立直後の世論調査では、オバマ大統領の支持率は、就任以来最低の四二％まで降下した。

この時期までに、オバマの「変化」に格差解消に向かう社会変革の可能性を見て熱狂した多くの支持者たちは、あきらかにオバマからも民主党からも離反しつつあった。ブッシュの銀行救済策が多くの共和党支持者をティー・パーティに向かわせたのとちょうど裏腹に、オバマの大不況脱出策も多くの民主党支持者をより直接民主主義的な抗議運動に向かわせる結果となった。二〇〇九年にカリフォルニア大学で始まった「反銀行救済」「反授業料値上げ」「反歳出予算削減」をスローガンとする「占拠《オキュパイ》」運動は、ソーシャルメディアを通して各地に飛び火し、二〇一一年九月にはフェイスブックで拡散されたデモの呼びかけからニューヨーク市で

「ウォールストリートを占拠せよ《オキュパイ・ウォールストリート》」運動が開始された。それは「私たちは九九％だ」のスローガンからもうかがえるように、ティー・パーティよりはるかに直接に格差社会の現実に抗議の目を向け、失業や貧困や医療・教育差別を取り上げて、「一％」に偏った所得と富の上方への再分配を弾劾する運動であったといえる。しかしダウンタウンのズコッティ公園を中心とする一帯に、何百、何千の人びとがただ集まってともに時間を過ごすというこの運動のスタイルは、あきらかに六〇年代カウンターカルチャーが頻繁に展開した「シットイン」運動の伝統を思い起こさせるものであった。占拠された空間は、さまざまな即興的な音楽や舞踊やパーフォーマンスの行きかう現代の若者の生活様式の見本市といった観の文化的な空間であった。と同時に、それはアメリカ民主政が一世代ぶりにその出現を見た大々的な直接民主主義的な政治空間でもあった。格差是正の意志も能力も欠いた既成の民主政治の回路を見限り、問題の元凶（ウォール街）に直接行動によって抵抗の意志を突き付けた点でも、また組織的中枢を構えず、あらゆる同調者を迎え入れ、開かれた討議空間を形成した点でも、あきらかに「占拠」は、アメリカの直接民主主義的伝統に連なる運動であった。ある運動の支持者は、ブログで、それを独立革命後のシェイズの反乱になぞらえ「知性のあるティー・パーティ」と呼んだ。

「占拠」運動は、ニューヨークからワシントンへさらに急速に各地のコミュニティへ、また海外にまで拡散していった。その政治的効果も文化的なインパクトも不明ではあったが、この運動に蝟集してきた群衆は、圧倒的に都会の白人の若者や学生や若い勤め人から構成されていた。この運動の精髄を最も真率に受け止めた一人が、ユージン・デブスをヒーローと仰ぐ土着の社会主義者バーニー・サンダース上院議員(ヴァーモント州選出)であった。「ウォール街には詐欺師がいます。……私たちは、一握りの泥棒男爵がこの国の将来を支配することなど絶対に許さないのです」と彼は宣言した。ポスト「大不況」の時代を象徴するもう一人のアウトサイダー指導者の登場であった。

「変化」への期待から失望へ

その開始から二カ月を経て冬を迎え、占拠運動もあらゆる無定形な大衆運動の例にもれず退潮に向かっていった。各地の公園を占拠したテント村は次々と地元警察によって撤去され、本拠のウォールストリートでもデモや集会は抑え込まれ、年明け前に運動は終焉を迎えた。翌二〇一二年一月オバマ大統領は、年頭教書で「今や前進するための準備は整った。私たちのほとんどが見たこともない最悪の不況の二年間が過ぎ、株式市場は活況を取り戻し、企業利益は上昇し、経済は再び成長を開始した」と主張した。失業率がなお九・七%という高水準にある中で、法人税を引き下げ、アジア諸国との自由貿易促進を謳うなど、それはオバマ政権の経済界への歩み寄りと格差社会の現実からの逃避とを印象付ける演説であった。この時期政権の人事も、銀行や大企業の経営者層やかつてクリントン政権にかかわった人びとからの登用が相次いでいた。一九八四年以来長く民主党のDLCの屋台骨を支え続けてきたアル・フロムが誇らしげに回顧しているように、オバマ政権の経済金融政策は「変化」から、「大不況」を経過し、徐々にクリントンのニュー・デモクラットの路線へと収斂していったと見ることができよう。

二〇一二年の大統領選挙は、このように穏健化した経済政策を掲げる現職オバマと、共和党内の右派の抵抗を抑えた穏健保守の前マサチューセッツ州知事ミット・ロムニーという比較的選択の幅の小さな対立となった。共和党は副大統領候補に強硬な新自由主義者ポール・ライアン下院議員を選び、ティー・パーティ支持者を中心とする草の根保守の動員をはかった。むき出しの党派性と激しいネガティブ・キャンペーンが跋扈する選挙戦は、現職の強みを生かしたオバマの辛勝に終わった。

二〇〇八年に続くこの敗戦後、共和党内では長期的な多数派戦略の再検討が行われた。共和党全国委員長ラインス・プリーバスは、敗因をマイノリティーズ——とくに増加の一途を辿るヒスパニック——の票の取り込みに党が失敗していることに帰した。その上でこの層を引き付けることなしに政権の奪取はなく、そのためには包括的な移民法改正が必要であるというのが、プリーバスら主流派の展望であった。二〇五〇年までには白人人口が半数を割るという人口動態予測に当面して、その多文化化の趨勢に対応することに活路を見出そうという路線であった。

しかし、共和党内の保守強硬派は、この敗北によってオバマ政権との対決姿勢を硬化させ、以後下院を牙城としてオバマ施政のことごとくに徹底した議事妨害手段をもって抵抗した。

他方オバマ民主党にとってもこの勝利は、もはや「変化」への期待から生まれた選挙結果とは言い難かった。選挙戦中オバマが第一期政権の実績として誇示したのは、二〇一一年五月初めパキスタンで敢行された秘密作戦によるビン・ラディンの殺害であり、GM救済によって数万の雇用を守ったという不況対策の成果であった。議会民主党は上院の多数は維持したものの下院の多数を奪うことはかなわず、分割政府が継続する状況となった。選挙前年の妥協によって決着が先延ばしされた財政規律問題はふたたび両党間の争点として再浮上しつつあった。その際延期されたブッシュ減税の期限切れと、一〇年で一兆二〇〇〇億ドル（その初年度二〇一三年には最大で四一〇〇億ドル）に上る政府支出の強制削減の開始が同時に来るいわゆる「財政の崖」が選挙直後に待ち構えていた。年末さらに翌年三月と連邦財政のデフォルトはこの時も崖縁で辛うじて回避されたが、その結果ブッシュ減税中の富裕者優遇措置のほとんどはほぼ無期限に継続されることとなった。こうした問題の先送りを繰り返すことによって、連邦債務問題はしだいに「大きな政府」志向と「小さな政府」志向との原理的対立の象徴的争点にまで煮詰められ、二大政党間の対立を膠着させていった。共和党保守派が大統領に超緊縮的な歳出カットを求め、債務上限の引き上げを人質にとって、連邦政府を閉鎖に追い込む事態は、第二期オバマ政権でも、またトランプ政権でも繰り返された。

第二期オバマ政権下では、共和党保守派がこのような手段をもって歳出抑制を強行したため、インフラ整備や移民や気候変動、とりわけ不況対策や格差の是正など緊急の課題に関わる国内的計画の策定は大きく妨げられた。民意に十分な対応を示しえない、いわば「決められない」ワシントン政治に対する世論の信頼感は歴史的な水準にまで低迷した。

金権政治によるデモクラシーの歪み

格差の拡大に伴い社会的コンセンサスが破砕され、政党間対立が膠着したオバマ時代、アメリカ政治はロバート・ダールのいう多元的デモクラシーよりはC・ライト・ミルズのいうパワー・エリート支配にはるかに近い様相を呈していたといえよう。二〇一四年に政治学者マーティン・ギレンズとベンジャミン・ペイジが発表した論文は、「だれがアメリカ政治を支配しているのか」というダールの古典的な疑問に対し、一九八一年から二〇〇二年に至る間の一七七九件の連邦政策過程に当たることで実証的に答えている。それによると、これらの諸政策形成に圧倒的な影響力を及ぼしたのは、保守的な企業集団やコーク財団など富も所得もきわめて高い経済エリートと大企業利益を代弁する圧力団体であった。彼らは、それらの政策群のおよそ半分で自ら選好する政策を実現し、反対する政策のほとんどすべてを葬り去ることに成功したとされる。これに反し、公益や大衆的利益の擁護団体はほとんど影響力をもたず、平均的市民に至ってはすべての政策に対して何らの影響力も持ちえなかったという。ピケティとサエズの論文の政治学分野での好一対とも目すべきこの論文は、レーガン以後の自由市場経済とそれを守り推進する政策選択との相乗効果によって、大企業や富裕層優位の格差社会が創出され、中産階級が衰退し発言権を失ってきた経緯に改めて光を当てるものであった。そしてこの傾向は大筋において、オバマ政権の下でも変わることなく続いていた。

選挙運動が政党組織の統制を脱し、候補者個々による個人化された集票、集金活動へと変質していった七〇年代以降、多くの候補者にとって企業や組合のPACとの関係は不可欠な選挙資金源となった(第一章第3節参照)。連邦最高裁の判例は、直接の利益供与(quid pro quo)による贈収賄でさえなければ、利益団体による選挙候補者の主張に対する賛否の表明は、憲法によって保護されるべき「自由な言論」行為であることを認めた。この緩い政治資金規制によって「一人一票」の原則は「一ドル一票」の様相をしだいに強めてきたということができる。

二〇一〇年一月二一日に最高裁が下した「シティズンズ・ユナイテッド対連邦選挙委員会」判決は、このいわば投票のドル支配を極限にまで進め、いわゆるスーパーPAC——直接選挙運動にかかわらない限り上限なしに企業や組合や個人から資金を集め、大統領選挙、議会議員選挙の候補者を支持したり反対したりする目的で支出できるPAC——の登場に道を開く結果となった。企業や組合や個人による選挙目的の支出額に上限を課す二〇〇二年の連邦選挙資金法の一部規定は、これらの団体や個人の政治的見解表明の機会を奪い「言論の自由」を侵しているという理由から違憲と判示されたのであった。判決の一週間後オバマ大統領は、一般教書演説において、「私は権力分立原則を尊重することにかけて人後に落ちるものではないが、先週の最高裁判決は外国企業を含む特定利益集団が無制限に選挙費用を使えるように道を開いてしまったと思っている」と判決批判を展開した。

この異例な最高裁批判で示されたオバマの危惧の通り、この判決後初めての二〇一二年大統領選挙では、大石油会社、ウォール街の銀行、医療保険会社、製薬会社さらには超富裕層の個人から堰を切ったように多額の資金がスーパーPACに流れ込み、政党間、候補者間の度を越した中傷キャンペーンの拡散に拍車をかけることとなった。二〇一一年から一二年の間、PACが支出した政治資金は、前回の大統領選挙時の約二倍、一二億ドルへと膨れ上がった。

クーリッジ大統領のサウンドバイト「アメリカのビジネス(本務)はビジネスである」をもじったタイトルのリー・ドラットマン著『アメリカのビジネスはロビイングである』によれば、二〇一二年に政治活動組織によって直接ロビー活動に投じられた費用は三三億ドル余り、実質で一九八三年の七倍に達し、その四分の三以上は企業によるものであった。かつては企業活動に対抗する影響力を有していた労働組合や公益団体や市民組織のロビー活動は衰退し、ロビー活動にかける費用の大きな組織上位一〇〇のうち、九割以上は常にビジネス利益によって占められる状況となった。このような企業利益の一大攻勢は、党派を超えて多くの連邦議会議員の活動に多大な影響を与えずにはおかなかった。二〇一六年に政界からの引退を表明した連邦下院民主党のスティーブ・イズリエルは、長く党の資金集めを任された経験を振り返って、『ニューヨーク・タイムズ』に短い文章を寄せている。それによると選挙運動資金が急速に膨張してゆくため、議員活動の大半の時間とエネルギーはロビイストや献金者との面会や会食に費やされ、日に四、五時間も献金依頼のための電話をかけまくるのが普通であったという。こうした日常を余儀なくされる多くの議員にとって、本来の活動の中心たるべき有権者との接触は当然に二の次とされ、ワシントン政治全体の民主的な応答性は低下してゆく。「〔ワシントンの政治〕システムは壊れているどころの話ではない」とイズリエルは結論している。この状況こそが間歇的に噴出する汚職事件（表4-1参照）の温床であったことはいうまでもない。

政治資金の洪水がもたらす腐敗現象は、連邦政界にとどまらなかった。大銀行救済策で露呈したウォール街とワシントン政治との癒着に対する大衆的怒りから始まったはずのティー・パーティ運動ですらその影響を免れなかった。『ワシントン・ポスト』によれば、このころティー・パーティも金権化の波に翻弄され、当初の反エスタブリッシュメント的性格や運動保守の性格を失いつつあったという。ティー・パーティのPACは、二〇一四年中間選挙を前に必死に献金を集めてはいるが、その献金は彼らが推す候補者を押し上げるためにはほんのわずかしか使われていない実態が明らかとなった。とりわけ「ティー・パーティ・エクスプレス」や「ティー・パーティ・ペイトリオッツ」など、自発性と大衆性とを特色としたこの運動を全国的な統一組織へと編成することを目指した集団についてみれば、この選挙期間中に集めた献金のうちから実際の選挙関連の活動に支出された額はわずか五％に過ぎず、残りは組織の維持と少数指導者の「活動費」として費消されていた。ワシントン政治全体に金権化が進行する中で、過去の多くの大衆運動がそうであったように、ティー・パーティもまた運動からビジネスへ、さらには組織維持を自己目的とする集金機関への変容過程を免れえなかったといえよう。

共和党による人種政治の利用

他方、格差社会の底辺ではオバマ大統領の登場以後、マイノリティーズの政治的影響力をめぐる対立が激しさを増していった。黒人の投票率を劇的に上昇させた一九六五年の投票権法以来、とりわけ白人の共和党保守派の間では、年々増加するマイノリティーズの政治的影響力を可能な限り抑え込むために、人種隔離時代を彷彿させるさまざまな方法が試みられてきた。連邦選挙は通常平日火曜日であることや投票権の取得のためには事前の登録が義務付けられているために、もともと低所得労働者層や教育程度の低い社会階層の投票参加は富裕層に比べて低い傾向があった。そうした傾向は七〇年代以降も変わらず、くわえてそれまで投票動員機関として機能してきた地方や州の政党組織が弱体化したこともあって改善を見なかった。

この状況下オバマの当選を契機として、共和党保守派やティー・パーティ支持者や保守派メディアの間では、投票資格のないマイノリティーズや「不法移民」による大量の「不正投票」疑惑が問題視されるようになっていった。とりわけ二〇一〇年中間選挙によって共和党が二六の州議会両院で多数を獲得して以後（それはまた国勢調査の年であり州間の連邦下院議席配分の改定の機会でもあった）、「不正投票」の規制強化を口実とする選挙資格制限の動きが各州の共和党主導で進んだ。有権者登録条件の厳格化、登録・投票に際しての写真付き身分証明書の提示、投票時間や投票所数の縮減、期日前投票所の移動や削減、選挙区の境界線変更など、民主党支持者が多数を占めると予測される低所得層、マイノリティーズ、学生、身体障害者といった人びとの投票の機会を狭め、彼らの影響力を削ぐための実質的な選挙権剝奪法の制定が相次いだ。二〇一一年から翌年にかけて四一の州議会に身分証明書提示義務化法など総計一八〇にも上る法案が上程された。そうした法案のモデルの作成を担い党派的な投票権剝奪運動を中心になって組織したのは、コーク財団などの超富裕層団体の支援を受けた「アメリカ立法府連絡協議会」であった。ティー・パーティ運動の場合と同じく、ここにも企業と富裕層による金権政治の影響が及んでいた。「一人一票」の民主的原則は、金権政治と人種政治とに挟み撃ちされるかたちで大きく損なわれているといわなければならない。

　こうしたマイノリティーズの事実上の投票権剝奪の動きは、二〇一三年、連邦最高裁がシェルビー郡対ホルダー判決で、一九六五年投票権法の要であった規定を違憲と判示したことによって拍車がかけられた。この規定は、南部諸州のジム・クロウ法が長く黒人有権者の投票権を妨げてきた歴史に照らして、将来にわたって差別の再現を未然に防止するために、州の選挙規定を連邦政府の監督の下に置くとしたものであった。首席判事ジョン・ロバーツの執筆した多数意見書によれば、その規定はもはや差別などない諸州の状況を見れば、すでに時代遅れであり州権を損なうというのが判決理由であった。

　二〇一二年オハイオ州でのロムニー支持集会で見られた「ホワイトハウスを白人に取り戻せ」のTシャツロゴが象徴するように、ポスト市民権運動社会では長く禁圧されてきた人種差別感情や排外主義が、オバマ政権下で再び広く草の根レベルの白人社会に表出しつつあった。二〇一二年二月二六日、フロリダ州サンフォードにおいて一七歳のアフリカ系アメリカ人トレイボン・マーティンが白人の自警団員によって射殺された事件は、犯人が無罪の評決を受けたとき、#BlackLivesMatter（黒人の命を軽くみるな、以下#ＢＬＭ）がネット上に広がり大きな抗議運動へと発展した。犯罪捜査においてあらかじめアフリカ系アメリカ人に当たりをつけがちな「人種的分析《レイシャル・プロファイリング》」やロドニー・キング事件以来一向に改善を見ない警察官の過剰な暴力、黒人の異常に高い収監率など以前から問題視されてきた犯罪捜査をめぐる差別問題が改めて大きくクローズアップされた。

二〇一四年七月一七日、ニューヨークのスターテン・アイランドで、四三歳の黒人男性エリック・ガーナーが、警察官のバーからの退去命令に従わなかったために、チョーク・ホールドをかけられ、舗道に頭を押し付けられて心停止に陥り死亡した。ガーナーが死に至るまで繰り返し「息ができない」と叫ぶ様子の一部始終を友人が携帯電話で撮った映像は、たちまちのうちに拡散し、各地で大規模な抗議運動を巻き起こしていった。さらにガーナーの死から二週間後、ミズーリ州ファーガソンで一八歳のマイケル・ブラウンが、誰何《すいか》した警察官と言い争ったのちに射殺され、その遺体が四時間にわたり路上に放置されるという事件が勃発した。翌日、ファーガソンに激しい暴動が発生し、これに対する警察の弾圧はイラク戦争における軍を想起させるほど暴力化したといわれた。しかし暴動は治まらず、州知事は一週間後には州兵を投入して治安維持を図った。数カ月にわたって緊張は続き、一一月末、事件当事者の警官が陪審員裁判で無罪の評決を下された後、再び暴動が発生した。州政府はもとより、オバマの連邦政府すら有効な対策を講じえない状況下、#BLMは「占拠」運動をモデルとする大衆運動として展開されていった。実際、「占拠」運動のベテランであるコミュニティ・リーダーや大学生や知識人、ヒップホップのアーティストらが#BLM支援のために、続々とファーガソンにやってきた。#BLMもまた、あらゆる形のヒエラルキーや制度化されたリーダーシップを疑い、民衆の抗議や抵抗の意志を自らの権力基盤に引き入れようとするいかなる政治的な画策も拒絶する大衆運動として展開されていった。伝統的なリベラルやジェシー・ジャクソンのような旧来の市民権活動家、さらにはオバマのような革新主義的指導者にすら不信を突き付ける新しい時代の新しい反人種主義的な運動の勃興であった。

中産階級政治の変容

オバマ政権の末期、アメリカ経済は少なくとも表面的にはリーマン・ショックから回復の兆しを見せていた。二〇一六年四月には、求職数は史上最長の七三カ月連続上昇を記録し、その間一四四〇万の職が生み出された。失業率は、五%まで下がり、成長率もゆっくりとではあるが他の先進国並みには上昇しつつあった。特に株価はブームといってよい高値を付けていた。住宅価格も上昇傾向を示し、二〇一六年五月には住宅販売数は過去八年間の最高を記録した。

しかしながらこうした数字の上での好調とは裏腹に、表面下の国民経済は大不況の後遺症をなお引きずっていた。経済回復の果実のほとんどは、再び富裕層の占めるところとなった。二〇一〇年から六年間の最上位一%の富裕層の所得は三五%増を記録し、それは大不況後に生み出された総利潤の実に九一%を占めていた。これに対して、オバマ政権が誇る莫大な数の新しい職の多くは、外食産業や介護や清掃などの低賃金業種のそれもパートタイム職であり、職を得たものの大多数は大不況前よりも収入を減らす状況であった。中下層階級はここでも下降移動を余儀なくされたといわなければならない。

くわえて、職が増え表向きの失業率が低下する陰で、アメリカ人労働者の労働参加はむしろ減少するという奇妙な現象が起こりつつあった。二〇一五年六月、一六歳以上の就業者と求職者が全人口に占める率は、六二・六%と三八年ぶりの低水準を示した。働いていないもしくは働く意思のないアメリカ人が単純計算で約九四〇〇万人に上ったことになる。むろんこの統計には、この時期が大量のベビーブーマーの退職の時期に重なったことが反映されていた。若者の大学や大学院への進学率の上昇も影響していたであろう。しかし、国民経済の観点からより深刻な現象は、二五歳から五四歳までの働き盛り人口の労働参加率がクリントン政権末期の八四%強からオバマ政権第二期には八一%にまで下がったことであった。リーマン・ショック後に顕著に進行した、とりわけ低学歴のブルーカラー労働者の労働意欲の減退の原因については、不況を通して進行したアメリカ経済のハイテク化による合理化やグローバル化と移民の激増などの影響が改めて注目を集めた。

しかし、いずれにしろこの問題は、これまで長くアメリカ人の勤勉や上昇志向を支えてきた価値観——機会の均等や垂直的なモビリティや「アメリカの夢」——がほかならぬ労働者階級の間で説得力を失いつつあることを示すものであった。

この時期、アメリカ国民社会の柱と目されてきた中産階級は確実にその厚みを失いつつあった。二〇一五年一二月に公表されたピュー・リサーチの報告によると、アメリカ総ての家計所得の中央値の三分の二から二倍までの間にある層として定義された中産階級家計の人口は一九七一年の八〇〇〇万から二〇一五年には一億二〇八〇万へと増えたが、対総人口比では六〇%強から五〇%弱へと減少した。それ以上に中産階級の衰退を物語るのは、その総所得がアメリカ家計所得全体に占める比率が、同じ期間に六二%から四三%へと人口比以上に大きく急速に減少したことである。この中産階級の所得の低下傾向は特に二一世紀に入ってから加速し、二〇〇〇年から二〇一四年の間に四%の下落を見た。さらに住宅危機の影響もあって、中産階級の富(=資産−債務)は、二〇〇一年から二〇一三年の間に二八%も減少した。このように人口学的にも経済的にも中産階級が没落する時、格差社会の到来は不可避であった。

一九七〇年代末からリーマン・ショックに至る三〇年間のアメリカの自由とデモクラシーは、(女性労働者を含む)労働者階級の貧困や社会生活全般の改善をもっぱら市場経済の成否、すなわち経済成長の従属変数とみなす政治的イデオロギーを主軸として展開されてきた。それは、長期的な歴史的流れとしてみるならば、本シリーズ第三巻が示した革新主義の「社会的なもの」への着目からニューディールで物質主義的な分配に基づく社会統合の達成へと至る過程を、逆に巻き戻してゆくかのような展開であった。折り返し点は、「市民権運動を福祉国家のビジョンに包み込み内部化すること」に失敗した偉大な社会計画(第三巻、二三八頁)であり、その復路の先は「第二の金ぴか時代」であった。振り返ってみるならばそれは、アメリカの下層中流をなす白人ブルーカラーの労働者階級が、長期的な衰退過程を歩んだ時代であった。

バーバラ・エーレンライクによれば、中産階級の中からその上層を占める「専門・管理職の中流階級」と区別され、低学歴のブルーカラー労働者層が「発見」されたのは一九六〇年代後半になってのことであった。これらの「働く／忘れられた／平均的な」人びとはサイレント・マジョリティとして、ニクソンやジョージ・ウォーレスによって「法と秩序」の防波堤として動員された。彼らは階級的観点に立ち、労働組合に依って自らの社会経済生活の全般的な向上を目指すよりは、愛国主義と権威主義を掲げて、学生の反戦運動やカウンターカルチャーやフェミニズムなどに立ち向かう役割を担っていった。とりわけ彼らは、市民権立法やアファーマティブ・アクションを後ろ盾とするエスノ・レイシャルなマイノリティーズの権利主張に対しては、声高に抗議し自らの既得権益に固執するのが常であった。

二一世紀の大不況を経て、この白人ブルーカラー労働者が、今やラストベルトと呼ばれ、見る影もなく衰退し錆びついたかつての工業都市群にあって、職も労働意欲すらも失う状況が生まれていた。このブルーカラー労働者の悲劇を如実に示すのが、次の地図(図4-6)である。近

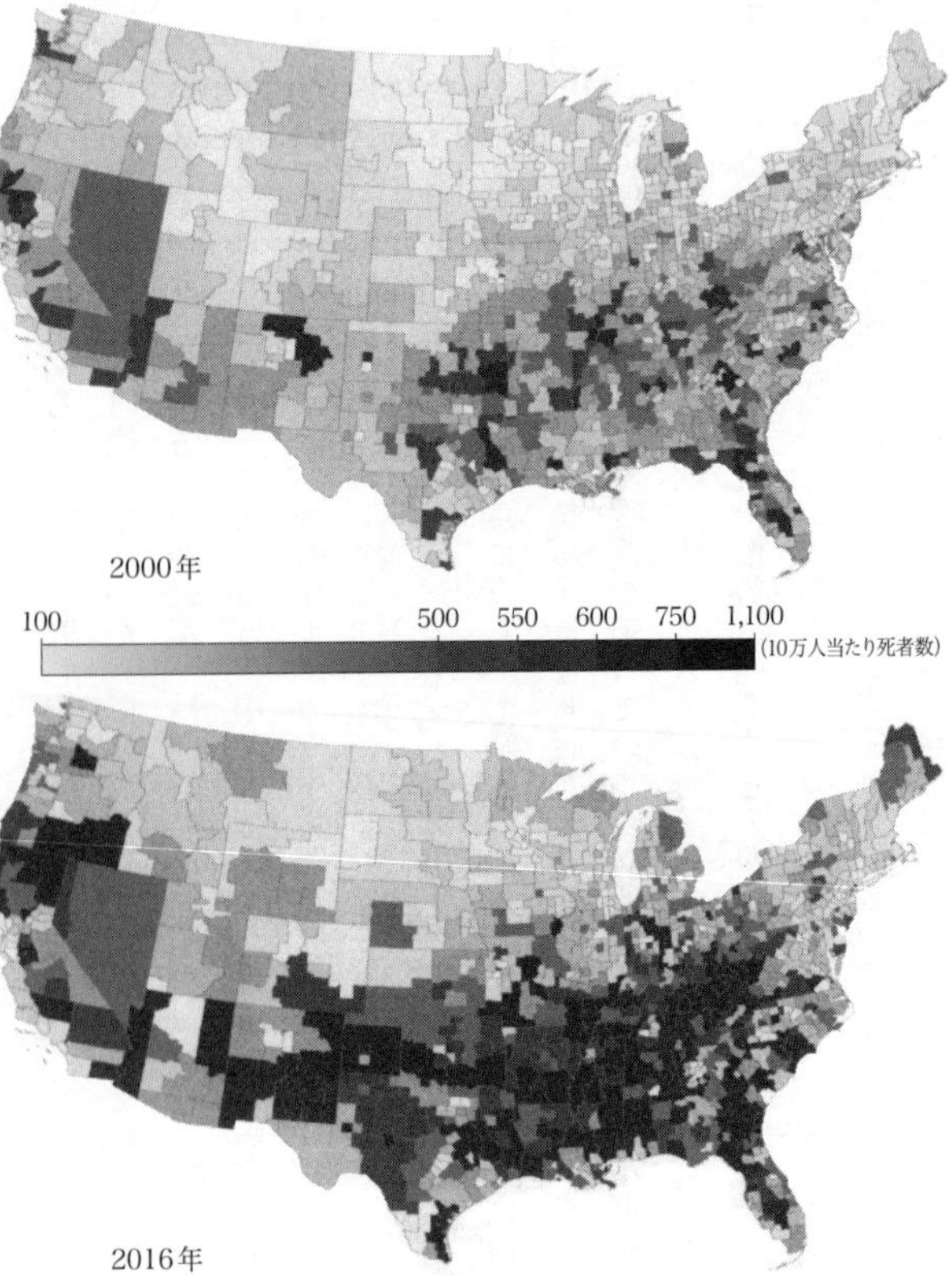

図 4-6　非大卒非ヒスパニック系白人中年の死亡率

年、アメリカ以外の他の先進国には類のない現象として、四五歳から五四歳の非ヒスパニック系白人中年の死亡率が上昇しつつあることに注目したアン・ケースとアンガス・ディートンの近著から借りた地図である。同書によると、この層の死亡原因で目立つのは、自殺、麻薬(特に近年流行しているオピオイド)中毒、アルコールの過剰摂取による肝臓疾患などであり、それらによる死を著者たちは将来に何らの展望をも見出しえない人びとの死という意味で「絶望死」と名付けている。そしてこの層の白人の「絶望死」と最も関連の深い因子は四年制大学の卒業資格の有無であるという。地図は、二〇〇〇年と二〇一六年の時点で、中年の白人の死亡率が高い地域を示している。カリフォルニアを除く西部、アパラチア地方、南部ではすでに二〇〇〇年の時点で高く、二〇一六年にはミシガンやオハイオ、ペンシルヴェニアなどのラストベルトにも高い地域が広がってきているのが見て取れる。

ティー・パーティの勃興を機に、非合理なまでに原理主義的な政治経済的主張の根源を地方コミュニティの動向のうちに探るルポルタージュや参与観察も増えていった。それによって、「絶望死」の背景にある失業、家庭崩壊、貧困の地域的、世代的な連鎖、地域コミュニティの崩壊、地域教会の衰退などの実態に光が当たり、こうした地域社会の絶望的状況が、近年のアメリカ政治で目立つ陰謀論的言説や、マスメディアや大学などのエリート機関への不信の温床であることもあきらかになっていった。オバマ政権末期、既存の連邦政治のルートや政党政治によったのでは回収不能な政治的憤懣や不信がとくに「絶望死」地域に蔓延していたといえる。この地図の示す色の濃い地域は、まさに二〇一六年選挙でトランプの票田となったのである。

二〇一六年大統領選挙

この年の大統領選挙予備選は、民主、共和いずれの党においても、市場の自由化とグローバル化を基本路線としてきた主流派エリートとアウトサイダーの対立という構図の中で戦われた。戦前ほとんど泡沫候補扱いされたサンダースとトランプが台頭したこと自体、一九八〇年代から一世代続いてきたレーガン主義の時代の曲がり角を告げる事件であったといってよい。

世論調査では、とりわけ「占拠」運動の中心を担うミレニアル世代でデモクラシーに対する不信感が高まり、資本主義より社会主義に好意を抱く層が増え、大きな政府に多くのサービスを期待する傾向が強まった。社会主義者を自称しながらあえて民主党から出馬したサンダースは、こうした若い世代の期待を受けて、気候変動、富裕者増税、大学授業料の無償化、医療保険の拡充、刑事司法改革など革新的な政策を掲げてクリントンに対決を迫った。最終的にはクリントンの軍門に降ったとはいえ、民主党予備選の決着は夏前までつかず、サンダースはアウトサイダー候補としては異例なことに、総計で一三〇〇万票を獲得した。

トランプの台頭に起因する共和党の分裂は、民主党以上に深刻であった。彼の補佐官マイケル・アントンが指摘したように、トランプの政治公約とは、つまるところ国境の防備(反移民)、経済ナショナリズム(反グローバル化)、そしてアメリカ第一主義の外交政策の三点に集約される。トランプは、これらの点に絞ってアメリカの市民社会に鬱屈する社会的不安や経済的不満や人種的対立感情に過激なレトリックをもって訴えかけ、これらを煽ることによって熱狂的な支持を呼び起こしてゆく手法を駆使した。どのような社会経済問題のどこを押せば、どの層がどれだけ興奮するか、トランプの政治集会に仕組まれた挑発の構図について彼は、テレビで鍛えられただけに、卓抜なセンスを発揮したといえよう。アントンの言う三点以外に特に一貫した政策の体系や確固としたイデオロギーを持たないトランプの選挙運動は、候補者乱立の共和党陣営内で、当面まず叩くべき競争相手に、レッテルを貼りデマや中傷すれすれの集中的な攻撃を仕掛けこれを蹴落とし、しだいに絞られてくる候補の中で一つ一つ勝ち残ってゆくという戦術をとった。ウォール街の推す主流派候補はこうしたトランプの術中にはまり、予備選段階で次々と脱落していった。最後までトランプと争ったテッド・クルーズ上院議員(テキサス州出身)も過激な保守派としてティー・パーティの支持を受けたアウトサイダーであった。共和党の分裂の傷跡は深く、七月末の党大会には、トランプ批判を公にしていた二人のブッシュ前大統領や前回、前々回の共和党候補ロムニー、マケイン両氏も欠席した。

こうしてこの年の本選挙は、それぞれに党内分裂によって立脚基盤の揺らぐ二大政党候補の間で戦われた。この選挙でトランプに勝利をもたらしたのは、結局のところ近年の大統領選において決まって接戦になるいわゆるスイング・ステイツ（接戦州）の結果であった。トランプは、一般投票ではクリントンに約三〇〇万票負けていながら、フロリダ、ペンシルヴェニア、ミシガン、オハイオ、ノースカロライナなどを僅差で押さえることによって、選挙人票でクリントンを七四票上回って当選を果たした。やはり僅差で予想外のトランプ勝利となったウィスコンシン州では、電子投票が外部からのハッキングによって操作されたのではないかという疑いが持ち上がり、ネットワーク・フォレンジック（デジタル鑑識）によるコンピューター解析の可能性も示唆されるほどの接戦であった。

この選挙結果については、トランプの勝因以上にクリントンの敗因が取りざたされた。たとえば従来民主党の牙城と目されてきたラストベルトでの楽勝を疑わず、ウィスコンシン、ミシガン、オハイオなどには終盤一度も足を踏み入れなかった選挙戦術上の誤りや、トランプ支持者の半分を人種差別主義者、女性差別主義者、同性愛者嫌い、外国人嫌いなどからなる「慨嘆すべき一団」と難じた演説や、選挙戦終盤にＦＢＩが国務長官時代のクリントンが私用メールで機密情報を扱った疑惑を蒸し返した一件などが指摘された。しかし、より大局的、長期的にみるならばこの選挙の帰趨を決したのは、格差社会の深刻化を長く放置してきたワシントン政治のエリート主義に対する広範な民衆の不満と怒りの噴出であったということができよう。

3　アメリカと世界

ポスト・アメリカ時代へ

二〇〇九年から三期にわたる二人のアウトサイダー大統領の統治下、アメリカと世界との関係は国内の政治環境と同様激変をみた。その一つの原因はオバマもトランプも、ほとんど実際の外交経験を持たず、アメリカ外交の伝統や常識に疎いままにホワイトハウス入りし、むしろ伝統や常識の転換に外交の活路を求めたことにあるといってよい。ただし外交的未経験という点については、カーター以来の(ブッシュ父を除く)すべての大統領の政権初期と変わらない。オバマ、トランプ両政権の外交の特異性、画期性は、それ以上にポスト冷戦期――否、のみならず冷戦初期以来――のアメリカ外交を暗黙の裡に主導してきた超党派的な合意からの決定的な離反を促した点にあった。すなわち超大国アメリカがその突出した国力をもって国際秩序の安寧を保障する「アメリカの平和《パクス・アメリカーナ》」において、当然に「世界の警察官」の役割を引き受けるという超党派的合意こそは、トルーマン・ドクトリンからレーガン・ドクトリンを経てブッシュ・ドクトリンにいたるアメリカの安全保障戦略を貫く柱であった。むろんこの合意がもたらす拡張主義的、あるいは利他主義的な対外関与に対しては、これまでもマクガヴァン、ブキャナン、ランド・ポールなど左右の孤立主義者から批判がなかったわけではない。しかし、ワシントン政治の主流が志向してきたのは常にパクス・アメリカーナの伝統であった。それこそは、息子ブッシュ政権下のネオコン外交の背景であったし、さらには二〇〇八年、一六年の大統領選挙でヒラリー・クリントンが掲げた民主党のリベラルなタカ派《リベラル・ホーク》外交の背景でもあった。そこで彼女が目指したのは、グローバル秩序の維持に責任を持つリベラル・ヘゲモンとしてのアメリカ、オルブライトのいう「不可欠な国」アメリカの復権にほかならなかった。

　しかし、これら二度の大統領選挙においてクリントンのライバルたちが見ていたアメリカと世界は、これとは全く異なっていた。たしかに冷戦終焉後の二〇年間の世界は、アメリカを中心に回ってきた。とはいえその間、国際社会は資本主義と民主主義のアメリカ・モデルに収斂していくどころか、むしろパワーの分散と多極化が進行し、多種多様な政治体制が並立し競合する状況へと変容を遂げてきた。一面でそれは一九八〇年代から九〇年代にかけてのアメリカ主導によるグローバル化の進展がもたらした皮肉な結果であったといえるかもしれない。象徴的なことはＢＲＩＣＳの台頭を受けて、一九九九年からは蔵相・中央銀行総裁会議が、先進国・地域(ＥＵ)に加えて、一一の新興国を加えたＧ20で開催されることになり、さらに世界的な金融危機を経て二〇〇八年からはＧ20の首脳会議も定例化したことである。とりわけ九・一一事件以後、アメリカの関心がテロと中東、そして金融危機に注がれる間、中国は東アジアにおいてアメリカに拮抗する経済力、軍事力を擁する地域大国として台頭しつつあった。アメリカはイラク戦争を契機としてヨーロッパの同盟諸国との間に軋轢を増し、対テロ戦争の延引は一五億といわれる世界中のイスラム教徒の間に反米感情を広げる結果となった。世界はブッシュ政権が想定したのとは全く異なった展開を示し、アメリカの力は急速に相対化されていった。しかも前節で見たように、ブッシュ政権末期、連邦債務はすでに一兆ドル以上に達しており、オバマ政権下でも膨張を続けていた。アメリカの安全保障政策の物的基盤は大きく揺らいでいた。オバマとトランプが見ていたのは、まさにポスト・アメリカ時代の幕開けであったといえよう。

オバマ・ドクトリン

政権発足当初のオバマの対外政策の目標は、なによりもまずブッシュの戦争を終結させ、アメリカの国際的信頼性と道義性を再確立することにあった。そしてその目標をアメリカ国民に納得させるためにオバマがとった説得の論法は、七〇年代末のカーター大統領のそれに近似していたといってよい。カーターがテレビを通して国民にアメリカは今や「停滞」していると述べて警鐘を鳴らしたのと同じく、オバマはアメリカ人に自国がもはや議論の余地のない覇権国家ではなくなっているという事実認識を迫った。アメリカの力の限界という認識に立てば、アメリカからはるかに遠い国へ戦争のために軍隊を送る非合理が納得できるであろう。イラク、アフガニスタンだけでなく中東全域での過剰な軍事的介入策から手を引き、この地域への新たな介入をできるだけ避けることが、オバマ外交の基本方針とされた。政権初期のオバマは、核軍縮・核非拡散や人権や気候変動などグローバルな広がりを持つ対外政策について理想主義的なアジェンダを強く打ち出し、同盟国のみならずアラブ世界や東欧を含め世界各地を頻繁に遊説することによって、アメリカ外交の多国間主義への転換を国際的に印象付けていった。こうした活動を評価されて与えられたノーベル平和賞の授賞式でオバマは、あらためて軍事よりは外交を、単独主義よりは多国間主義を重視する自らのコスモポリタンな世界観を強調した。見方を変えれば、オバマ政権一年目のこれら一連の国際主義的演説は、金融破綻によってアメリカ経済が全面的な崩壊の危険に直面している状況下で唯一可能かつ現実的な外交オプションを提示するものであったといえるかもしれない。

二〇一〇年五月に公表された国家安全保障戦略によって、こうしたオバマの現状認識は彼の政権の対外政策指針へと具体化された。必要十分な軍事力は保持しながら、自国防衛やジェノサイドの防止以外の目的での軍事力の使用は極力制限し、同時にブッシュ政権の対テロ戦争戦略を特徴づけていた単独行動主義や先制攻撃論から脱却し、国際協調主義と外交的関与（エンゲージメント）による紛争解決を目指すというのがその内容であった。このようなアメリカの力の相対化を前提とするオバマ政権の対外指針は、従来の外交エスタブリッシュメントの戦略とは根本的に性格を異にしていたといってよい。しかし「アメリカの力」についての伝統的な見解から外れているという批判が、オバマを説得し、既定の路線へと回帰させることはなかった。それどころか、政権末期のインタビューにおいて、オバマはまさにその伝統的な見解こそが現下の外交危機の元凶ではなかったかと反論を展開している。「ワシントンには、大統領がそれに従うことが当然と思われているゲームの定石集《プレイブック》があります」と彼は述べている。「その定石集は種々の事件に対し採るべき対応策を指図しているのだけれど、それらの対応策は往々にして軍事力の発動になりがちなのです。たしかに、アメリカが直接の脅威に晒されているときには、その定石集は役に立つかもしれません。しかし、それはまたとんでもない対応をもたらす罠になってしまう危険性もあるのです」

実際、オバマ政権の対外政策の推移を大統領とクリントン国務長官とを二つの焦点として追跡したマーク・ランドラーによれば、この政権には、軍事的な対外介入に消極的な大統領と伝統的な定石集に従い必要とあらば軍事介入を厭わない国務長官との間に、つねに路線選択をめぐる緊張が潜在していたという。オバマ政権が内側に抱えたこの分裂が、この政権の対外指針をあいまいなものとし、柔軟でダイナミックな現状対応を困難にした一因であったことは否定できない。

ワシントンの外交エスタブリッシュメントの観点からして、中東はオバマ政権期に従来以上に混迷を深めた典型的な地域となった。通常は、オバマ政権のレガシーと評価される成果も、共和党の右派はもとより安全保障の専門家の批判を免れることはなかった。二〇一一年一二月、オバマは懸案であったイラクからの撤兵を完了し、イラク戦争の終結を正式に宣言した。しかし、反オバマ陣営からみれば撤兵は拙速にすぎ、そのためアルカイダに代りイスラム国(IS)の台頭を招く結果となったとされる。二〇一五年、アメリカの主導による長期の多角的交渉の末に成し遂げられたイラン核合意もまた、イランが国際査察を受け入れる代わりに核施設を保持し核兵器開発の余地を残した点を問題視した共和党の議会右派、さらにはそれと連携したイスラエルのベンヤミン・ネタニヤフ首相らの強硬な反対を引き起こした。オバマ中東外交の混乱の影響はイスラエルとパレスチナの対立にも及んだ。一九七〇年以来歴代のアメリカ政府が平和的解決に腐心してきたこの対立は、イスラエルによるパレスチナへの入植活動の活発化によって、この時期再び軍事化の兆しを見せつつあった。しかし、二〇一一年二月、国連安保理に提出されたイスラエルに対する入植非難決議案に、アメリカだけが反対し拒否権を行使したため同案は廃案とされた。この一件はアラブ、パレスチナに、オバマ政権の謳う「変化」への幻滅が広がるきっかけとなった。二〇一二年大統領選挙の渦中、民主党の政治綱領に「エルサレムをイスラエルの首都と認める」文言が加えられたことも(二〇一八年、トランプ政権によるイスラエルのアメリカ大使館のエルサレム移転問題との関連で)指摘しておくべきだろう。

二〇一〇年末チュニジアに発し、翌年広範な中東地域に及んでいった「アラブの春」に際しても、オバマ政権の対応は必ずしも一貫していたとはいえない。当初オバマ政権は、アラブ地域を覆う権威主義体制が、二〇年前の東欧革命と同様に、下からの自生的かつ平和的な抗議運動により民主化され、公平で開かれた政治体制へと転換してゆくことを期待したといわれる。しかし、こうした民主化運動が攻撃対象とする中東諸国の既存の体制は、年来アメリカの軍事、経済的な支援によってかろうじて維持されてきたという経緯もあり、オバマ政権はここでも中東民主化という変革への理想主義と既得権益擁護のプラグマティズムとの相克に悩まされることとなった。

二〇一一年「アラブの春」は、一九六九年の革命以来政権を掌握してきたムアンマル・カダフィ大佐の独裁制にまで及んでいった。カダフィ政権が、蜂起した反政府勢力や民衆に対して逮捕、拷問、殺害などあらゆる手段を駆使してでも弾圧する意向であることを伝えられたオバマ政権は、かの定石集に従うなら当然採るべき軍事介入の是非を決する必要に迫られた。政権は、NATO軍のカダフィ軍攻撃に参加する決定を下した。ただし、攻撃の主導権はイギリスとフランスに委ねること、アメリカはリビア上空の飛行禁止区域の管理のほかリビア防空システムの破壊、通信システムの攪乱、情報収集を引き受けること、さらにアメリカは地上軍を一切送らないことがホワイトハウスの決定の具体的内容であった。後に「後ろからリードする」というバンパースティッカーで単純化され揶揄されたものの、それは国際的な軍事行動で初めてアメリカが自ら従属的な立場を選んで参加したという戦後アメリカ外交史の画期といってよい事例となった。オバマはこの選択について回顧している。たしかにリビアはアメリカにとって大事でないわけではない。しかし、リビアはヨーロッパ諸国やアラブ世界にとってははるかに重要であろう。「わが国が単独でカダフィ体制を攻撃することが理にかなっているというほど、リビアはアメリカにとって核心的な利益ではない」と。国益に従って対外関与の是非や範囲を決定する外交方式について、オバマ政権はトランプ政権に先行していたといえよう。

英仏空軍によるリビア爆撃は、一〇月にカダフィが反政府軍によって殺害され、体制が崩壊するまで七カ月続いた。その後も続く内戦下、翌二〇一二年九月にベンガジのアメリカ領事館でアメリカ大使を含む四名のアメリカ人が殺害される。イスラム教の預言者ムハンマドを冒瀆する映像作品がアメリカで作られたことに対する抗議がエスカレートした結果の悲劇であった。アメリカ社会の反イスラムとアラブ社会の反米とは、双方に冷静な対応を呼びかけたオバマ政権の下でも沈静化の兆しを見せていなかった。しかし、この時もクリントンの介入意志に反して、オバマ政権は軍事介入を差し控えている。

オバマ外交の「弱腰」や「失敗」の象徴的事例として最も頻繁に挙げられる一件は、おそらく二〇一三年九月のシリア空爆の停止であろう。二〇一一年から開始されたシリア内戦が激化する中で、国際的にも最も憂慮されたことはアサド政権が化学兵器を用いて反政府勢力の制圧をはかる事態であった。二〇一二年、オバマは仮にアサドが化学兵器を使用したならばそれは絶対に越えることの許されない一線《レッドライン》を越えることになり、アメリカは看過しないと警告した。一年後、シリア政府軍が化学兵器を使用し、大量の死者が出たという確報が伝えられた時、オバマはそれが事実であるならば、シリア空爆をも辞さない旨を表明した。同時に、オバマはこの軍事行動への議会の承認を求め、議会は非承認を決定した。その間シリアとの友好関係を保つロシアがシリアの化学兵器廃棄を保証する提案をしたことによって、オバマは軍事行動それ自体を取り下げたのである。共和党はむろんのこと超党派の安全保障問題の専門家たちは、このオバマのレッドラインと警告したにもかかわらず空爆を差し控えた決定を、アメリカの国際的な信頼性《クレディビリティ》を決定的に損なうものとして激しく批判した。上述のオバマによる「定石集」批判は、このシリア問題における自身の決定を振り返るという文脈で提示されたものであった。アメリカが軍を動かすとき、その影響を受ける他国はその必要性を認識していたとしても自国の主権が侵されていると感じるものであり、この点を肝に銘じた上でなければ軍事行動に走るべきではないというのがオバマの確信であった。この確信こそは、オバマの中東外交をワシントンの外交エスタブリッシュメントの伝統や常識や定式から徐々に乖離させていった理由であろう。

　しかしながら、オバマ政権の対外政策は、けっしてオバマ流の理想主義や平和主義や脱軍事主義一色に塗りこめられていたわけではない。たしかに二〇一一年一二月一四、一五両日のイラク戦争の終結宣言と米軍の撤収は、アメリカ外交の転換を画するオバマ初期外交の成果であった。しかし、他方で、当初よりオバマがアルカイダなどの国際テロ組織撲滅のための主戦場と定めてきたアフガニスタンではタリバンが復活を遂げ、アメリカの支えるカブールの政権の基盤を脅かしていた。オバマは、イラクとは対照的に、アフガニスタンには繰り返し兵員の増派を余儀なくされてきた。そして対テロ戦争は、オバマ自身がひそかに武断的な介入主義へと傾斜していった領域であった。従前よりオバマは、「米国愛国者法」や軍事委員会やグアンタナモのテロリスト収容所やそこにおける拷問など、ブッシュ政権の対テロ戦争の超法規的な推進装置に対しては批判的であった。実際政権発足の翌々日オバマは、グアンタナモ収容所の一年以内の閉鎖を命ずる大統領令に署名している。しかし、オバマの就任後ホワイトハウスから「対テロ戦争」の言葉こそ発せられることはなくなったとはいえ、数カ月後にはオバマは法の許す範囲内でのテロ対策の強化を約束している。そのための法的根拠をオバマは、九・一一事件直後に大統領の対テロ武力行使を容認した議会決議（AUMF）に求めた。その上でオバマ政権はその最末期まで、ブッシュ政権以上に執拗に対テロ戦争を継続していった。かねてよりイスラム過激派には何の同情も幻想も持っていないと明言していた通り、オバマには歴代大統領のうちで最も成功した「テロリスト・ハンター」と評される一面もあったことを忘れるべきではない。グアンタナモ収容所は、収容者の数こそ大きく減ってきてはいるものの今日に至るまで閉鎖されていない。

オバマ政権下、アメリカ外交の最も大きな変化は、一つに中東外交の重要性の低下にあったといえよう。それはリビア、シリアのケースで見られたように、オバマ政権による政策選択の結果であった。しかし中東外交の転換の背景をなすもう一つの重大な歴史的事実を指摘しておく必要があろう。オバマ政権期は、シェールガスの開発が本格化することによって、アメリカのエネルギー事情が激変した時期に当たっていた。ノースダコタ、テキサス、ルイジアナ、さらにはアパラチアなどで、シェールガスを含む岩盤が発見され、水圧破砕《フラッキング》の掘削技術も進歩したことによって、二〇一一年前後には、全国のシェールガス埋蔵量は国内需要の三〇年分以上と試算され、海外輸出も視野に入ってきたといわれるまでになった。

他方で、シェールガス開発には、地中に深く穴を穿ち大量の水を流し込んで岩盤に亀裂を生じさせてガスを滲出させる技術や、ガスの長距離輸送のためのパイプラインからの漏出などによる農地や地下水の汚染の危険がつきものであり、さらには安価なエネルギー供給による空気汚染や温暖化の悪化の恐れなど多大の環境への負荷を伴う側面があることもしばしば指摘され

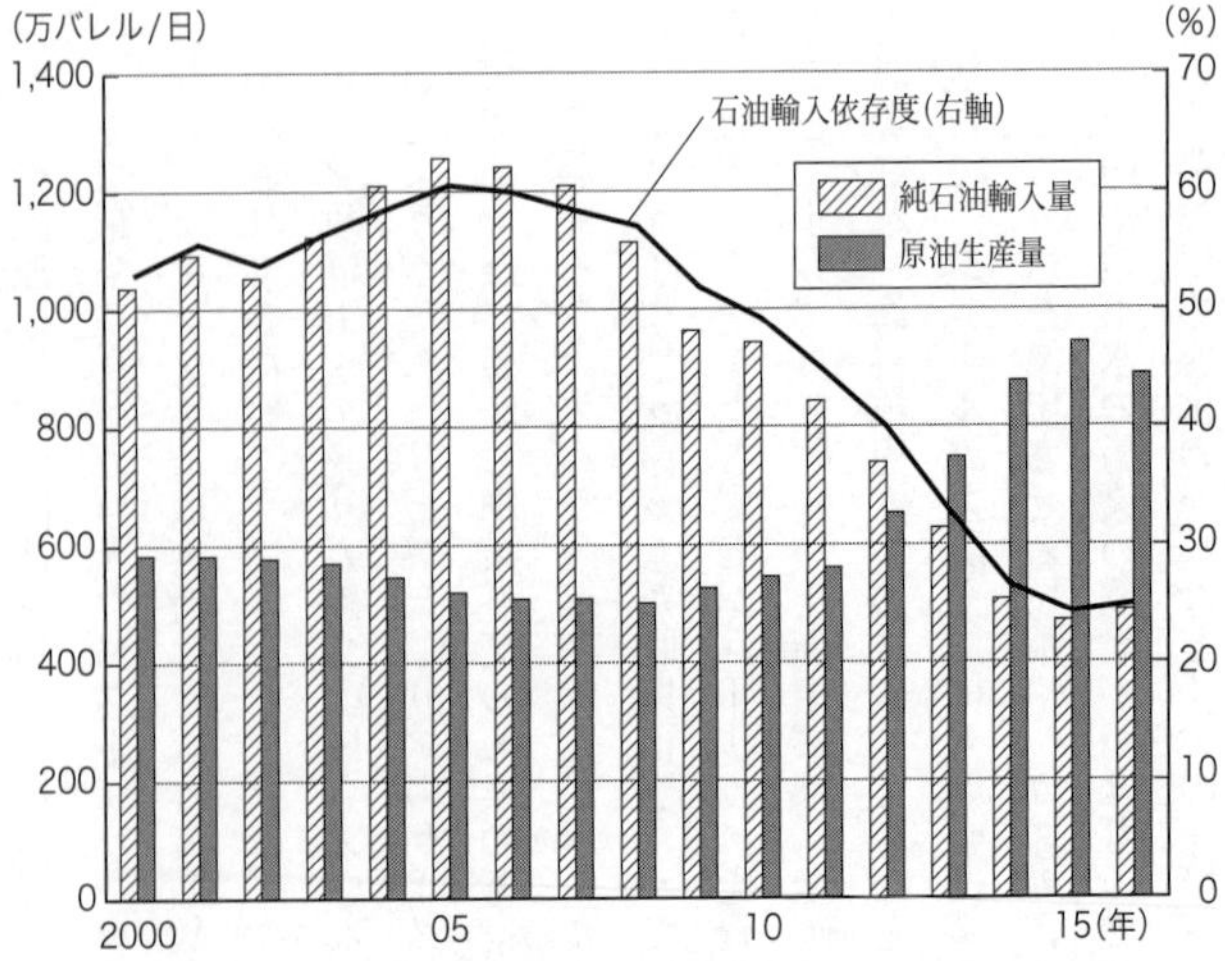

図 **4–7**　シェール革命とアメリカの原油生産量の推移

てきている。しかしここでも優先されたのは開発促進をはかる企業利益であった。ナオミ・クラインによれば、気候変動問題はオバマ政権の最優先課題の一つとされていたにもかかわらず、それと全く裏腹にオバマはアメリカ政府が「地球一周分を超える新たな石油と天然ガスのパイプラインを建設した」と自慢気に語ったという。オバマ、トランプ両政権下で、環境規制が緩和され乱開発が進んだことにより、この新しいエネルギー資源は、「黄金時代」以来続いてきたアメリカ経済の中東石油資源への依存度をいちじるしく軽減したのである(図4–7)。二〇二〇年までにアメリカは世界最大の産油国となった。トランプ大統領は、中東の石油の不要論を盾に、ペルシャ湾岸域の安全保障はもはやアメリカではなく、この地域の石油を必要とする国々が負うべきであると主張するにいたった。

オバマ政権が内における金融危機、外における二つの中東戦争に忙殺され、同時に国防費を大きく減少させてゆく間、中東以外の地域においても大きな地政学的な変化が起こりつつあった。中でもロシアの拡張主義の復活と中国の超大国化とが、アメリカと世界との関係に及ぼす影響は多大であった。強いロシアの復活を目指すプーチンの意を体してメドベージェフ政権は、二〇〇八年にジョージア（旧グルジア）へ軍事侵攻し、ロシア寄りの分離独立運動が盛んであった二つの地方、南オセチアとアブハジアの独立承認の挙に出た。さらに大統領に返り咲いたプーチンは、二〇一四年にはロシア住民が人口の多数を占めるクリミア半島をウクライナから独立させた上で住民投票を執り行ってロシアへの併合を決めた。アメリカとEUは対ロ経済制裁を発動したが、ロシアに原状回復を認めさせることはできなかった。

その間、他国に先駆けていち早く危機を脱した中国経済は急成長を続け、二〇一〇年にはGNPで日本を抜き、世界二位に躍り出た。こうした中国の台頭に対応し、オバマ外交もイラクからの撤兵に前後してアジア重視へと大きく舵を切っていった。中東外交の場合とは異なりアジア重視への転換については、ネオコン外交からの脱却を急ぐオバマと国務長官としてアメリカ外交の新しい展開に野心を抱くクリントンとの間に大きな齟齬はなかった。二〇一一年一〇月、クリントンは『フォーリン・ポリシー』誌に「アメリカの太平洋世紀」と題する長い論文を寄稿している。「イラク戦争が終わりを迎え、アフガニスタンからの撤兵が始まった今、アメリカは転換点《ピボット・ポイント》に立っている」。かつて第二次世界大戦後の大西洋同盟が奏功したのにならい、今やアメリカは「太平洋パワー」として同様の資源投入を新しい発展可能性に富んだこの地域で行うべき時がきたとクリントンは説いた。これに呼応するかのように翌月一七日、オバマも訪問中のオーストラリアの議会において、中東の戦争に軸足を置いてきたアメリカの安全保障政策の重点を、世界人口のほぼ半分を占め、多くの核保有国を含み、世界経済の規模でも過半を占め金融危機からの復興の鍵を握るアジア太平洋へと移す決意を表明した。いわゆるアメリカ外交の「リバランス」の開始宣言であった。

それはこの間経済的にも軍事的にも急速にスーパーパワーの域にまで成長しつつあった中国の存在を考えるならば、当然の戦略的方向転換であったといえよう。中国はアメリカにとって最大の貿易相手国となり、しかもこの時期一兆ドルを超えるアメリカ国債を保有することで膨大なアメリカの債務を支えていた。その意味で、両国は少なくとも経済的には相互依存関係にあったといってもよい。しかし同時に、中国は国防予算を急増させ、二〇一五年の中国国防費はアメリカのそれのほぼ四分の一に達していた。これによって周辺への帝国主義的な勢力拡張を進めた結果、中国はアメリカにとって安全保障上最大の脅威ともなった。二〇一〇年以降、中国は自ら第一列島線と名付けた沖縄の西から尖閣諸島の東側を通り、台湾を含みフィリピン西岸、ベトナム東岸に至る東シナ海、南シナ海の海域内で軍事演習を繰り返し、ついには無数の砂礁、サンゴ礁、島々からなる南沙諸島や西沙諸島で埋め立てによる軍事施設用の人工島を造成するにいたった。アメリカ太平洋軍司令官のハリー・ハリスは、これを「砂の万里の長城」に譬えた。こうした膨張策と並行して、中国は国際金融においても独自の制度構築を進めていった。二〇一三年に、習近平の新指導部は、ＩＭＦの対抗組織という意味合いの濃い、アジアインフラ投資銀行（ＡＩＩＢ）の創設を提起し、二〇一五年には西欧諸国を含む約六〇カ国の出資参加を得てそれを発足させた。同時期に打ち出された「一帯一路」構想のもと、ＡＩＩＢは中央アジアから中東、アフリカ、ヨーロッパへと至る広域経済圏構想を推進するための国際金融組織の役割を担ってゆく。

このような中国の膨張戦略に照らすとき、オバマの「リバランス」政策が少なくとも一部の軍関係者や外交エスタブリッシュメントの観点からいかにも弱腰に見えたことは否定できない。とりわけ、オバマの中東政策を担った外交スタッフの中には、中東から足を抜き、アジアに「リバランス」したオバマ戦略のプラグマティズムやナイーブな相互主義が陥った視野狭窄を批判する者も少なくなかった。ほかならぬリバランスの相手国中国が、「一帯一路」戦略によって中東への勢力拡大を図っていること、アメリカの抑えが失われた後の混乱に付け込みその地に築いた足場からアフリカ、ヨーロッパを窺っていることをオバマは等閑視し、一地域に対する対応が他地域に引き起こす影響の連鎖をとらえられなかったといった批判であった。このようなオバマの対中外交への批判は、やがてG2時代の到来が喧伝され、あるいは米中新冷戦が懸念されるにいたって、トランプ政権下では経済から軍事に至る広範囲な中国批判へと展開されていった。トランプが選挙戦中から国内向けに繰り返してきた不公正貿易、為替操作問題にとどまらず、知的財産権の侵害、サイバー戦争、周辺地域への侵略的膨張、対台湾関係、ウイグルやチベットの人権問題、香港の民主化弾圧、はてはコロナウィルスに関する情報秘匿等々、米中摩擦の争点は両国関係のほぼ全域に及んでいった。それは、言うまでもなくオバマが企図したリバランスの帰結ではなかったであろう。ましてや、トランプの場当たり的な中国批判とオバマの熟考に基づくリバランス政策とを同列に論じることはできまい。しかし、内政と同じくオバマ外交の反エスタブリッシュメント的性格——プラグマティックな理想主義、コスモポリタニズム、多国間主義、軍事に対する外交重視といった特色——の前提となったのが、アメリカの力の相対的な弱体化という根本認識であったことに注目するならば、オバマなしに果たしてトランプの登場はありえたといえるのであろうか。トランプにホワイトハウスへの道を開いたサウンドバイト「アメリカを再び偉大な国へ」もまた、何よりも希望のないアメリカの衰退論を前提としていなかったであろうか。

トランプ大統領という困難

オバマ外交のうちに、七〇年余りに及ぶアメリカの国際的な指導性の後退を見、パクス・アメリカーナの危機を見たのは、アメリカの保守的な対外強硬論者や外交エスタブリッシュメントだけではなかった。自国の安全と繁栄が同盟国アメリカの対外政策に依存していることを意識する諸外国の政治家、外交官、知識人たちのなかにもオバマ外交の「逸脱」に危機感を募らせるものは少なくなかった。たとえば長年アメリカの外交専門家たちと密接な連携を保ってきたロンドン大学のロバート・シンは、オバマ大統領の退陣が間近となった二〇一六年にあたかも共和党主流の意を代弁するかのような『オバマ後』と題された一書を著している。同書においてシンは、オバマ外交が、何らの誇るべき成果もなしに、アメリカの国際的影響力の減退を座視し、威信の低下を招いたという批判を展開している。中国の台頭やロシアの大国化や中東の混乱には、オバマ政権の戦略の欠如が災いしているとシンは断じている。シンによれば、この年の大統領選挙は、アメリカ外交がオバマ的消極性を脱却し戦略的な一貫性を回復し、パクス・アメリカーナを再現する機会に他ならなかった。その場合、ヒラリー・クリントンはオバマに比べれば「より信頼できる国際主義者」とはいえ、「オバマ後」を託し、強いアメリカの復活を期待できるのは民主党ではなく共和党の候補者であるというのが、おそらくはワシントンの外交エスタブリッシュメントとも一致したシンの見解であった。彼によれば、一七名が乱立した共和党候補は、ほぼ共通して国際主義的な安全保障観を持ち、多数が自由貿易支持であり、ほぼ一致してオバマ外交には敵対的であり、イラン核合意に反対であり、プーチンに反感を抱き、中国に不信感を抱き、イスラエルを固く支持しており、ほぼ共通にパット・ブキャナン流のナショナリスト的なペイレオ保守〔旧保守〕とは距離をおいていた。『オバマ後』の執筆時、シンが共和党候補の内で「ジャクソニアン」あるいは「アメリカ・ナショナリスト」との懸念を抱いていたのはテッド・クルーズとくにトランプとであった。トランプの大衆迎合的な保護貿易論、メキシコ国境の「壁」やすべてのイスラム移民の停止といった主張が象徴する攻撃的なナショナリズム、ブキャナンと通底する「アメリカ第一主義」は、オバマとは対極的な意味で、ワシントンの外交エスタブリッシュメントが容れるところではなかった。シンはトランプと他の共和党候補について以下のように書いている。「それ〔トランプの外交政策〕は、特に白人の労働者階級の間に潜む直感的な大衆的欲求不満や反エリート主義や反知性主義を刺激するに多大な力を発揮している。しかし、この理解しがたくしかも常に一貫しているわけでもないニューヨーカー〔トランプ〕を除けば、ほかの指導的な候補者間のイデオロギー的な差異は実際は、本質的というよりは程度の差にすぎない」

しかしまことに皮肉なことに、この年の共和党予備選で最後まで争ったのは、シンが、最も外交エスタブリッシュメントから遠いと判定したクルーズとトランプであり、最後にオバマよりはましであったはずのクリントンにも勝利したのは、シンが考慮から「除いた」トランプであった。アメリカ外交は、ここにオバマというアフリカ系アメリカ人のコスモポリタンなアウトサイダーから、「理解しがたくしかも常に一貫しているわけでもない」不動産王、テレビ・タレントのアウトサイダーへと引き継がれたのであった。

アメリカ大統領には世界最大の権力が集中しているとしばしば指摘されてはきたものの、トランプのホワイトハウスほど、大統領個人の主導性に依存したトップダウンでの政権運営を行ってきた政権はまれであろう。しかし、それはトランプの人格やリーダーシップの特異性によるだけでなく、大統領自身が全くワシントン政治の経歴を欠いていたこと、くわえて選挙戦中の共和党主流との対立が尾を引き、政権の人事から運営まで党組織の十分な協力が得られなかったことにもよっていた。当初ワシントン政治でトランプがあてにした支持基盤は、オバマ前政権に徹底して拒否を突き付け続けてきたいわば反オバマ保守連合であったが、これを基盤として政権構築のためにトランプは、以下の七つの人脈から要員を調達した。すなわち、①議会エスタブリッシュメントなど共和党組織、②ティー・パーティ、③ゴールドマン・サックスなどのウォール街企業関係者、④軍関係者、⑤宗教右派、⑥トランプ大統領の実現を導いたと自負するオルト・ライト(Alt-Right)、それにトランプ政権の特異性ともいえる⑦家族であった。

これらの諸勢力は政権内で派閥を形成し、互いに影響力の拡大を競ったために、トランプ政権では恐るべき速さで補佐官や閣僚といった重要な役職の人事交代が繰り返された。選挙戦中から政権の滑り出しまで、トランプの最もトランプ的なアウトサイダー性の象徴、没落白人中産階級をトランプ支持につなぎとめる鍵と目されてきたオルト・ライトのスティーヴン・バノンさえ、政権発足からわずか七カ月後には内部対立から政権を去っている(ただし辞任後もバノンは政権外からなおトランプを支持している)。その後、政権の柱と見られてきた軍関係者も、軍事的リアリズムを欠く大統領との意見対立によって次々と辞任していった。政権発足から現在まで一貫してトランプを政権内から支え続けているのは、家族を中心として、とりわけトランプの支持層にとって最も重要な貿易関連、中国関連の経済閣僚のウォール街派や、副大統領ペンスのようなティー・パーティ派で宗教右派との関連も深い保守派など数少ない。見方を変えるなら、現在までトランプ政権は、ポピュリスト的な言動を展開しながらも、財界の主流との関係は自由化、グローバル化をめぐり潜在的な対立はあるものの密接な連携を保ってきている。トランプの中心的な主張である反グローバリズムはいまのところ対中国脅威論と反メキシコ移民と反イスラムなどの争点に集中している。

トランプ大統領の主導性は、これまでは議会や政党や官僚組織や利益団体など既存の政治勢力の配置図を周到に見極めた計画や交渉をとおして発揮される類のものではなかった。トランプ流のトップダウン方式とは、大統領自身が自らの信条や思い付きを(それらがいかに非常識であろうと)突発的に支持者集会やツイッターで開陳するところから始まるのが通例であった。こうした突然の打ち上げ花火に世論が反応し、それによって事態が動いた後に、補佐官や各省の長官や官僚が後追い的に状況対応を迫られ、混乱した事態の沈静化をはかりつつ可能な政策選択の発見に奔走するといったパターンが、この政権では際限なく繰り返されてきた。このこと自体、トランプのアウトサイダー的性格の端的な現れであり、過去三年半、アメリカも世界もこの破格で予想しがたい大統領の一挙手一投足に翻弄され続けてきたといってよい。

トランプ流のリーダーシップによって最も大きな変容を迫られたのはおそらく対外政策であろう。圧力団体や市民組織がそれぞれの利益と拒否権をもって競合する国内政治と異なり、外交は上からの指示が組織的決定に及ぼす影響力が相対的に大きい。かねてより自らを「交渉《ディール》」の天才と呼んではばからないトランプは、不動産取引における交渉の延長上に外交を置き、人気取りのために外交成果を打ち上げることを好んで行ってきた。政権は、国務省や在外公館の職員人事にしばしば介入し、加えて国務省予算を大きく削減し国防総省や移民対策を主管する国土安全保障省に振り向けたこともあって、外交の最前線に立つ職員の全体的な士気は減退し、人事充足の遅滞も目立っている。トランプ政権下、アメリカ外交の核心的問題は、「外交素人」である大統領自身の衝動や思い付きがどこまでコントロール可能かという点に帰してきたようにもみえる。この間、大統領弾劾の危機を含む「ロシア・ゲイト」事件、NAFTAの再交渉、TPPからの離脱、シリア空爆、対中貿易戦争、北朝鮮をめぐる対中交渉、北朝鮮独裁者との会談、気候変動対策の「パリ協定」からの離脱、そしてイラン核合意の破棄などの主要な外交争点に関して、大統領の突発的言動が政権内の意見対立を露呈させ、人員の更迭や辞任を招いたケースは少なくない。

こうしたトランプ外交の実態を、二〇一六年選挙で副大統領候補としてヒラリー・クリントンと組んだティム・ケイン上院議員は、「個別の作戦計画はあれども戦略なし」と断じている。ただ、ケインは流動する世界情勢の中で、アメリカ外交が日々起こる国際的諸事件への受動的な対応に終始しがちな傾向は、冷戦終焉後の歴代政権が多少とも共通に示してきた欠点であり、とくにトランプ政権だけにみられる病理とはいえないともいう。すでにオバマ政権で露呈したように、アメリカ外交における戦略的思考の欠落は、イアン・ブレーマーのいう統制無き「Gゼロ」世界に対する現実的対応に必然的に伴う現象といえるのかもしれない。

しかし、政策が大統領の思い付きを後追いするという混乱以上に憂慮すべきは、政治的な知見にも経験にも欠けるトランプが自ら手中に収めた大統領権力を絶対視してはばからない点であった。これまでトランプのホワイトハウスは、あたかも大統領の巨大権力を抑制するための憲法的な制約など全く存在しないかのように振る舞ってきた。立法過程における煩雑な議会政治の手続きや反対党の抵抗などを回避し、早期に選挙公約を実現するために、トランプ政権が駆使してきたのが大統領令である。就任直後から矢継ぎ早に発せられた大統領令によって、トランプは前政権の実績を覆す決定を次々と表明していった。先に述べた外交争点に加えてオバマケアの廃止はいうにおよばず、メキシコ国境での壁の建設や「不法移民」対策の強化、たとえ「不法移民」の子供として来た若者にも一定期間の滞在権を与えて彼らの成長を見守るという移民の国アメリカにふさわしい政策（ＤＡＣＡ）の廃止、たんにイスラムであることを理由とするイスラム圏七カ国からの移民禁止、金融規制改革法（ドッド＝フランク法）の見直し、等々といった諸政策を、トランプ政権は「アメリカ第一主義」「反グローバリズム」のスローガンで束ね、あくまでもホワイトハウス主導によって強硬実現してゆく意向を明らかにしてきた。しかし、イスラム圏からの入国禁止大統領令が、いち早くシアトルやサンフランシスコの連邦地裁によって差し止められたり、オバマケアの撤廃法案が連邦議会によって否決されたりしたように、議会や裁判所や地方政府がトランプ政権の方針に抵抗する事例も少なくなかった。

トランプ政権に特有のトップダウンによる政策形成の数少ない例外の一つは、二〇一七年一二月末に成立した法人税率を一律二一％へと引き下げる税制改革法であった。むろん大幅な法人税率の引き下げは、富豪にして実業家のトランプにとっても一大関心事であり、選挙戦中から彼が公約に掲げてきた最重要争点の一つであった。しかし同時に、上述のトランプ主義の主柱をなす国境の警備強化、経済ナショナリズム、アメリカ第一主義という三つの政策課題の場合とは異なり、減税はまた議会共和党主流にとっても年来の最重要目標であった。したがって、この税制改革法は、ホワイトハウスと議会共和党指導部との密接な連携の下に法案が練り上げられ、野党民主党の容喙を巧みに避けつつ、大型法案としてはきわめて短期間に議会を通過し成立をみたものである。

トランプは、これを自分からの「アメリカ国民へのクリスマス・プレゼント」と称したが、実際のところ、それはトランプの本来の支持基盤であるはずの白人中産階級向けというよりは、富裕者優遇、大企業優遇の色彩の濃い減税法であった。税に関しては、トランプは安んじてレーガン大統領以来の共和党主流やウォール街の立場に同調し、そこに埋没していたといってよい。そして、彼のいうクリスマス・プレゼントは、その成立過程を見るならば、彼が送り主であったというよりは、上述したように、むしろホワイトハウスと議会共和党との協働による伝統的な秩序立った議会政治、政党政治のたまものと呼ぶのがふさわしい。トランプのアウトサイダー性の否定しがたい限界がここにのぞいているといってよい。

しかしながら、トランプの下でのアメリカ連邦政治の基調が、こうした伝統的な議会政治、政党政治からは大きくかけ離れたところにあるのもまた事実であろう。減税以外の分野、とりわけトランプ主義の三つの主要課題に関しては、有無を言わせぬ大統領府の独断専行にも近いトップダウン方式がむしろ常態であった。独断専行は、トランプが熟慮の末に主体的に選び取った政治指導の型というよりは、政治行政の制度・伝統・ルーティンについて、彼があまりに昏く、これらを踏襲する必要性すら感じていないことに起因する闇雲な行動パターンであると見るのが妥当であろう。このような大統領が生まれた理由は、むろんたんに八年間のオバマ施政への失望や怒りだけに帰することはできまい。そこで問われたのは、個々の政権の政策選択というよりは、むしろ現代アメリカ政治に潜むより構造的な問題であったと考えられる。一九八〇年代のレーガン政権以来、二〇一六年に至るアメリカ政治外交の展開について注目すべきは、この間連邦政治では二大政党間の頻繁な政権交代があったにもかかわらず、その国民社会、国民経済を動かしてきたいくつかの基本的なトレンドに大きな揺り戻しや逆転現象が起きなかった点であろう。オバマとトランプは、それら長期トレンドが、一世代を経てついに構造的な限界に突き当たったことを象徴する新しいタイプの政治指導者にほかならない。この点をまとめておこう。

そのような基本的なトレンドとしてまず挙げなければならないのは、グローバル化であろう。第二次世界大戦後の世界自由貿易体制の進展、一九七〇年代からの多国籍企業の展開、一九八〇年代以降の情報通信革命、航空貨物輸送の効率化と規模の拡大、さらには国際的投資の自由化により、世界経済は着実にグローバル化を進展させてきた。金融資本や情報通信業界を中心として、アメリカ経済が、この動向の最も強力な推進力となり、この動向から多大の利益を得てきたことはいうまでもない。しかし、グローバル化は、同時に国際的には後発国の追い上げをも促し、各国民経済間の平準化をもたらすため、長期的には当然にアメリカ一国の優位を揺るがす結果にもなった。また、グローバル化は、アメリカのような高賃金の国からの製造業の移転(産業の空洞化)や貿易赤字の増大を招き、そうした分野の労働者は失業や所得の停滞を余儀なくされた。ようするに、グローバル化が生み出す利益の配分は、国内外で一律に及ぶわけではなく、産業間職種間の格差や相対的貧困の原因ともなったのである。

これと関連して、第二の長期トレンドとしては、新自由主義《ネオリベラリズム》が挙げられる。レーガン時代に、新しい経済発展と繁栄に向けての国民経済原理として政策的に導入された新自由主義は、規制緩和と減税による市場競争の徹底化をはかり、公的な福祉政策の縮減を目指すところに主眼をおくものであった。ニューディール時代から六〇年代までの貧困政策や格差撤廃政策と逆行するこうした諸施策を正当化するもう一つの論理が、「通貨浸透説《トリクルダウン》」であった。政府財源は、福祉や公共事業に投ぜられるよりも、企業や富裕な投資家に向けられる方が、民間経済への刺激効果が大きいとするこの理論もまた、長く連邦の税財政政策に援用されてきた。しかし、この理論どおりであれば、上の富裕層や大企業から下の労働者や中産階級へと滴り落ちてくる《トリクルダウン》はずの利益は、これも一世代後の今日までついに実現されることはなく、その結果、格差社会は拡大し中産階級はやせ細った。

こうした経済的なトレンドに加え、もう一つ付け加えるべきは、多文化主義的な傾向の進展であろう。一九六〇年代のアメリカは、黒人の市民権獲得運動を契機として、多様な人種・民族集団、移民集団、先住民、女性、性的少数者集団の権利回復運動が花開いた時代であった。ここを起点とする多文化主義的な動向は、文化的保守主義者や宗教右派の執拗な抵抗にもかかわらず、一九八〇年代から今日までの間にアメリカ社会に定着を見、かつてはタブーとされた人工妊娠中絶や同性婚などを許容する風潮もしだいに定着を見つつある。アフリカ系アメリカ人大統領の登場は、こうした多文化主義的展開の歴史的な達成を意味していた。とはいえ、多文化主義もけっして不可逆的なトレンドではなかったことは、近年の人種間対立の再燃、白人優越主義運動の台頭、「不法移民」問題の深刻化、反イスラム感情の拡大等が示すところであった。バイブル・ベルトや白人労働者階級を抱える衰退産業地域や中西部の農業地帯などを中心とする、頑強な反多文化主義的牙城の存在も浮上してきている。

このように見てくるならば、トランプという新奇な大統領の登場は、これら三つの長期トレンドがそれらの開始から三〇年余りを経て、はっきりとその行き詰まりを露呈しつつあることに関係していると思われる。トランプ主義の主柱とされる「国境の防備、経済的ナショナリズム、そしてアメリカ第一主義の外交政策」は、いずれも三つの長期トレンドに逆行する反動という色彩が濃い。これらの長期トレンドがもたらした政治的、経済的、社会的、文化的な構造に対する広範で根深い不信や抵抗感こそは、トランプ主義の立脚基盤である。トランプの強みは、まさにアメリカの限界に苛立ち、なすすべなく不満を募らせてきた一部の国民に、荒削りで非論理的ではあるものの、抵抗の言説を与え得たところにあろう。

アメリカ民主主義の隘路

しかし、連邦政府の頂点から展開されるこのような擬似民主主義的な政権運営には、当然のことながら、多くの弊害がつきまとう。ここでは、一点だけ、アメリカの伝統的なデモクラシーの観点から、トランプ主義の重大な陥穽を指摘しておきたい。

自己に向けられた批判に反論するときに、これまでトランプはしばしば、当の批判が「偽ニュース」《フェイク・ニュース》に基づく根拠のないものであると強弁し、逆に自らの反論を裏付けるために「もう一つの事実」《オルタナティブ・ファクト》を捏造して批判を相対化するといった論法をとってきた。トランプ以前にも、政治的窮境を脱するために虚言を弄した大統領や政治家は無数にいたであろう。しかし、自らの虚言を隠蔽するために、事実とはそれぞれの立場で好き勝手に選べるものであると言い立てた大統領は、これまでおそらくいなかったであろう。それも就任式に集まった聴衆の数が、前任者のときと自分のときとでどちらが多かったかといった単純で客観的な認定も難しくない事実に関してである。政治の世界には、むろんそれよりは事実の確定の困難なケースはいくらでもあろう。しかし、確認は難しくてもどこかに本当の事実は存在するということを想定せずには、証拠を挙げての異見相互の突合せも事実を確定するための討議も成り立つまい。「もう一つの」という形容詞を付して事実を相対化することは、多様な異見が同等の尊厳と価値を持つことを認める寛容とは全く似て非なるものであろう。とりわけ権力者が客観的証拠に基づかない「もう一つの事実」を言い立てることは、対等の立場でのコミュニケーションの否定につながるであろう。こうした言論のスタイルによって、トランプはまさに「ポスト真実《ポスト・トゥルース》」の時代に先鞭をつけ、その時代の最初の大統領となったといってよい。自らに批判的なメディアを「偽ニュース《フェイク・ニュース》」として選別し敵視することによって、トランプ政権は民主主義が機能するための必須の条件たる「事実に基づく自由な討論」の機会を一再ならず奪ってきた。この条件に無頓着な政治指導者が、国民有権者に向き合うとき、はたして彼らに広く社会や世界に目を開くよう説いたり、建設的な批判を促したりすることができるであろうか。そして逆に、こうした大統領に追随することによって視野狭窄に追い込まれた有権者たちが政府相手にやみくもに求めるものは、もっぱら自己の狭隘な私益だけとならないであろうか。

二〇一七年一月二〇日、トランプが大統領就任演説で謳いあげたのは、まさにそうした類の国と国民の絆にほかならなかった。トランプは述べる。「〔今日この日から〕国民がこの国を治め……この国の忘れ去られてきた人びとが忘れられることはもうありません。……今まで世界が見たことのない動きが起きています。この動向の中心にあるのは、とても強い信念です。それは、国は国民に奉仕するために存在しているということです」。ここから、トランプの演説は、子供たちに教育を、労働者に職を、工場を立て直し、産業を復興し、軍隊をまず自国の国境防護のために用い、中間層の繁栄を実現しようと展開されてゆく。「アメリカ第一」が強調され、最後に「アメリカを再び偉大な国にしよう」と訴えて、この演説は締めくくられる。

この演説は、それ自体が過去半世紀に及ぶ「アメリカの衰退」を率直に反映するものであったといえよう。そして、さらに印象的なのは、ここではアメリカ民主主義の視線がいちじるしく内向きになり、その視界がいちじるしく縮減していることである。これを理解するために、こころみにこの演説を、ちょうど五六年前の同じ日、同じ場所でなされたもう一つの大統領就任演説と比べてみることにしよう。

アメリカ国民の皆さん、あなた方の国があなた方に何をしてくれるのかを問うのではなく、あなた方があなた方の国に何をできるかを問うてください。世界市民の同胞の皆さん、アメリカがあなた方に何をできるのかを問うのではなく、われわれが一緒になって人類の自由のために何をできるかを問おうではありませんか。

その日、若きジョン・F・ケネディがおこなった演説をのちに伝説化することになった有名なこの一節がそのスケールと方向性において、トランプ演説から遠く隔たっていることはあきらかであろう。しかし、民主主義論として、二つの就任演説の間の違いは、その点だけにあるわけではない。最も顕著な違いは、ケネディ演説が、民主主義の主体の存在を念頭になされているのに対し、トランプの視野からは、それが決定的に欠落している点にこそある。トランプとは異なりケネディには、アメリカといい、国民といい、さらには世界市民といい、それらすべてが実際には選択の意志と行動の自由とを本来有しているはずの主体的な個人から構成されているという確固たる現状認識がある。トランプのアメリカ第一主義が想定しているのは、「国からの奉仕を」待つばかりの忘れ去られた客体としての国民であろう。あまつさえ、こうした国民が、ほかならぬ大統領自身のメディア攻撃やジャーナリズム敵視により、活発な論議や熟議の素材も機会も奪われているとしたら、はたして民主主義は生き残ってゆくことができるであろうか。トランプ主義の荒波を乗り切ってゆくためには、ケネディが想定したような、選択の意志と行動の自由をもつ民主主義の主体を育て取り戻してゆくほかないであろう。

あとがき

二〇一六年大統領選挙における共和党候補トランプは、「アメリカを再び偉大な国へ（Make America Great Again）」をスローガンとした。商標登録されたスローガンの頭文字（MAGA）をあしらったキャンペーン・ハットが、トランプ支持者の間で大流行したことも記憶に新しい。実のところ、そのスローガンは、一九八〇年の大統領選挙においてロナルド・レーガンが掲げた「アメリカを再び偉大な国にしよう（Let's Make America Great Again）」の二番煎じであった。トランプのMAGAの背後に、今もなお共和党支持者の間では理想的大統領と評されるレーガン人気にあやかろうとする意図があったことに疑いはない。一九八〇年も二〇一六年もともにアメリカの統治体制《レジーム》は大きな転換期にあった。ほぼ一世代の時を隔て、レーガンとトランプは、「アメリカの衰退」が懸念されるという相似た状況下でホワイトハウスを目指した。二人は、同じスローガンによって既存のレジームに対する大胆な挑戦者のイメージを打ち出し、それぞれのレジームの下で「忘れられた人々」の不満と怒りを喚起し、たくみに彼らを自らの支持基盤へと誘導することによってホワイトハウスを射止めたのであった。ただし、レーガンにとって刷新すべきアメリカのレジームとはニューディール体制であったのに対し、トランプにとってのそれはレーガン革命によって先鞭をつけられたグローバルな新自由主義体制であった。

二〇二〇年一月、自らの再選がかかった大統領選挙の年を迎え、トランプは選挙スローガンをMAGAから「アメリカを偉大なままに!(Keep America Great!)」へと付け替え、過去三年の実績の顕示と明るい将来展望の売り込みに余念がなかった。年明けとともにトランプは、政権当初来の貿易赤字削減の公約のつじつまを合わせるかのように、中西部の農産物輸出促進を主目的とする対日、対中貿易協定を取り結び、NAFTAをより管理貿易的性格の強い「米国・メキシコ・カナダ協定」(USMCA)へと衣替えさせる法案に署名した。しかし貿易摩擦の回避を望む経済界の歓迎にもかかわらず、また画期的で公正な貿易協定というトランプの自賛とは裏腹に、それらのいずれも膨大な貿易赤字の改善にどこまで効果があるかはなお不明である。

とはいえ、選挙に向けてトランプは万全とはとうてい言い難い状況下にあった。一二月中旬、彼は政敵ジョー・バイデン攻撃のために外交を利用してウクライナ政府に圧力をかけたという疑惑によって下院で弾劾訴追を受けたのである。二月、上院は史上三度目の弾劾裁判において無罪評決を下した。共和党の主流が、ロムニー以外はトランプ擁護に走った結果であった。トランプ支持は草の根保守勢力の間でなお底堅く、その強みによってトランプは政権三年間に共和党をほぼその支配下に置くことに成功してきたといえよう。

この時期トランプのもう一つの頼みは比較的順調な経済にあった。アメリカ経済の拡大局面は過去最長の一一年に達し、トランプ就任以来就業者数は七〇〇万人増え、失業率は三・五％と半世紀ぶりの水準まで低下していた。ただし、この好況の恩恵も相変わらず富裕層に手厚く配分され、格差が縮小に向かう気配はなかった。二〇一七年末の大型減税は、一時株式市場の好調を招いたが、それによって浮いた資金の大半を企業は設備投資や賃上げにではなく、自社株買いに投じたため、経済成長が労働生産性の伸びに結び付くことはなかった。トランプ減税後、上位五％の高所得層の所得の伸びは六％を記録したのに対し、中、低所得層のそれは二％にとどまった。上位一％の超富裕層が全米の所得の二割を占めるに至った。

周知のごとく、新型のコロナウィルスのアメリカにおける感染拡大は爆発的であった。トランプの科学的専門性を軽視した楽観と軽挙妄動とが、感染拡大の少なくとも一斑の原因となったことは否定できない。今アメリカは感染の拡大が社会活動を窒息させた結果、リーマン・ショック以上の経済危機に直面している。経済を頼みの綱とするトランプの再選戦略は、自ら招いた感もあるコロナ禍によって破綻の危機にある。しかし、短期的な選挙観測などより、アメリカの長期的な展望にとってはるかに重大な問題は、コロナ禍によってアメリカの民主主義と自由から「社会的なもの」への配慮の余地がますます失われていっていることにある。大不況以上にコロナ禍は、社会集団間の格差や差別を顕在化させてきた。このパンデミックの最大の被害者は、在宅勤務やモバイル・ワークなどとはおよそ無縁な労働現場で、対人接触を避けることのできない介護、医療、清掃、配送、運輸、食品小売り、建設、ゴミ収集などに携わる中下層の人々である。彼らの多くはアフリカ系アメリカ人、移民労働者、シングルマザーであり、貧しい労働・住環境に置かれた彼らからは、人口比を大きく上回る高率の感染者が出ている。いわず清潔な水にも事欠く遠隔の居留地にある先住民社会もまた高率の感染を免れていない。いわずもがなであるが、こうした人々はオバマケア以後も高額化してきた医療へのアクセスも困難であり、労働人口の四分の一近くは有給の病気休暇すら与えられておらず、接客や娯楽や旅行などの業界では医療保険に未加入の労働者が半数以上いるとされる。したがってこれらのコロナ弱者たちは罹患した場合の重症化率、致死率も高い。コロナウィルスは、まさに現代アメリカ——否アメリカだけではなく、それが猛威を振るうあらゆる社会——の差別の構造を鮮明に映し出すX線の役割を果たしているといえよう。コロナ禍は、ミネアポリスで起こった警察官によるジョージ・フロイド殺害事件によって再点火された #BlackLivesMatter 運動が世界的広がりをもつ反差別運動へと展開した背景ともなったのである。

今危機下のアメリカは、#BlackLivesMatter を典型として、さまざまな場面で過去からの復讐に遭遇している感がある。現下の人種差別が、市民権運動の過去を越えて、とうに決着のついたはずの南北戦争や奴隷制の過去をも呼び戻し、南軍旗や南軍の指導者たちの銅像が現存することの妥当性が問われている。銃器保持の規制や人工妊娠中絶の是非や同性婚の可否をめぐる現代的な争いの場面に、二三〇年も前に書かれた不磨の憲法の精神が呼び出され、論争の帰趨を決する役割を振られている。アメリカの安全と豊かさを保障するはずの対外関係が、その膨張政策や戦争の過去に突き当たり、思わぬ抵抗や挫折に直面している。現下のコロナ禍にもオバマ政権が当時のコロナ感染症MERS対策に取り組む中で構築した将来的危機対策をトランプが解体した過去が反映している。ましてや一九一八年から一九年にかけてアメリカだけで約五〇万の死者をだしたインフルエンザ禍の過去から何を学びうるのであろうか。かくして現代アメリカへの関心は、われわれの視線をアメリカの過去へとさかのぼらせてゆく。

＊

本書は、シリーズ『アメリカ合衆国史』の最終巻に当たる。本書がカバーした時期は「はじめに」にも記したとおり一九七三年から現在に至る。私事にわたるが一九七三年はちょうど私がアメリカ政治外交史を専門に研究し始めた年に当たり、一九七五年には初めてアメリカに長期留学に出かけている。したがって本書は私にとってほぼ「同時代史」ということになる。言い訳になるが本書が思いのほか難航した理由の一つは、この間の自身のアメリカ経験と客観的なアメリカ現代史像との折り合いがうまくつけられなかったことによる。そしてもう一つは、私自身にとってのアメリカの印象が、一九七三年と二〇二〇年とでは大きく変わっていることに思い至ったことにある。それはアメリカが変わったためなのか、それとも私が変わったためなのかは、本書を書き終えた今、無責任の気味もあろうが良くわからない。おそらく両方であろうが、いずれにしろこのほぼ半世紀の間に私にとってアメリカは遠い国になったような気がする。正直に言って、本書では昔の「近かったアメリカ」と今の「遠いアメリカ」との違和感をあえて調整することなしに、内部矛盾は放置したまま書き進めることにした。私の感じ方の変化が、どれほど客観的なアメリカの変化と関連しているのかの判定は、読者に委ねたいと思う。

最後になるが、遅れに遅れたこの巻を不幸にも担当してくださった編集の島村典行さんには、深く感謝申し上げたい。島村さんの励ましと伴走がなければ、本書がここまで行き着くことはなかったであろう。シリーズの前三巻の執筆者、和田光弘さん、貴堂嘉之さん、中野耕太郎さんにも、興味深い共同事業にお誘い下すったことに御礼申し上げるとともに、長らくお待たせしたことをお詫び申し上げたい。

二〇二〇年七月

古矢　旬

索　引

ア　行

カ　行

索　引

サ　行

タ　行

マ　行

ヤ・ラ・ワ　行

略 年 表

右側に太字で示したのは，その年に就任したアメリカ合衆国大統領．(民)は民主党，(共)は共和党であることを示す

1968	1 テト攻勢．3 ジョンソン大統領，北爆の一部停止と大統領選不出馬を発表．4 マーティン・ルーサー・キング・Jr. 暗殺事件．11 大統領選(ニクソン対ハンフリー対ウォーレス)．
1969	1 共和党分割政府(両院ともに民主)．7 アポロ 11 号が月面着陸． **㊲ R. ニクソン(共)**
1970	1 大気浄化法改正法．12 環境保護庁設立．
1971	8 ドル・金兌換停止を発表．12 ドル切り下げに合意．
1972	2 ニクソン訪中．3 男女平等権修正条項(ERA)が連邦議会通過．5 ニクソン訪ソ，第一次戦略兵器制限条約締結．6 ウォーターゲイト事件．10 水質浄化法．消費者製造物安全委員会設立．11 大統領選(ニクソン対マクガヴァン)でニクソン再選，分割政府変わらず．
1973	1 ロー対ウェイド判決．ベトナム休戦協定締結，徴兵停止．3 南ベトナムから撤兵．変動相場制に移行．10 第四次中東戦争(ヨム・キプール戦争)，石油危機．11 戦争権限法．
1974	7 下院，弾劾訴追勧告．議会予算および執行留保制限法．8 ニクソン辞任．10 連邦選挙運動法改正法． **㊳ G. フォード(共)**
1975	4 サイゴン陥落．8 ヘルシンキ合意．
1976	7 アメリカ独立 200 年祭．11 大統領選(フォード対カーター)．
1977	1 民主党統一政府．2 カーター，「人権外交」演説．9 パナマ運河返還条約調印． **㊴ J. カーター(民)**
1978	3 核不拡散法．6 カリフォルニア州憲法改正「提案 13 号」可決．カリフォルニア大学理事会対バッキー判決．9 キャンプ・デイヴィッド合意．
1979	1 中国との国交樹立．イラン革命，第二次石油危機．3 スリーマイル島原発事故．6 第二次戦略兵器制限条約調印(批准されず)．11 テヘランで米大使館人質事件発生．12 ソ連，アフガニスタン侵攻．
1980	1 カーター・ドクトリン発表．9 イラン—イラク戦争(〜88.8)．11 大統領選(レーガン対カーター)．
1981	1 共和党分割政府(上院共和，下院民主)．レーガン，「小さな政府」演説．8 ストライキ航空管制官を全員解雇．経済復興税法．10 レーガン，大陸間弾道ミサイル開発の提案．

⑳ R. レーガン(共)

1982 1 レーガン，新連邦主義を発表．6 ニューヨークで反核国際デモ．

1983 3 戦略防衛構想(SDI)．社会保障制度改正．4 ベイルート米大使館テロ事件．10 ベイルートの米海兵隊兵舎で自爆テロ．グレナダ侵攻．12 巡航ミサイルの欧州配備．

1984 2 レバノン駐留海兵隊撤収．7 ロサンゼルス五輪．11 大統領選(レーガン対モンデール)でレーガン再選，分割政府変わらず．

1985 3 ゴルバチョフ，ソ連共産党書記長就任．9 プラザ合意．11 米ソ首脳会談．12 財政均衡・緊急赤字統制法．

1986 4 チェルノブイリ原発事故．10 租税改革法．11 移民改革・統制法．イラン・コントラ事件．中間選挙(民主党，上院奪還により両院多数党)．

1987 10 暗黒の月曜日，ニューヨーク株式市場暴落．12 米ソ，中距離ミサイル(INF)全廃条約調印．

1988 5 ソ連，アフガニスタン撤兵開始．8 包括通商法．11 大統領選(父ブッシュ対デュカキス)．

1989 1 共和党分割政府(両院ともに民主)．米加自由貿易協定発効．3 エクソン石油流出事故．6 天安門事件．8 貯蓄貸付組合救済法．11 ベルリンの壁崩壊．12「冷戦終結」宣言．パナマ侵攻．

㊶ G. H. W. ブッシュ(共)

1990 8 イラク，クウェートに侵攻．9 ブッシュ，「新世界秩序に向けて」演説．11 包括的予算調整法(OBRA)，改正移民法．

1991 1 湾岸戦争(〜2)．3 ロドニー・キング事件．7 米ソ，第一次戦略兵器削減条約調印．11 改正市民権法．12 ソ連解体．

1992 4 ロサンゼルス暴動．11 大統領選(父ブッシュ対クリントン対ペロー)．12 北米自由貿易協定(NAFTA)調印．ソマリア派兵．

1993 1 民主党統一政府．第二次戦略兵器削減条約調印．国家経済会議(NEC)設立．2 ウェーコ事件．世界貿易センター・ビル攻撃テロ．8 包括的予算調整法．9 医療保険改革案．オスロ合意．10 ソマリア撤兵を発表．

㊷ B. クリントン(民)

1994 4 ルワンダ大量虐殺．9 ハイチへ米軍派遣．共和党，「アメリカとの契約」を発表．11 中間選挙(共和党，両院を奪還)．12 メキシコ通貨危機．

1995 4 オクラホマシティ連邦ビル爆破事件．7 ボスニア大量虐殺．8 NATO，ボスニアのセルビア勢への空爆．11 デイトン合意．

1996 8 個人責任・就労機会調停法．9 イラク空爆．包括的核実験禁止条約署名，不法移民防止対策改善および移民責任法．11 大

統領選(ドール対クリントン)でクリントン再選，分割政府変わらず.

1997 7 バーツ暴落からアジア通貨危機始まる．8 納税者救済法.

1998 8 ケニア，タンザニア米大使館テロ事件．11 APEC，アジア経済危機対処策検討.

1999 2 クリントン，弾劾裁判で無罪評決．3 NATO，コソボのセルビア軍を空爆．11 グラス＝スティーガル法廃止．シアトルでWTO 通商関係閣僚会議.

2000 5 ハイテク・バブル崩壊．11 大統領選(息子ブッシュ対ゴア).

2001 3 京都議定書からの離脱表明．5 共和党分割政府(上院民主，下院共和)．6 大型減税法．9 同時多発テロ事件．上下両院，大統領の武力行使を容認する決議．10 炭疽菌テロ事件(第2波)．米国愛国者法．アフガニスタンへの空爆．11 軍事委員会設置．12 中国，WTO に加盟．弾道弾迎撃ミサイル(ABM)制限条約離脱を表明． ㊸ G.W. ブッシュ(共)

2002 1 ブッシュ，「悪の枢軸」演説．5 国際刑事裁判所(ICC)規程への署名撤回．9 ブッシュ・ドクトリン発表．10 上下両院が対イラク武力行使容認決議を採択．11 国土安全保障省設立．中間選挙(共和党，上院奪還により両院多数党).

2003 3 米英軍，イラク攻撃．4 バグダッド陥落.

2004 4 アブグレイブ刑務所のイラク人捕虜虐待が発覚．11 大統領選(息子ブッシュ対ケリー)でブッシュ再選．統一政府変わらず.

2005 8 ハリケーン・カトリーナ．9 トム・ディレイ，選挙資金規正法違反等で起訴．10 ブッシュ，グリーンスパン FRB 議長の後任にバーナンキを指名.

2006 11 中間選挙(民主党，両院を奪還)．12 サダム・フセイン処刑

2007 8 住宅価格の急落.

2008 3 ベア・スターンズ経営破綻．8 ロシア，旧グルジア侵攻．9 リーマン・ブラザーズ倒産，世界同時不況に発展．10 金融安定化法．11 大統領選(マケイン対オバマ)．G20 初開催.

2009 1 民主党統一政府．オバマ，グアンタナモ基地(キューバ)内の収容所閉鎖の大統領令に署名．2 アメリカ復興および再投資法．アフガニスタンへの米軍増派．4 クライスラー，破産法適用申請．6 GM，破産法適用申請．12 オバマ，ノーベル平和賞受賞演説． ㊹ B. オバマ(民)

2010 1 シティズンズ・ユナイテッド対連邦選挙委員会判決．3 オバマケア．4 米ロ，新戦略兵器削減条約に調印．7 ドッド＝フランク法．11 中間選挙(民主党が大敗北，共和党が下院を奪還).

	ギリシア財政危機.
2011	1 チュニジアで独裁政権が崩壊し「アラブの春」本格化. 3 NATO軍, リビアのカダフィ軍を空爆. 5 ビン・ラディン殺害. 9「ウォールストリートを占拠せよ」運動. 12 米軍, イラクからの撤退完了.
2012	2 フロリダ州での黒人青年トレイボン・マーティン射殺事件. 11 大統領選(ロムニー対オバマ)でオバマ再選, 分割政府変わらず.
2013	6 シェルビー郡対ホルダー判決. 7 ミシガン州デトロイト市が財政破綻. 8 シリアの化学兵器使用問題. 10 上院民主党, オバマケア修正を盛り込んだ下院共和党予算案を否決, 一部政府機関閉鎖.
2014	3 ロシア, クリミア半島を併合. 6 イスラム国樹立宣言. 7 イスラエル, ガザ侵攻. ニューヨークでの黒人男性エリック・ガーナー窒息死事件. 8 ミズーリ州ファーガソンでの黒人青年マイケル・ブラウン射殺事件. 11 中間選挙(共和党, 上院奪還により両院多数党). 中国, APECで「一帯一路」を提唱.
2015	1 ロサンゼルスで#BlackLivesMatterデモ. 7 イランと米英中仏独ロ6カ国間の核合意. 8 ドイツのメルケル首相, 難民受け入れを表明. 10 アメリカ海軍, 南シナ海の中国の人工島周辺海域での「航行の自由」作戦. 11 パリ同時多発テロ事件. 12 COP21で「パリ協定」採択. アジアインフラ投資銀行(AIIB)発足.
2016	2 TPP協定署名. 6 イギリス, 国民投票でEU離脱を選択. 11 大統領選(トランプ対ヒラリー・クリントン).
2017	1 共和党統一政府. NAFTA再交渉, TPP離脱を表明. メキシコとの国境に壁を建設する大統領令に署名. 2 ドッド＝フランク法の一部規定を撤廃する大統領令に署名. 6 パリ協定からの離脱を表明. 8 南部ヴァージニア州シャーロッツビル事件. 12 エルサレムをイスラエルの首都として承認. 税制改革法.
	㊺ D. トランプ(共)
2018	5 イラン核合意からの離脱を表明. 7 中国からの輸入品に制裁関税. 11 中間選挙(下院を民主党が奪還).
2019	2 中距離ミサイル全廃条約の廃棄をロシアに通告. 12 宇宙軍の創設.
2020	2 トランプ, 弾劾裁判で無罪評決. 3 WHO, 新型コロナウィルス感染症(COVID-19)のパンデミックを宣言. 4 サンダースの撤退によりJ. バイデンが民主党大統領候補を確実に.

主要参考文献

全体に関するもの

青野利彦・倉科一希・宮田伊知郎編著『現代アメリカ政治外交史——「アメリカの世紀」から「アメリカ第一主義」まで』ミネルヴァ書房，2020年

明石紀雄・飯野正子『エスニック・アメリカ——多文化社会における共生の模索』第3版，有斐閣，2011年

阿川尚之『憲法で読むアメリカ現代史』NTT出版，2017年

秋元英一・菅英輝『アメリカ20世紀史』東京大学出版会，2003年

有賀夏紀『アメリカの20世紀』上・下，中公新書，2002年

上杉忍『アメリカ黒人の歴史——奴隷貿易からオバマ大統領まで』中公新書，2013年

サラ・M. エヴァンズ『アメリカの女性の歴史——自由のために生まれて』小檜山ルイ・竹俣初美・矢口祐人訳，明石書店，1997年

緒方房子『アメリカの中絶問題——出口なき論争』明石書店，2006年

川島正樹編『アメリカニズムと「人種」』名古屋大学出版会，2005年

久保文明『アメリカ政治史』有斐閣，2018年

ロバート・J. ゴードン『アメリカ経済——成長の終焉』上・下，高遠裕子・山岡由美訳，日経BP社，2018年

斎藤眞・古矢旬『アメリカ政治外交史』第2版，東京大学出版会，2012年

メアリー・ベス・ノートンほか『アメリカの歴史6 冷戦体制から21世紀へ』上杉忍ほか訳，三省堂，1996年

セバスチャン・マラビー『グリーンスパン——何でも知っている男』村井浩紀訳，2019年

南修平『アメリカを創る男たち——ニューヨーク建設労働者の生活世界と「愛国主義」』名古屋大学出版会，2015年

室山義正『アメリカ経済財政史 1929–2009——建国理念に導かれた政策と発展動力』ミネルヴァ書房，2013年

Carol Anderson, *White Rage: The Unspoken Truth of Our Racial Divide*, Bloomsbury, 2016.

Dean Baker, *The United States since 1980*, Cambridge University Press, 2007.

W. Elliot Brownlee, *Federal Taxation in America: A History*, 3rd ed., Cambridge University Press, 2016.
Alfred E. Eckes, Jr./Thomas W. Zeiler, *Globalization and the American Century*, Cambridge University Press, 2003.
Gary Gerstle, *American Crucible: Race and Nation in the Twentieth Century*, 2nd ed., Princeton University Press, 2017.
M. J. Heale, *Twentieth-Century America: Politics and Power in the United States, 1900–2000*, Hodder Arnold, 2004.
Jill Lepole, *These Truths: A History of the United States*, W. W. Norton, 2018.
James T. Patterson, *Restless Giant: The United States from Watergate to Bush v. Gore*, Oxford University Press, 2005.
Bruce J. Schulman (ed.), *Making the American Century: Essays on the Political Culture of Twentieth Century America*, Oxford University Press, 2014.
Harold W. Stanley/Richard G. Niemi, *Vital Statistics on American Politics, 2015–2016*, CQ Press, 2015.
Sean Wilentz, *The Age of Reagan: A History, 1974–2008*, HarperCollins, 2008.

はじめに

マルク・レヴィンソン『例外時代――高度成長はいかに特殊であったのか』松本裕訳，みすず書房，2017 年

第 1 章

ロナルド・イングルハート『静かなる革命――政治意識と行動様式の変化』三宅一郎・金丸輝男・富沢克訳，東洋経済新報社，1978 年
トマス・バーン・エドソール／メアリー・D・エドソール『争うアメリカ――人種・権利・税金』飛田茂雄訳，みすず書房，1995 年
ピーター・N. キャロル『70 年代アメリカ――なにも起こらなかったかのように』土田宏訳，彩流社，1994 年
ジェラルド・R. フォード『フォード回顧録――私がアメリカの分裂を救った』関西テレビ放送編，サンケイ出版，1979 年
古矢旬編『史料で読むアメリカ文化史⑤ アメリカ的価値観の変容 1960 年代―20 世紀末』東京大学出版会，2006 年
クリストファー・ラッシュ『ナルシシズムの時代』石川弘義訳，ナツメ社，1981 年

セオドア・ロウィ『自由主義の終焉——現代政府の問題性』村松岐夫訳，木鐸社，1981年
Alan Crawford, *Thunder on the Right: The "New Right" and the Politics of Resentment*, Pantheon Books, 1980.
Donald T. Critchlow, *Phyllis Schlafly and Grassroots Conservatism: A Woman's Crusade*, Princeton University Press, 2005.
Burton I. Kaufman, *The Presidency of James Earl Carter, Jr.*, University Press of Kansas, 1993.
Gillian Peele, *Revival and Reaction: The Right in Contemporary America*, Oxford University Press, 1984.
Larry J. Sabato, *PAC Power: Inside the World of Political Action Committees*, W. W. Norton, 1990.

第2章

アメリカ学会編『原典アメリカ史 第8巻 衰退論の登場』岩波書店，2006年
五十嵐武士『政策革新の政治学——レーガン政権下のアメリカ政治』東京大学出版会，1992年
梅川葉菜『アメリカ大統領と政策革新——連邦制と三権分立制の間で』東京大学出版会，2018年
バーバラ・エーレンライク『「中流」という階級』中江桂子訳，晶文社，1995年
トッド・ギトリン『アメリカの文化戦争——たそがれゆく共通の夢』疋田三良・向井俊二訳，彩流社，2001年
佐々木毅『現代アメリカの保守主義』岩波書店，1984年
中岡望『アメリカ保守革命』中公新書ラクレ，2004年
アンドリュー・ハッカー『アメリカの二つの国民』上坂昇訳，明石書店，1994年
ケヴィン・フィリップス『富と貧困の政治学——共和党政権はアメリカをどう変えたか』吉田利子訳，草思社，1992年
エリック・フォーナー『アメリカ 自由の物語——植民地時代から現代まで』下，横山良・竹田有・常松洋・肥後本芳男訳，岩波書店，2008年
法政大学比較経済研究所編『新保守主義の経済社会政策——レーガン，サッチャー，中曽根三政権の比較研究』法政大学出版局，1989年
宮田智之『アメリカ政治とシンクタンク——政治運動としての政策研究機関』東京大学出版会，2017年

村田晃嗣『レーガン――いかにして「アメリカの偶像」となったか』中公新書，2011 年
クリストファー・ラッシュ『エリートの反逆――現代民主主義の病い』森下伸也訳，新曜社，1997 年
Larry Berman (ed.), *Looking Back on the Reagan Presidency*, Johns Hopkins University Press, 1990.
Sidney Blumenthal/Thomas Byrne Edsall (eds.), *The Reagan Legacy*, Pantheon Books, 1988.
Michael J. Boskin, *Reagan and the Economy: The Successes, Failures, and Unfinished Agenda*, ICS Press, 1989.
Colin Campbell, S. J./Bert A. Rockman (eds.), *The Bush Presidency: First Appraisals*, Chatham House, 1991.
Sara Diamond, *Roads to Dominion: Right-Wing Movements and Political Power in the United States*, The Guilford Press, 1995.
John Ehrman, *The Eighties: America in the Age of Reagan*, Yale University Press, 2005.
J. David Hoeveler, Jr., *Watch on the Right: Conservative Intellectuals in the Reagan Era*, The University of Wisconsin Press, 1991.
Haynes Johnson, *Sleepwalking Through History: America in the Reagan Years*, Anchor Books, 1991.
Joel Krieger, *Reagan, Thatcher, and the Politics of Decline*, Oxford University Press, 1986.
Edmund Morris, *Dutch: A Memoir of Ronald Reagan*, Random House, 1999.
Richard Gid Powers, *Not Without Honor: The History of American Anticommunism*, Free Press, 1995.
Gil Troy, *Morning in America: How Ronald Reagan Invented the 1980s*, Princeton University Press, 2005.
Martin P. Wattenberg, *The Rise of Candidate-Centered Politics: Presidential Elections of the 1980s*, Harvard University Press, 1991.

第 3 章

アメリカ学会編『原典アメリカ史 第 9 巻 唯一の超大国』岩波書店，2006 年
ダナ・R. ガバッチア『移民からみるアメリカ外交史』一政(野村)史織訳，白水社，2015 年
ビル・クリントン『マイライフ――クリントンの回想』上・下，楡井

浩一訳，朝日新聞社，2004 年
ジョン・グレイ『グローバリズムという妄想』石塚雅彦訳，日本経済新聞社，1999 年
スティーヴン・S. コーエン／J. ブラッドフォード・デロング『アメリカ経済政策入門——建国から現在まで』上原裕美子訳，みすず書房，2017 年
アーサー・シュレージンガー・Jr.『アメリカの分裂——多元文化社会についての所見』都留重人監訳，岩波書店，1992 年
ジョセフ・E. スティグリッツ『世界を不幸にしたグローバリズムの正体』鈴木主税訳，徳間書店，2002 年
サミュエル・ハンチントン『文明の衝突』鈴木主税訳，集英社，1998 年
サミュエル・ハンチントン『分断されるアメリカ——ナショナル・アイデンティティの危機』鈴木主税訳，集英社，2004 年
ケビン・フィリップス『アメリカで「革命」が起きる——ワシントン解体を迫る新ポピュリズム』伊奈久喜訳，日本経済新聞社，1995 年
フランシス・フクヤマ『歴史の終わり』上・下，渡部昇一訳，三笠書房，1992 年
藤原帰一『デモクラシーの帝国——アメリカ・戦争・現代世界』岩波新書，2002 年
ロバート・ポーリン『失墜するアメリカ経済——ネオリベラル政策とその代替策』佐藤良一・芳賀健一訳，日本経済評論社，2008 年
ロバート・B. ライシュ『暴走する資本主義』雨宮寛・今井章子訳，東洋経済新報社，2008 年
ダニ・ロドリック『グローバリゼーション・パラドクス——世界経済の未来を決める三つの道』柴山桂太・大川良文訳，白水社，2013 年
Al From, *The New Democrats and the Return to Power*, St. Martin's Press, 2013.
John A. Hall/Charles Lindholm, *Is America Breaking Apart?*, Princeton University Press, 1999.
Andrew Hartman, *A War for the Soul of America: A History of the Culture Wars*, 2nd ed., The University of Chicago Press, 2019.
Bruce Mazlish/Nayan Chanda/Kenneth Weisbrode (eds.), *The Paradox of a Global USA*, Stanford University Press, 2007.
Joel Millman, *The Other Americans: How Immigrants Renew Our Country,*

Our Economy, and Our Values, Penguin Books, 1997.
John Kenneth White, *Still Seeing Red: How the Cold War Shapes the New American Politics*, Westview, 1997.

第 4 章

ナンシー・アイゼンバーグ『ホワイト・トラッシュ――アメリカ低層白人の四百年史』渡辺将人・富岡由美訳，東洋書林，2018 年
J. D. ヴァンス『ヒルビリー・エレジー――アメリカの繁栄から取り残された白人たち』関根光宏・山田文訳，光文社，2017 年
マイケル・ウォルフ『炎と怒り――トランプ政権の内幕』関根光宏・藤田美菜子ほか訳，早川書房，2018 年
ボブ・ウッドワード『オバマの戦争』伏見威蕃訳，日本経済新聞出版社，2011 年
『オキュパイ！ガゼット』編集部編『私たちは“99%”だ――ドキュメント ウォール街を占拠せよ』肥田美佐子訳，岩波書店，2012 年
金成隆一『ルポ トランプ王国――もう一つのアメリカを行く』岩波新書，2017 年
軽部謙介『ドキュメント アメリカの金権政治』岩波新書，2009 年
河音琢郎・藤木剛康編著『オバマ政権の経済政策――リベラリズムとアメリカ再生のゆくえ』ミネルヴァ書房，2016 年
久保文明・東京財団「現代アメリカ」プロジェクト編著『ティーパーティ運動の研究――アメリカ保守主義の変容』NTT 出版，2012 年
ナオミ・クライン『ショック・ドクトリン――惨事便乗型資本主義の正体を暴く』上・下，幾島幸子・村上由見子訳，岩波書店，2011 年
ナオミ・クライン『NO では足りない――トランプ・ショックに対処する方法』幾島幸子・荒井雅子訳，岩波書店，2018 年
ジェイムズ・クロッペンバーグ『オバマを読む――アメリカ政治思想の文脈』古矢旬・中野勝郎訳，岩波書店，2012 年
ジャスティン・ゲスト『新たなマイノリティの誕生――声を奪われた白人労働者たち』吉田徹・西山隆行・石神圭子・河村真実訳，弘文堂，2019 年
バートン・ゲルマン『策謀家チェイニー――副大統領が創った「ブッシュのアメリカ」』加藤祐子訳，朝日新聞出版，2010 年
バーニー・サンダース『バーニー・サンダース自伝』萩原伸次郎監訳，大月書店，2016 年
ジョセフ・E. スティグリッツ『スティグリッツ PROGRESSIVE CAPI-

TALISM(プログレッシブ キャピタリズム)』山田美明訳，東洋経済，2019年
マイケル・エリック・ダイソン『カトリーナが洗い流せなかった貧困のアメリカ――格差社会で起きた最悪の災害』藤永康政訳，ブルース・インターアクションズ，2008年
田中研之輔『ルポ 不法移民――アメリカ国境を越えた男たち』岩波新書，2017年
ジョン・R. タルボット『オバマノミクス』桑田健訳，サンガ，2009年
堤未果『ルポ 貧困大国アメリカ』岩波新書，2008年
アンジェラ・デイヴィス『監獄ビジネス――グローバリズムと産獄複合体』上杉忍訳，岩波書店，2008年
西山隆行『格差と分断のアメリカ』東京堂出版，2020年
トマ・ピケティ『21世紀の資本』山形浩生・守岡桜・森本正史訳，みすず書房，2014年
ジョージ・W. ブッシュ『決断のとき』上・下，伏見威蕃訳，日本経済新聞出版社，2011年
古矢旬『ブッシュからオバマへ――アメリカ 変革のゆくえ』岩波書店，2009年
ジェフリー・A. ベーダー『オバマと中国――米国政府の内部からみたアジア政策』春原剛訳，東京大学出版会，2013年
アーリー・R・ホックシールド『壁の向こうの住人たち――アメリカの右派を覆う怒りと嘆き』布施由紀子訳，岩波書店，2018年
ポール・A. ボルカー／クリスティン・ハーパー『ボルカー回顧録――健全な金融，良き政府を求めて』村井浩紀訳，日本経済新聞出版社，2019年
ジェームズ・マン『ウルカヌスの群像――ブッシュ政権とイラク戦争』渡辺昭夫監訳，共同通信社，2004年
三浦俊章『ブッシュのアメリカ』岩波新書，2003年
渡辺将人『評伝バラク・オバマ――「越境」する大統領』集英社，2009年
渡辺靖『リバタリアニズム――アメリカを揺るがす自由至上主義』中公新書，2019年
渡辺靖『白人ナショナリズム――アメリカを揺るがす「文化的反動」』中公新書，2020年
Carol Anderson, *One Person, No Vote: How Voter Suppression Is Destroying Our Democracy*, Bloomsbury, 2018.

Andrew J. Bacevich, *American Empire: The Realities and Consequences of U. S. Diplomacy*, Harvard University Press, 2002.
Anne Case/Angus Deaton, *Deaths of Despair and the Future of Capitalism*, Princeton University Press, 2020.
Derek Chollet, *The Long Game: How Obama Defied Washington and Redefined America's Role in the World*, PublicAffairs, 2016.
Edward S. Cohen, *The Politics of Globalization in the United States*, Georgetown University Press, 2001.
Lee Drutman, *The Business of America Is Lobbying: How Corporations Became Politicized and Politics Became More Corporate*, Oxford University Press, 2015.
Elizabeth Price Foley, *The Tea Party: Three Principles*, Cambridge University Press, 2012.
R. Ward Holder/Peter B. Josephson, *The Irony of Barack Obama: Barack Obama, Reinhold Niebuhr and the Problem of Christian Statecraft*, Ashgate, 2012.
Mark Landler, *Alter Egos: Hillary Clinton, Barack Obama, and the Twilight Struggle Over American Power*, WH Allen, 2016.
David S. Mason, *The End of the American Century*, Rowman & Littlefield, 2009.
Vali Nasr, *The Dispensable Nation: American Foreign Policy in Retreat*, Anchor Books, 2014.
Benjamin I. Page/Martin Gilens, *Democracy in America?: What Has Gone Wrong and What We Can Do About It*, The University of Chicago Press, 2017.
Jack Rasmus, *Obama's Economy: Recovery for the Few*, Pluto Press, 2012.
Charlie Savage, *Takeover: The Return of the Imperial Presidency and the Subversion of American Democracy*, Little, Brown and Company, 2007.
Charlie Savage, *Power Wars: Inside Obama's Post-9/11 Presidency*, Little, Brown and Company, 2015.
Douglas E. Schoen/Jessica Tarlov, *America in the Age of Trump: A Bipartisan Guide*, Encounter Books, 2018.
Robert S. Singh, *After Obama: Renewing American Leadership, Restoring Global Order*, Cambridge University Press, 2016.
Theda Skocpol/Vanessa Williamson, *The Tea Party and the Remaking of Republican Conservatism*, Oxford University Press, 2012.
Fareed Zakaria, *The Post-American World*, W. W. Norton, 2009.

図表出典一覧

第 1 章 扉……Harold Evans, *The American Century*, Knopf, 1998.
図 1–1……Economic Research at the St. Louis Fed.
図 1–2……Harold Evans, *The American Century*, Knopf, 1998. 写真提供：Getty Images
図 1–3……Harold Evans, *The American Century*, Knopf, 1998.
第 2 章 扉……Harold Evans, *The American Century*, Knopf, 1998.
図 2–1……American National Election Studies
図 2–2……Economic Research at the St. Louis Fed.
図 2–3……中野耕太郎『20 世紀アメリカの夢——シリーズ アメリカ合衆国史③』巻頭地図をもとに作成.
第 3 章 扉……*U. S. News & World Report*(July, 27, 1992).
図 3–1……アメリカ司法省
図 3–2……写真提供：Getty Images
図 3–3……https://www.cnbc.com/2019/08/16/ceos-see-pay-grow-1000percent-and-now-make-278-times-the-average-worker.html
図 3–4……日本経済新聞 2020 年 6 月 9 日朝刊.
第 4 章 扉……写真提供：Getty Images
図 4–1……写真提供：Getty Images
図 4–2……*Mike Luckovich Editorial Cartoon* used with permission of Mike Luckovich and Creators Syndicate. All rights reserved.
図 4–3……トマ・ピケティ『21 世紀の資本』みすず書房，2014 年.
図 4–4……Branko Milanovic, *Global Inequality: A New Approach for the Age of Globalization*, Harvard University Press, 2016.
図 4–5……Anne Case/Angus Deaton, *Deaths of Despair and the Future of Capitalism*, Princeton University Press, 2020.
図 4–6……*ibid.*
図 4–7……須藤繁「米国の原油生産増と石油インフラの再整備——オバマ政権時代の石油産業動向の回顧と今後の展望」『石油・天然ガスレビュー』Vol. 51, No. 3, 2017.

古矢 旬

1947年東京生まれ．1975年東京大学大学院法学政治学研究科博士課程中退．北海道大学名誉教授
専攻―アメリカ政治外交史
著書―『アメリカニズム――「普遍国家」のナショナリズム』(東京大学出版会)
『アメリカ 過去と現在の間』(岩波新書)
『アメリカ政治外交史』第2版(共著，東京大学出版会)
ほか

グローバル時代のアメリカ 冷戦時代から21世紀
シリーズ アメリカ合衆国史④　　岩波新書(新赤版)1773

2020年8月20日 第1刷発行
2022年4月5日 第3刷発行

著 者 古矢《ふるや》 旬《じゅん》

発行者 坂本政謙

発行所 株式会社 岩波書店
〒101-8002 東京都千代田区一ツ橋2-5-5
案内 03-5210-4000 営業部 03-5210-4111
https://www.iwanami.co.jp/

新書編集部 03-5210-4054
https://www.iwanami.co.jp/sin/

印刷・理想社 カバー・半七印刷 製本・中永製本

ISBN 978-4-00-431773-9　　Printed in Japan

岩波新書新赤版一〇〇〇点に際して

ひとつの時代が終わったと言われて久しい。だが、その先にいかなる時代を展望するのか、私たちはその輪郭すら描きえていない。二〇世紀から持ち越した課題の多くは、未だ解決の緒を見つけることのできないままであり、二一世紀が新たに招きよせた問題も少なくない。グローバル資本主義の浸透、憎悪の連鎖、暴力の応酬――世界は混沌として深い不安の只中にある。

現代社会においては変化が常態となり、速さと新しさに絶対的な価値が与えられた。消費社会の深化と情報技術の革命は、種々の境界を無くし、人々の生活やコミュニケーションの様式を根底から変容させてきた。ライフスタイルは多様化し、一面では個人の生き方をそれぞれが選びとる時代が始まっている。同時に、新たな格差が生まれ、様々な次元での亀裂や分断が深まっている。社会や歴史に対する意識が揺らぎ、普遍的な理念に対する根本的な懐疑や、現実を変えることへの無力感がひそかに根を張りつつある。そして生きることに誰もが困難を覚える時代が到来している。

しかし、日常生活のそれぞれの場で、自由と民主主義を獲得し実践することを通じて、私たち自身がそうした閉塞を乗り超え、希望の時代の幕開けを告げてゆくことは不可能ではあるまい。そのために、いま求められていること――それは、個と個の間で開かれた対話を積み重ねながら、人間らしく生きることの条件について一人ひとりが粘り強く思考することではないか。その営みの糧となるものが、教養に外ならないと私たちは考える。歴史とは何か、よく生きるとはいかなることか、世界そして人間はどこへ向かうべきなのか――こうした根源的な問いとの格闘が、文化と知の厚みを作り出し、個人と社会を支える基盤としての教養となった。まさにそのような教養への道案内こそ、岩波新書が創刊以来、追求してきたことである。

岩波新書は、日中戦争下の一九三八年一一月に赤版として創刊された。創刊の辞は、道義の精神に則らない日本の行動を憂慮し、批判的精神と良心的行動の欠如を戒めつつ、現代人の現代的教養を刊行の目的とする、と謳っている。以後、青版、黄版、新赤版と装いを改めながら、合計二五〇〇点余りを世に問うてきた。そして、いままた新赤版が一〇〇〇点を迎えたのを機に、人間の理性と良心への信頼を再確認し、それに裏打ちされた文化を培っていく決意を込めて、新しい装丁のもとに再出発したいと思う。一冊一冊から吹き出す新風が一人でも多くの読者の許に届くこと、そして希望ある時代への想像力を豊かにかき立てることを切に願う。

（二〇〇六年四月）